ヤマケイ文庫 クラシックス

新編 峠と高原

Tanabe Juji 田部重治

Yamakei Library
Classics

霧ヶ峰に立つ著者（『山路の旅』より）

目次

装丁・本文組版　渡邊 怜

大菩薩峠の秋

塩山―上日川峠―大菩薩峠―嵯峨塩鉱泉
（地図　塩山、丹波、谷村）

十月二十二日の夜、俄《にわ》かに思い立って大菩薩《だいぼさつ》峠の秋色を探って見る気になった。飯田町を十一時過ぎの夜行で出た時は、乗客が少なくて座席が充分に取れたのと、スティームが通っていたのとで、珍しく眠気がさして来た。一人旅の気楽さにいい気持にうとうととしていると、日下部《くさかべ》〔現山梨市駅〕、日下部の声で目を覚した。さては乗越したと思って、あわてて飛び下りたが、もう仕方がない。お負けに下りる際に、杖を網棚の上に忘れたのに気がついた。杖は阿佐ヶ谷駅に、直接送り返して貰うように頼み、からだは六時二分の汽車で塩山に返して貰い、塩山七時十五分発の自動車で二里余り先の雲峰寺の下の番屋まで行った。そこから雲峰寺まで五町、長兵衛小屋まで一里余といわれる。今まで雲峰寺の前を行って柳沢峠へ登ったことはたびたびあるが、大菩薩峠に行くのは今度初めてだ。雲峰寺は天平十七年行基大

僧正により創められ、行基の彫刻したという観音と武田家の旌旗《せいき》とをもっていると
いうことであるが、いつも前途を急ぐために素通りし、今度も、日帰りの予定なの
で素通りして仕舞った。

雲峰寺から五六町〔一町は約一〇九メートル〕行くと附近の農夫らしい二人が籠を背負って行くのに遇《あ》う。きけば今日、上日川《かみにつかわ》峠あたりでカワフキという菌《きのこ》を取りに行くということで、道々、色々と話しながら行ったが、この頃のお定りのように、話は東京の景気やら、まゆの安いことなどに移って行った。間もなく峠にかかって、闊葉樹《かつようじゅ》でトンネルになっているような道を行くと、紅葉は今は真盛りで、その間から大菩薩嶺は高く前方に聳《そび》えている。しばらくしてとある窪みで休んだが、此処《ここ》は小ダルというところで暗いほど木立が茂っている。ここから少し行って大ダルというところを経て、更に登ると、道の左の下に、一本の百日紅《さるすべり》があって、下に深い谷が開いている。百年以前武左衛門という人、山賊の長兵衛というものに殺されて、死屍《しし》がこの百日紅に引かかっていたといわれている。二人のうち年とった方の人は、武左衛門の遠縁に当っているということだった。ここから金峰《きんぷ》山、破風《はふ》山、木賊《とくさ》山等を仰ぐことが出来る。道には楓、山桜、楢《なら》、桂、栗、橡《とち》などが多く、何れも美し

く紅葉している。

大分、登った時分、道は右へ大きく折れて、甲府平を遥かに見下し、眺望が俄《にわ》かに大きくなる。谷には大きな闊葉樹が多く、仰げば遥かに白根三山が聖なる姿を気高く聳立《しょうりつ》せしめる。ここは大バラ横手といい、ベンチが置いてある。上日川峠の長兵衛小屋についたのは十時頃、長兵衛とはここに住んでいる山賊の名から取ったものだという。ここでしばらく休んだあとで、私は二人と別れた。大菩薩峠はここから二十五町あるといわれるので、大急ぎに急いだ。

これからさき地形は広い高原状をなし、樹木のない山の斜面に薄《すすき》が風になびいている。ふりかえると日川の雄大な渓谷は、たぐいなきほどの大きな紅葉の堆積をもって脚下に展開し、遥か彼方には富士は七合目まで白雪に蔽われて天空に聳えている。ここの紅葉の多いこと、壮麗なことは、秩父の荒川の渓谷にも劣らない。ここから流れのほとりを行き、姫ノ井を通り、更にその上手に水の湧いているところを左に見て行くと、もう峠の頂上は近い。頂上間ぎわの急なところを登って峠の最高点についたのは十一時だった。長兵衛の小屋からここまでの二十五町は一里にも近く、一時間以上もかかる。

頂上は一八九七米《メートル》突、私はかつて中村清太郎君と二人で明治四十年の三月三十一日に雪深いなかを丹波山《たばやま》村からここまで登り、更に大菩薩嶺の方から大黒茂《おおくろも》谷へ下って、生死の境を辿った、その昔の乱暴な旅を想い起した。峠から見た南アルプスの美しさに見とれながら昼飯をたべて、もと来た道を長兵衛の小屋まで引返した。日はあたたかく、空は瑠璃《るり》色に、再び日川の紅葉をあかずながめ、富士の秀峰に見

※本書掲載の地図は昭和初期発行の陸地測量部五万分一地形図に従って作成しました。地名、標高は当時のものです。登山道、地名、施設などは現況と異なります。

とれつつ降り行く気持は、何ともいい現わしがたいほどいい。

長兵衛の小屋から、尾根通りを嵯峨塩《さがしお》鉱泉へ向った。幾多の別れ道は左右に派出されるが、それには目も呉れず、尾根通りを行くようにと教えられた言葉を金典玉条と守りつつ真一文字に進んで行った。途中、目当りのよいところに、二人の学生がルックを枕にねている姿は如何にも呑気そう。どこまでも紅葉のなかを離れず走るようにして行くと、日川の対岸に黒々と針葉樹が茂って、渓間の紅葉のもり切れない朱のような色と対照をなしているのが美しい。大分、行った頃、数人の籠を背負った人達が、林間をがやがや声たてながら来るのに遇う。何れも菌を取るためらしい。闊葉樹林はいつまでも続いている。ただ鉱泉へは思ったよりも遠いので、ときどき、不安になり足が早くなりがちだ。しかしどこまでも尾根通りを行くと、やがて急に道が広くなる。ここで教えられた通り左に折れて日川の河畔に下り、嵯峨塩鉱泉に辿りついた。時に二時過ぎ。宿の玄関に腰を下してしばらく休む。宿の話によると、長兵衛小屋から日川の渓谷を経て鉱泉に来る道は、最近修繕されたので、それを通るのが遥かに近いとのことだった。慥《たしか》に尾根通りでは小屋から鉱泉へ三里以上もあるように思われた。それから初鹿野《はじかの》まで二里半の道を四時五十九分の汽車に間にあわせようと急ぐ。鉱泉から出て日川に架せる橋の上で上流を見上げると、秋は絵のように美しく深い。それからあとの景色はすっかり平凡になって、あの美しい渓谷が山の彼方に包まれていることを想像するよすがもない。ただ眼に見える木々には秋色ふかく、柿の実にうつる夕日の色が濃い。

(昭和五年十月/『峠と高原』所収)

美ヶ原と霧ヶ峰

松本—三城牧場—美ヶ原—上和田—霧ヶ峰—上諏訪
（地図　松本、和田、諏訪）

美《うつくし》ヶ原から霧ヶ峰あたりの秋色を探って見ようという考えが、夏から動いていた。十月は馬鹿に忙がしかったので、つい十一月になった。天気は余りよくなかったが、外に日がないので一日に飯田町駅を出た。角田〔吉夫〕、小林〔三郎〕の両君が同行して呉れた。

塩尻附近の秋色は美しかった。松本に朝ついた時分は、雨がしきりと降っていた。入山辺《いりやまべ》に向う自動車は停車場前にお客を待っていたが、この雨ではどうすればよいか分らないので、しばらく飛驒屋旅館にはいって天候を見ることにした。穂苅〔三寿雄〕さんが尋ねて呉れて、炬燵《こたつ》で山の話をしている間に、風が変って天気がよくなりそうな模様になった。それでは出かけようということになり、仕度をして十一時頃、入山辺行きの自動車にのった。

自動車は私達三人を乗せて走った。それは大道の落葉を蹴散して行った。それはポプラの散りしく小学校の前を、柿の紅葉の点々としている人家の前を、遠慮なくはしった。見上げる山側の落葉松の色は美しい。秋は遅いが、未だ秋は去っていない。

入山辺の溪谷はいい。大手橋で降りると、自動車のつめ所に氷のような清水が湧いている。美ヶ原登山口の三城《さんじろ》の小屋の所有者が原の人だときいて、行って小屋に一夜をあかすゆるしを得た。そこで縁側に腰を下して薄川の流れにふし、対岸の高遠山、宮入山等の斜面を見ると、秋はあかずうるわしくあたりに充ちている。

ここから美ヶ原の小屋へは約一里、原から少しく戻って渓流の右岸に沿うて登った。雨は未だ降り止まず、霧は谷にうずまいている。道はあまり急ということがなく、ゆるやかに登り、景色は小綺麗で、河向うに滝のかかっているところがある。やがて左へ別れる大きな道と別れて私達は右を行った。おいおい、広場らしい感じのするあたりを歩いているような気がして来たが、霧のためよく分らない。やがて道が二つに別れて一つの標木が立っている。それには「左王ヶ鼻御岳神社を経て小県郡武石《たけし》村及び和田村に達す。右美ヶ原登山小屋より美ヶ原に至る」とかいてある。

時刻は三時半だ。

霧雨のなかにしゃがんで、しばらく休んでから右へ行くと、道は少しく急な登りになる。登り切った頃、前方から松高の三人の学生があらわれた。小屋のことをきくと、今まで小屋にいて雨のために帰ったが、未だ三人残っているとのことだった。しばらく行くと渓流の音が聞える。霧がはれて来た。渓流の向うに小屋らしいものの残骸が二三見える。しかし眼を上に向けると、もっと上の方に新しい大きな小屋があって、人の出入する姿も見える。小屋の附近に扉山観世音菩薩、畜魂碑と彫った石が建って、古くからの牧場であるらしい様子をもつ。小屋の前から見た山々の斜面にある落葉松は和やかに紅葉して、見上げる高い山には雪が来ている。雨がはれて、天気はよくなろうとしている。来し方に大きな山の根らしいものの見えるのは乗鞍岳であろうか。見渡すあたりの山々はかなり奥深い面影をもち、しかも大きな風体をもっている。

小屋にはいったのは四時二十分、松高の人達三人は、何れも猟に来たが、降り込められて、何の獲物もないといっている。小屋は六畳三間に廊下があり、それに大きな台所と炉があるので、山小屋としては立派すぎる位なものだ。初対面の挨拶が

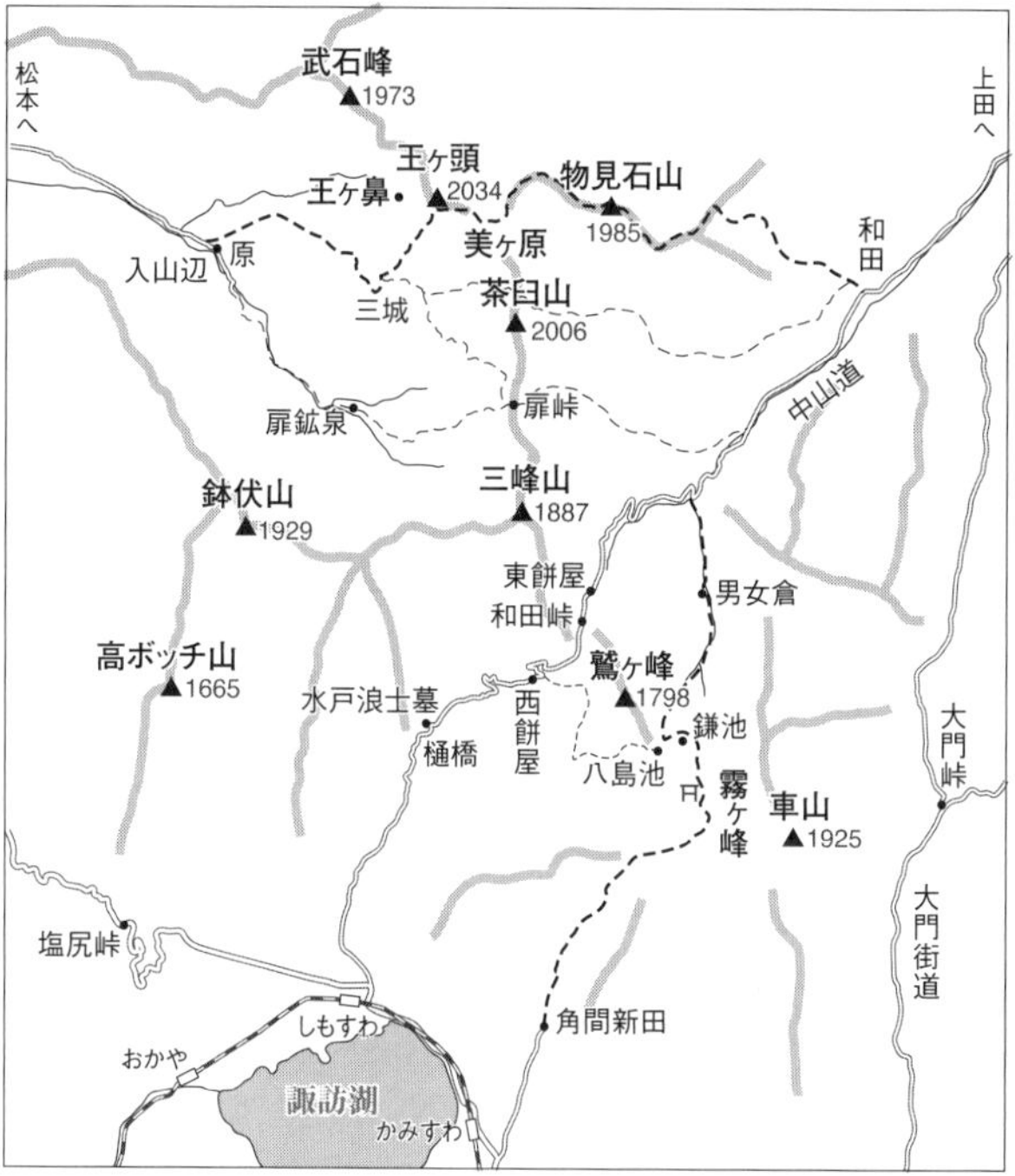

松本へ
上田へ
武石峰
1973
王ヶ頭
2034
王ヶ鼻
物見石山
1985
美ヶ原
和田
入山辺
原
三城
茶臼山
2006
扉峠
扉鉱泉
中山道
三峰山
1887
鉢伏山
1929
東餅屋
和田峠
男女倉
高ボッチ山
1665
鷲ヶ峰
1798
水戸浪士墓
西餅屋
鎌池
樋橋
八島池
霧ヶ峰
車山
1925
大門峠
大門街道
塩尻峠
角間新田
しもすわ
おかや
諏訪湖
かみすわ

終ると、もう親しくなって、炉にぬくまりながら、山の話をしていると時のうつることを知らない。空ははれて月が出ている。隣室に炬燵があるので、夜が更けてからそこにもぐり、暖かい一夜を送った。

明けると風が強く吹いて、空は昨夜よりは悪いが、それでも晴に近い程度だ。松高の三人は猟へ小屋の裏山つづきに登り、私達は美ヶ原へと百曲りに向った。道に沿うて小屋の傍をくるりと曲ると、前よりも大きな牧場が前面に展開されて、一角に一軒の古い小屋が立っている。何と美しい光景だろう。向って行こうとする美ヶ原に白雪が光り、昨夜とまった小屋からうしろにつづく尾根に、落葉松や白樺の紅葉が日も覚めるほどに美しい連嶂《れんしょう》を作っている。この三城の牧場を見るだけでも、此処を訪れる価値が充分にある。この牧場を過ぎ、一つの渓流を過ぎると更に一つの牧場が見えて、それにはいると道が二つに別れて、右は扉鉱泉に行き左は百曲りを経て美ヶ原に通じている。ここに立って昨夜泊った小屋のうしろから美ヶ原につづく尾根や、ここ一帯の水が向って行く、南西方向の渓谷の紅葉や、行手の美ヶ原一帯の雪に輝く連嶂の奥ゆかしさなどを見るとき、余りにも勿体《もったい》なすぎる美しさに、心身のふるえるような感激を感じる。そろそろ雪が深い。渓流に沿うて進むと、やがて美ヶ原らしいものが頭を圧して真直に聳えている。道は二つに分れて、「右は陣坂、左は百曲りに達す」という標木がある。時に九時十分、左に入る。雪は深いので登りはかなり苦しい。一曲りする毎に一息ついてはふりかえりつつ山をながめる。眺望は大きくなって来る。木曽駒ヶ岳、北ヶ岳、間ノ岳、仙丈岳等が真白く聳立《しょうりつ》している。原のとっつきに、雪が今にも崩れそうにかかっているところを靴で足場をこしらえながら登る。原に立った時は十時だった。

何と美しい高原であろう。この高原を叙述するに適する言葉は、心なき人々も、ただ素直に心のままにあけすけに美ヶ原と唱えた命名に尽きるといえよう。私は今までに多くの高原を見た、そして美しいと思いつつも、私達はそれには何かの欠点を見ないではいられなかった。しかしここではあらゆるものが渾然《こんぜん》として美しい名の通りの偽らない高原を現出している。一つの無駄もそこにはない。最も理想的な高原の典型、それはこの地上に於て、ここに実現されている。北望すれば、高原の頂上らしいものが北西に聳《そび》えて、それから手前の窪みになるところに一つの小屋が見える。雪は一尺〔約三十センチ〕ほど、深いところは二尺近くも積って、ところどころつつじの木が頭もたげている。私達が方々から見て、この大きな高原を信越線と中央線との間の一つの邪魔物として、名も知らぬ山塊として取扱ったのは、何と大きな誤りであったろう。和田峠の北方に蜿蜒《えんえん》と続いている美ヶ原一帯の尾根は、日本アルプスの何処にも見出されないほどの美しい高原であり、ユトーピアである。私は雪の積らぬ十月頃の、また、つつじの咲く新緑の頃のこの原の美しさを想像した。

今日は上天気というほどではないが、南北、中央アルプスはいうに及ばず、北方には妙高一帯の山々が雲の間に根をあらわし、北から東よりに北信牧場が新雪に輝き、四阿山《あずまやさん》、浅間山はもう真白くなっている。しかしここから見える最も眼をそばだてる驚異は、原とつづいているように見えるほど蓼科山《たてしなやま》が近くに聳え、その北方に裾野が雄大なスロープをなして佐久方面へなだれていることだ。

強い風のなかに、この雄大な光景を感嘆しながら和田の方へとすすんだ。やがて原の一角に、松本第二中学生中村、二木両君の遭難記念指導標があって、方向を示し、「向って右は物見石山を経て武石村に至り、左は百曲りを経て入山辺村に至る」としてある。昨年の九月前記の学生二人がこの原で濃霧にまかれて路に迷い遭難したことは、新聞紙上で知ったが、今や茲《ここ》にこの指導標を見て、遭難の光景まざまざと眼前にあらわるるかの如き感を抱いた。

雪は深い。しかし天気はわるくないため、この高原がやがて中山道につづく尾根の見通しがついたので、ほっと一息ついた。東南には森々と茂った針葉樹の渓谷が展開されて渓間には径が見える。それは陣坂を越え、茶臼山を経て行くものであろう。北方に開く武石川の上流も等しく針葉樹の深い谷らしい。おいおい、進むにつれ、秩父の山々が蓼科の高原の彼方に聳える。

物見石山についたのは一時前、山蔭で風を避けて、焚火《たきび》しながらパンを喰っていると、和田の方からルックを背負った三人の人が登って来る。何れも東京の人、霧ヶ峰に登ろうとして雨のために果さず、諏訪に一泊し、自動車で上和田まで来てここへ登ったという。委《くわ》しいことは話さず、それきりに別れた。それから先は雪が一層多く、深いところは二尺もある。山はようよう瘦尾根になったが、やがて和田の村が下に見えるようになると、雪がなくなって牧場がある。それを過ぎると道は急に下り始める。

上和田の村が渓流に沿うてぽつぽつあらわれ始める。やがて道は中山道と一緒になって右に折れると、村は町のように軒を並べているが、どこか落着いた昔ながらのどっしりした風貌をもって、思いを中山道の華やかであった昔に運ぶ。長井館にはいったのは五時少し前、家は昔ながらの大旅館、あちこちに通じる廊下、泉水、庭園などその昔の街道の盛時をそぞろにしのばせる。炬燵にはいりながら御飯をたべた。古い歴史をもつ森閑とした宿で、昔をしのびながら山の話をする愉快さは格別だ。

明《あく》る朝、八時十分前に上和田を出て男女倉《おめぐら》に向った。中山道を行くことにも一種の趣きがある。永く踏み固められた道は流石に堂々としている。渓谷がようやく迫り合って何物かが出そうだと思う頃、左折して男女倉道に入る。道は少しく細くなるが中々よい。村は中山道から別れて半里もあろう。ここは新開地、名があまり珍しいので、村の入口の家でそのいわれをきくと、何しろ新開地ですから、早く子供をこしらえるために、男と女とを倉のような場所へ入れたという意味でしょうといって笑う。村には白樺が目立って多い。

霧ヶ峰はここから約一里といわれる。沢に沿って林間の細い道を南へ辿って行くと、雪が多いので難渋する。やがて沢と分れて植林の間を分けて明るくなったと思うと、霧ヶ峰の高原が、俄然、前面に開いて、八島池、鎌ヶ池が目前に展開される。

この道は男女倉越の西に位すもの、八島池と鎌ヶ池との間に出るものだ。見渡すあたりは一面の平坦地、東南に車山が聳え、西北に鷲ヶ峰が屹立《きつりつ》し、遥か南方にはゆるやかな茫々《ぼうぼう》たる高原がはてしなくのび、その末は諏訪方面におぼろに夢のようにぼやける。惜しいことに今日は昨日ほど天気はよくなく、蓼科山は間近に白雪を頂いて聳立しているのが暫く見えて、うすい雲があたりに動き、ときどき、あられを降らしている。茫然としてたたずんでいると風が強くて寒いことおびただしい。男女倉で鷲ヶ峰よりに鳥を捕る小屋があるときいていたので、少しく登れば果してあった。声をかけると、中に暖かそうに焚火をしているおやじさんが一人いて、渡鳥を捕えるためのおとりを沢山にもっている。ここでゆっくり休んで昼飯をたべ、むかし山賊熊坂長範が住んでいたという岩窟が車山にある話や、底なしといわれるほど深い八島池の伝説などを子供のようになってきき、スキー時にはまた訪れることを約して去った。

ここから下諏訪へ行くのは容易だが、上諏訪へは迷い易い。高原の遥か南の一角に、ここから見える切分に平行して道を見出すようにと教えられて急いだ。しかし雪どけのために湿地を真直に突切ることが出来ないので、西より南の方へと高原の縁をたどるように迂回して、やがて東へ廻り流れを渡ると、平らなところに、旧《きゅう》御射山《みさやま》の遺跡があって小祠が立っている。そこから登り気味になって、小屋で教えられた切分と一緒になったが、道は雪のためか容易に見当らない。あちこち捜し廻ったのち、やっと道らしいものを見出して急げば、高原が更に高原を生んで、階段的に続いている。しかし私達は西より南へと進み、高原は南へ南へと果てしなく大きく延びている。やがて峠のようなところを過ぎてから道は大きくなって、角間沢に沿うている。かくして角間新田を経て上諏訪についたのは夕方だった。

（昭和五年十一月／『峠と高原』所収）

麓の宿

　登山季節のあわただしく雑沓する頃は、ついゆっくり話をすることも出来ず、何事も表面がちで、それ切り再び会わねば、それなりに打ちとけた話もせずに終って、客の方からも色々の勝手な憶測をしたり、宿の方でも客に関する深い理解をもつこともなく終って行く。しかし麓の宿の静かなひまな時は心からの待遇にひきつけられ、断片的にきく山の話なども、特に趣き深いものである。私はその意味で、ときどき、季節を離れて麓の宿を訪れることに興味を感ずる。向うの方で多くの客人に接しながら、かつて訪れたことなどを話すと、不思議にも覚えている時など、特に気持のよいものである。それは私達が山に登ろうとして、或《あるい》は山に登ってから宿にはいる時、ただならぬ印象深い何物かをもっているからによるのであろう。

　十有余年以前、五六名の学生と上高地から白骨温泉に一泊し、翌日、奈川渡《ながわど》を経、境峠を越えて藪原《やぶはら》の米屋で泊ったことがある。その折の登山はどこまでも運が悪く、山では散々、雨に襲われ、藪原近くでは木曽川が氾濫し、橋が落ちて通ることが出来ないで、丸太が渡してあった。日が暮れて仕舞ったあとのことで、暗い中に丸太を危い足どりで渡りつつ中流に達した時、目が舞いそうになって、前へ進むことも後へ退くこともならず、自からを励ましながら藪原の町に到着した時は、危く一命をとりとめたような気がした。

藪原の米屋で泊ったその夜の感じがよかったことをふと想い起して、静かな山里の宿に二三日を送りながら読書して見ようと想い出して出かけたのは、大正十二年頃の三月末、まだ木曽には春の訪れぬ寒い頃だった。塩尻で名古屋行きに乗換え藪原について、バスケットを手にして米屋へと歩いた。米屋につくと女将さんは不思議にもよく覚えていた。新築の座敷に通されて、弘は暖かい炬燵《こたつ》にはいりつつ、この寒い寂しいところを選んで、山登りするにもあらず、さればとて、温泉があって来たのでもなく、また、甘《うま》い御馳走を食べんがため来たのでもない自分の不思議な行動を思い浮べて見た。

藪原にいること三日、その間に、ときどき、鳥居峠の斜面に散歩して、芹の間を走る小さい流れを見たり、小木曽の村近くまでさ迷って、以前、歩いた昔をしのんだりした。一日、福島に遊んで、木曽川にのぞむ町のにぎやかな通りを歩き、流れに架せる橋に立って河一っぱいに流れている青い水を俯瞰《ふかん》して見た。新築の中学の庭から駒ヶ岳が真白い頂をもたげているのを見て、ここの町の美しき自然に恵まれているのに驚異した。

藪原から大町に向った時は、丁度、大町の宿は女学校の入学試験に父兄と一緒に来ている若い娘さんで一ぱいだった。対山館の炬燵にはいって山を見る気持は、何とも形容しがたいものだった。それまでは雪の日本アルプスを郷里の富山で見たことしかない私は、親しく針木《はりのき》峠の麓へ来て、今更ながら、山近くで見るその威容に打たれた。鹿島槍、針木、蓮華等は頂から麓まで寸分もなく真白に雪に蔽われて、雪が近くに迫っているこの美しい町には、如何にも麓の町という感じが漂よって、あちこちにピッケルだのカンジキだの、絵葉書だの、登山の道具などを売っている光景などを見ても、益々、その感じを高めた。

滞在中、主人の百瀬〔慎太郎〕君がときどき来て、話が山の話から文学のそれにまで及び、夏のあわただしい時とは異って、それはしんみりと落着のあるものだった。一日、百瀬君につれられて、町から一里ほど離れている山の上の禅寺を訪れた。

寺の庭に未だ雪が積っていた。しばらく寺にいたあとで、日当りのよいところに坐って山々を眺めた。そこから町の全容は一目に見え、向うの信越国境山脈の雄大な光景はたとえることの出来ないものだった。これ等一帯の山々が真白く見えながらも、遠近のけじめがはっきり浮立って、それぞれの個性をもっている雄姿と、麓の小綺麗な整頓せる町とを見る感じは、私に取っては珍しいものだった。しかもこれ等の山々は、私が郷里の平原から見ていたとは異なり、比較にならないほど近いものだった。百瀬君からこの美しい町の色々の建物を指摘され、また、新緑の頃のあたりの美しさ、高瀬川の渓谷の色彩のよさが説かれた。私は麓に新緑の燃えるような渓谷をもち、真白に輝く威厳ある山嶺をもつ日本アルプスの五月の光景を頭に描いて、緊張せずにはいられなかった。

大町の楽しい三四日の滞在のあと、私は乗合にのって明科に向った。それは私が浅間の裾の一泊を急に思い立ったからだ。矢のようにはしる車に私の外お客が一人、風は冷たかった。明科ときけばなつかしい気がした。むかし私達が登山するには上高地方面に行く場合は特別として、さもなければ明科が唯一の登山口であり、ここで下車し馬車にのって、暑苦しい中を大町や中房方面へ行ったのである。篠ノ井で乗換え沓掛《くつかけ》まで行って、そこから一里中山道に沿うて追分まで歩いた。信濃追分の停車場は夏だけで、当時まだなかった。浅間の裾野には未だ寒い風が吹いていた。美しい雪のたての皺《しわ》をもつ浅間は近くに峙《そばだ》って、夏は賑やかな裾野には、ところどころ別荘は未だ静かにねむっていた。追分の油屋についたのは夕暮、昨年の秋から久しくお客を迎えない宿では喜んで私を迎えて呉れた。

私は山々の見える南向の部屋に入れられた。空は晴れて八ヶ岳や蓼科《たてしな》山は大理石のように美しく立っている。日が暮れてから、宿では私がそばが好きだということを知っているので、そばを打ち、好きな芹を沢山とって呉れた。夜は炬燵で宿の人達と色々の話をして寛いだ。

明けて見ると思いがけなく雪が二寸ほど積っている。多分それは四月一日頃だった。もう、一日滞在するように勧められたが、急ぐ気持になったので、雪をふみながら沓掛まで歩いた。赤羽駅で立ちながら電車を待った時、武蔵野には寒い風が荒《すさ》まじく吹いて、信州の山の宿の静閑に比して、自然それ自体にも落着がなく、もう雑沓の地にかえったという気がした。

春の上高地、秋のそれは、ただ想像するばかりで、何の経験ももっていない。いつか訪れてゆっくり話して見ようと思っているうちに、清水屋のあるじも過去の人となった。秩父方面では梓山《あずさやま》の白木屋の主人はとうの昔になくなり、次の弟もまた病歿したが、今でも栃本の大村さんのお婆さんだけは健全である。ここへもよく行った。春の栃本、夏のそれ、秋のそれによく行った。たびたびの御迷惑をかけている。一番、迷惑をかけたのは、今より三四年前の五月半ば頃だった。五六人連れで新緑の秩父を見ようと塩山から柳沢峠を越え、峠から東京都でこしらえた環状道路にはいった。かつて私は峠からこうして将監《しょうげん》峠まで行ったことはあるが、精々、四五里位のものとばかり思っていた。しかし事実はもっと遠かった。行っても行っても将監峠に達することが出来なかった。日の暮れる頃、多摩川の水源にあたる道のほとりに立派な小屋のあるのを見た。小屋の番人が、その夜、三ノ瀬に用があって村へ降りるから、私達に留守をして呉れとのことで、私達は幸いと思って小屋で一夜をあかした。

翌日の出発は遅かった。将監峠についた頃は、もう昼が過ぎた。惣小屋谷から三峰に向う上り下りにすっかり参り、大洞川と荒川の合流点にある村へついた時にはすっかり日が暮れて仕舞った。栃本へは未だ容易でない。それでも私達は大村さんのお婆さんに会いたい一念で、疲れた足を引ずりながら休み休みついたのは、夜の十二時だった。われながら、よくもこんなに遅く訪れたものだと思い出して驚いている。それでも大村さんでは一家一同よろこんで私達を迎えて、御飯の用意をして呉れ、寝たのは朝の四時頃だった。こういう迷惑をかけているにも拘わらず、少しのいやな顔もせず面倒を見て呉れる家は宿屋にも珍しい位である。翌日はすっかり休養して、更に一晩とまって帰った。

麓の宿といえば、野沢の晩秋を想い出さずにはいられない。そして野沢を想うと、桐屋のなくなったおじさんを想い出す。学生達の友達として終始したおじさんを想い出す。冬の野沢はスキーで、夏の野沢は湯治で、いずれも雑沓するいそがしい処だ。静かな野沢を味わうとするには、晩秋にしくはない。私が秋の野沢を訪れたのは、十一月の半ば過ぎだった。先ず飯山に用があって、そこで半日を費やし、午後、自動車で野沢に向った。落葉が往来に散り敷いた上を自動車がかけると、その響きに雑木林の葉がはらはらと散った。野沢は全く静かだった。炬燵にはいって耳をすますと、聞えるものは遠くの太鼓や三絃の音のみだ。あちこちの山々の紅葉は風にざわざわ音をたてて散る。温泉の湯気は往来から上空へと盛んに騰《あが》っている。気候は流石《さすが》に冷く、雪深い時分よりも冷々とする。冬のスキー場となっている広場へ行くと、晩秋の闊葉樹《かつようじゅ》は山の斜面に寂しげに立って、風が騒がしく梢をならしている。遥かの妙高、火打には雪が白い。

翌日、起きると雪が五寸ほど積って、まだしきりに降っている。部屋のなかから見ると、見渡す山々の麓はまだ紅葉しているのに、上の方は初雪で白くなって、時ならぬ美しい色の配合をなしている。温泉はなみなみとあふれて、大きな温泉場は森閑としてひまなのに、話ずきなおじさんがときどき来て話して呉れる。町は冬来たとき想像していたよりは遥かに清楚で、あたりの山の相貌も標高の割合に高山めいている。文字通りに湯の香の高いこの温泉町は、晩秋のしんみりした味を見せると共に、新緑の季節にはさぞ美しい自然の色彩を見せることだろうと想像された。

野沢に二泊して出かける頃、雪が止んで、妙高、火打、黒姫等の山々は雲表に冲《ちゅう》して白い峰頭をもたげ、低い山々は未だ紅葉で赤い木々の間に白い粉をふりかけている。上境で汽車に乗って千曲《ちくま》川の沿岸を走ると、雑木林からはらはらと散る紅葉は流のほとりに落ちて、寂しい秋もそろそろ終りを告げそうになっている。

信越線に乗換える頃から四阿山《あずまや》が見えてくる。雪は真白にあざやかに輝いている。静かだった温泉のしんみりした気分が、どこか心の底に未だ残っているような気がしていた。

（昭和五年十一月／『峠と高原』所収）

秩父の三峠

（地図　三峰、金峰山、丹波山）

秩父の三峠といえば、高さに於て殆んど匹敵し、その風貌に於て秩父的な十文字峠、雁坂《かりさか》峠、将監《しょうげん》峠の三つがすぐに心に浮んで来る。そのうち、十文字峠は秩父の栃本から信州の梓山に通ずるものであり、雁坂峠は同じく栃本から甲州の広瀬に通ずるもので、将監峠は秩父の三峰から甲州の三ノ瀬に通ずる。

深林が幽邃《ゆうすい》で苔がぶくぶくして、谷が深い感じのする秩父的な印象を与える点に於ては三つとも同じだ。しかし雁坂峠は甲州側は殆んど無木であり、将監峠も甲州側は同じく木が無く、峠として荒んだ惨憺たる感じを与えるが、十文字峠だけは深林が渾然《こんぜん》として、幾多の伐木組合がはいっているにも拘わらず、峠道から殆んどそれが知られることなく、奥深い感じを与える点に於て、峠を登るにつれ現われ来るものの階段的な系統立った順序をもっている点に於て、峠として間然するところがない。

これ等三つの峠に平行する渓谷は何れも深い感じを与えるが、十文字峠は特に荒川の幾多の渓谷を上から遠望することの出来る特長をもっている。全くこの峠から遠望するくらい、幾多の渓流が一眸《いちぼう》の下に、怪奇と複雑さとを以って、本流、支流共にくりひろげられているところは珍しい。雁坂峠は渓流らしいものを殆んど見ることが出来ないで、ただ秩父側を下る時に、渓流の深そうなものが、峠の下を通っているということを想像するに止まっており、将監峠に至っては、三ノ瀬から竜バミ谷を見ながら登り、井戸沢のほとりを行き、そこで道は分れて、一つは惣小屋谷に下り、大洞川に沿うて行くので、渓谷の美を味わうことは出来るが、ときどき、滝川谷の雄大さを概括的に見る以外には、十文字峠に於けるほどに、雄大な渓谷の流れそれ自体を遠望することは出来ないし、もう一つは井戸沢から滝川谷を通って栃本に行くのであるが、道に桟道が多く危険で、谷の暗さはあるが、上から遥望する美しさは見られない。

山岳の眺望については、雁坂峠と将監峠とは南アルプスを見ることが出来るが、十文字峠は北アルプスを見ることが出来るというそれぞれ異った特長をもっている。

峠道についていうと、十文字峠や雁坂峠は、上って下るという普通の峠にありがちなものであるが、将監峠を越えて三峰山に達する道は、上り下りが多く、それも一通りでないため、行人をして深林や渓谷を味わせる余裕をすら与えない。また、将監峠から栃本に達するものもそれ以上に困難で、上下が多く、桟道が多いので三峰行以上に苦しい。従って将監峠を越すのは、十文字峠や雁坂峠を越すよりも、遥かに大きな努力を要するものと見なければならない。

峠を考える時、我々は直ぐに峠の麓から向うの美しさを想像したくなるので、これ等の峠のことを出立点の秩父の栃本或は三峰から考えて見ると、将監峠には、三ノ瀬へ越してから落合に出て柳沢峠を越え塩山に出るか、或は落合から丹波山村に出て更に多摩川に沿うて下る道程が考えに浮び、雁坂峠には、広瀬から笛吹川に沿うて塩山に行く道が考えられ、十文字峠には、梓山からやがて八ヶ岳の裾野を長坂方面に行くか、或は佐久鉄道〔現在の小海線〕方向に行くことが考えに浮ぶ。こういう点で私自身の嗜好によれば、多摩川の渓谷を下ることも面白いが、将監峠の起伏の多いこと、また、危険なのにはかなり物恐しい感じがし、雁坂峠を越えて、笛吹川の渓流を広瀬から塩山に下ることも、柳沢峠を下ることも、今は余り興味がなく

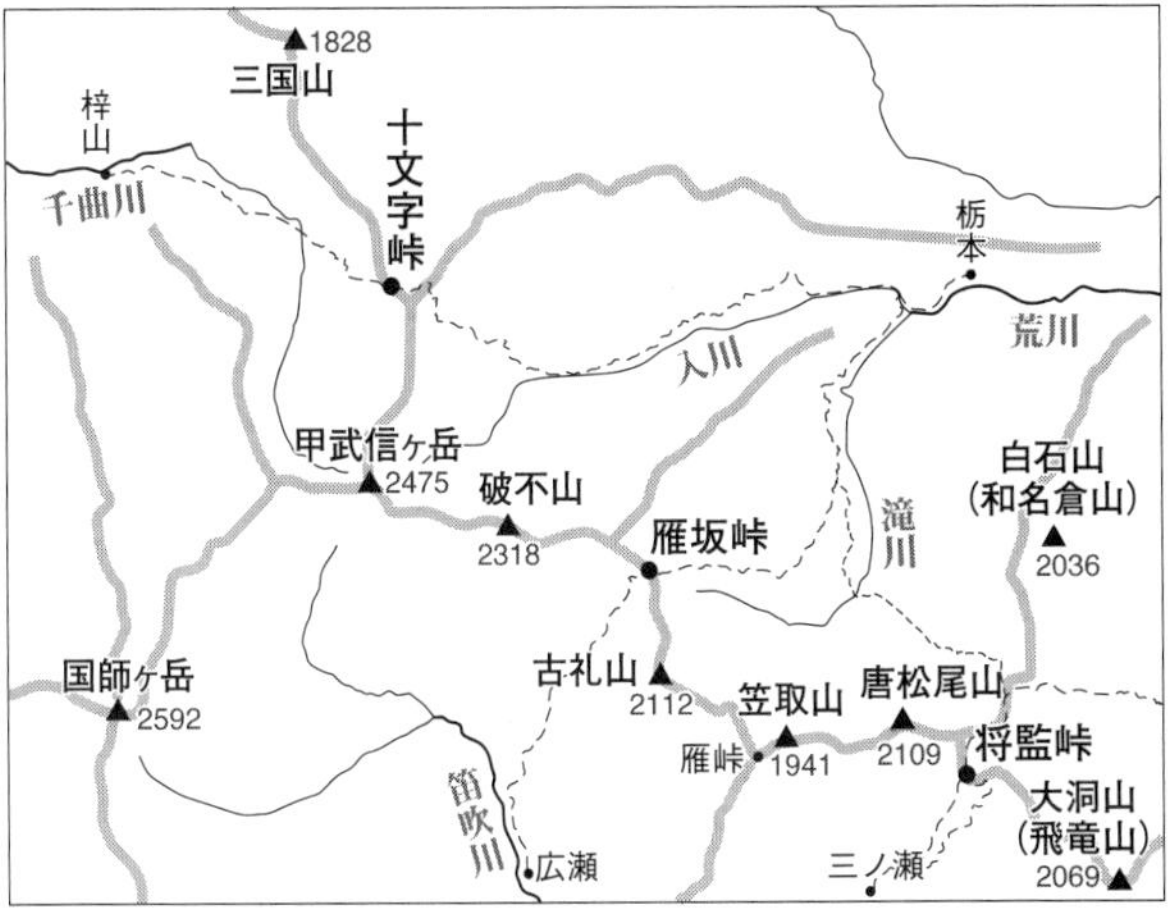
1828
三国山
梓山
十文字峠
千曲川
栃本
荒川
入川
甲武信ヶ岳
2475
破不山
2318
雁坂峠
滝川
白石山
(和名倉山)
2036
国師ヶ岳
2592
古礼山
2112
笠取山
1941
唐松尾山
2109
雁峠
将監峠
大洞山
(飛竜山)
2069
笛吹川
広瀬
三ノ瀬

なっていることを感じている。これに反して私は今でも十文字峠を下りあの戦場ヶ原の牧場を経て梓山に下り、更に八ヶ岳の威容を仰ぎ、あの雄大な高原を存分に歩いて見たいという気持をもっている。

峠を降るところに牧場や高原のあることは、峠路に一層の風情を与え、麓の村に一層の奥ゆかしさを与える。牧場や高原の与える牧歌的な情調は、峠と村との連絡を詩的ならしめ和らげる。そうした意味で、十文字峠から梓山に降る方面は、特別に美しいなごやかな、また、一層、深い感じをもっている。あちこちのなごやかな牧場、白樺や落葉松、その他、平地には余り見られぬ樹木は、この土地に柔らかい感じを与えると共に、美しい清朗な色彩を与える。特にここからしばらく行って八ヶ岳の裾野があるということに、この方面に足を踏み入れさせ、この峠を越えしめるようにさせる力があり、一層、深いところにはいるという想像の力が働く。

新緑の頃や十月半ば頃になって、私は秩父の峠を思いやる時、多くの峠のうち、特に十文字峠にしたしみを感じ、更に想像が八ヶ岳の裾野に飛ぶのが常だ。

（昭和五年十一月／『峠と高原』所収）

三国峠

五日市―本宿―柏木野―上野原
（地図　五日市、上野原）

東京から日帰りの旅を試みて趣き深い一日を味うためには、五日市か御嶽《みたけ》駅あたりを起点にするのが、最も合適であるとは、私の何時も考えるところだ。美しい渓流、美しい滝、柔かい峠、山の多い感じは、これ等の場所から奥に最も豊富に見出される。五月の日の永い頃は勿論のこと、日の短い秋から冬にかけても、これ等の場所からはいる山や峠は、東京から一日で優に存分の登山気分を味わしめるに足る。そういう峠は五日市だけを起点にして見ても、甲武国境及び甲相国境を越えて上野原に達するものが二つ、同じく五日市から多摩川と秋川との分水嶺を越えて多摩川に越すものが二三あると見ることが出来る。只今のところ五日市から秋川の渓流に沿うて走る乗合が、僅《わず》か一里ほどの十里木《じゅうりぎ》まで行くに過ぎないが、これが南北秋川の合流点にある本宿《もとじゅく》まで二里半の間を通ずるようになれば、更に便利がよくな

り、日帰りの峠や山はもっと増すことと思われる。（今は乗合が五日市から本宿まで通じている。著者）

しかし、秋川の流れの最もよいところは、五日市から本宿までの三里近くのところにあることを考えると、只今、乗合の終点である十里木あたりから歩くのは、最もよい一日の旅でなければならないようにも思われる。

三国峠を通って見ようと考え出してから、日曜の天気は多くは悪いので、とうとう、十二月の二十一日になって仕舞った。この日もどんよりした今にも雪がちらちら降って来そうな空模様だったが、外に日がないので思い切って出かけた。立川で大村郡次郎君と一緒になる約束だったが、空模様はあやしいので私の方がまごついた為め、予定よりも遅れて、五日市行きのガソリン車に乗ったのは八時過ぎだった。

五日市鉄道（現在の五日市線）の沿線は、高原的な感じのするところだ。武蔵田中あたりから多摩川に沿う山々を見る惑じは、慥《たし》かに登山気分をそそるに充分である。ガソリン車は、東京の電車よりも小さい箱に私達以外に一二のお客をのせて五日市についたのは、かれこれ九時頃だった。

五日市町は高原的な感じのするところにある。道幅の広い長い清楚な町で、東京都下にもこういう町があるかと思うと嬉しくなる。東京都下で、ここの渓谷は最も汽車に縁が遠く、初めて此処《ここ》に汽車が通った時、秋川の奥から汽車見物に来たとまでいわれている。私も以前に御前山に登った際など、八王子からここまで四里も歩いて、更に二里半奥の秋川のほとりの本宿で泊った。それは、余り遠い昔ではない。

停車場の前で乗合に乗り十里木に向った。十里木は御岳へ向う往来と別れるところにあって、そこからさき坦々たる街道を本宿まで一里半の間秋川を眺めつつ行くのは面白い。曇ってはいるが、右手に馬頭刈《ばずかり》山一帯が高く聳えている。それから本宿までの秋川の景色は少しく繊細ではあるが、優れた渓谷美をもっている。

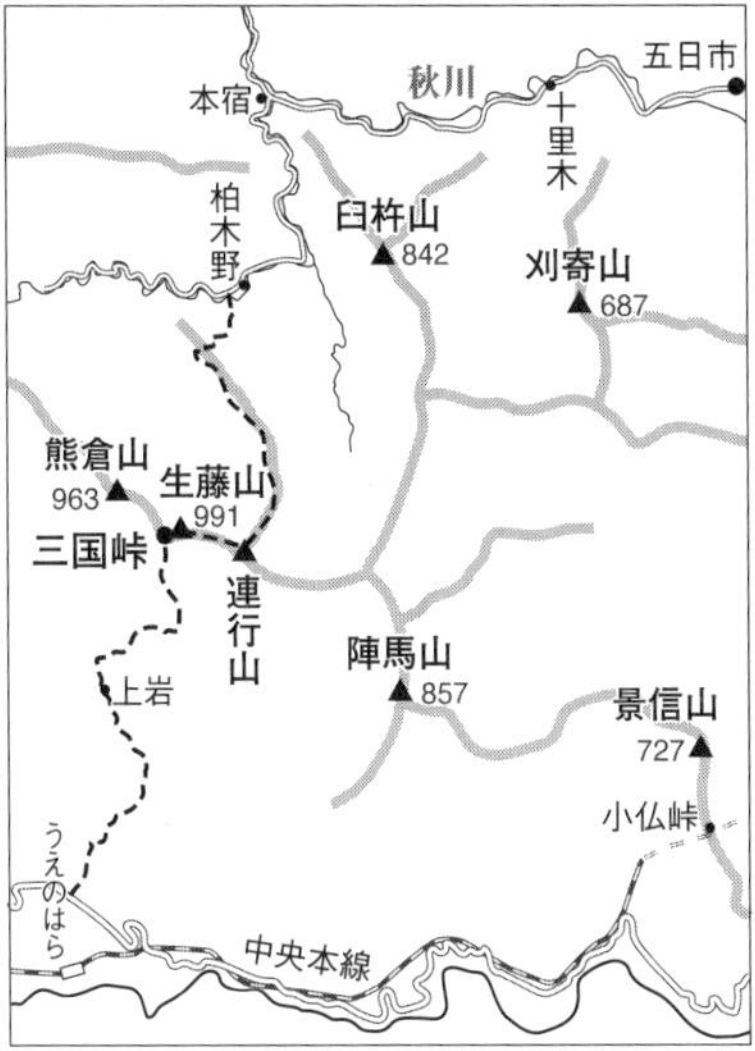

本宿についたのが十時半、ここは南北秋川の合流点で、南秋

川の流れは合流する間ぎわに橋の下を流れ、大きな闊葉《かつよう》樹林は、それをふっくりと大きく蔽うている。この附近に滝が多い。橋詰に滝の案内の標札が立っている。それによると東南三丁に吉祥寺滝、西北二十七町に天狗滝、西北一里二町に綾ノ滝、西北三十町に不動滝、西北三十八町に鈴ヶ尾滝、九里奥の三頭山麓に大滝、外に十町あまり先に弗《ふっ》沢ノ滝がある。

十年以前ここで一泊して御前や数馬に行ったことを考えると今更に年月は矢のように早い。ここから私達は南秋川に沿うて行った。道はよく担々としている。河は小さくなって、案外に平坦地が多く、処々に積雪が見られる。柏木野についたのはかれこれ十二時に近い頃、三国峠に入ろうとする附近の一家で休ませて貰った。太陽はときどき出そうになっては曇る。

茶屋ではしきりにここから三国山を越えて行く道の迷い易いことをいって、上川乗から栗坂峠（浅間峠）を越えて行くようにとすすめたが、私達はなるべく高い峠を越えたいと思っているので、道を出来うる限りよくきいて出掛けた。

茶屋の前から南秋川の橋を渡って登りかける。道はよい。おいおい、爪先登りとなって杉林の間をわけると、炭を背負って降る婦人の幾人かに遇《あ》う。大分、村が下に見えはじめる頃、南秋川の上流を見やると、一つの大きな雪の山が河上に大きく見えるのは三頭山《みとう》らしいが、頂上は見えない。南秋川と北秋川とをかぎる分水嶺が大きく冬枯れて、それとこの尾根との間を坦々たる往来が白く通っている光景は、どこの山村にも見られるような平和な気分をそそる。やがて杉林が切れて、左の方へ迂廻すると、俄《にわ》かに尾根の上に出て、闊葉樹林《かつよう》に入り、径《みち》には落葉が深い。国境の尾根が秋川の支流を距てて前方に聳《そび》えている。ここらあたりの四月末の新緑の美しさが思いやられる。道は国境尾根とほぼ平行して東南に進み、眺望は雄大になって来る。これが東京都下かと思われるほどに山岳重畳《ちょうじじょう》して谷が複雑に見える。やがて南北秋川の分水嶺の上に、大岳、御前の連嶺が聳えて来る。国境山脈の彼方に白雪の山がすばらしく高く見えるので、大菩薩連嶺かと思ったが、よく見ると、権現山だ。しばらくすると扇山がその左に見える。尾根がどこまでも国境と平行して、両者の間の谷は以外に深い。日は曇っているが風はなく、山は深閑として静かに、時の歩みも静かに聞えそうだ。

やがて尾根が国境に近づくところが幾らか下り気味になって西南に折れる。左の谷間に炭焼の煙りが立騰《たちのぼ》り、景信《かげのぶ》の頂上近くに白雪が円くあざやかに見える。遥か前面に白雪の大きな山が頭をあらわさず立っているのは丹沢山塊だ。連行山に至って尾根が国境と合する。ここまで柏木野から二時間半を費やした。やがて鶴川の谷が下に見えて、遥か彼方の人家の多い部落は上野原の町らしい。峠道はなだらかに、生藤山、三国山の腰を経て、相模、甲州方面に走っている。

下って行くと道が二つに分れて、私達は右に折れて上岩に向った。上岩には森々たる杉の杜の神社があって、延喜式内、石楯神社とある。日は暮れかかって、沿道の村々は、平和に複雑な山あいに起伏している。道は坦々としているが、また起伏が多い。上野原についたのは六時前だったが、町から停車場までの下りを暗闇の中にやきもきしながら行って、六時二十分過ぎの汽車で東京に帰った。

この日歩いた里程は、六里か精々七里に充たないものであった。日の永い新緑頃にはこの旅は殊に趣味深いものであり、眺望のよい点からいっても、推奨すべき一日の旅というべきだ。

（昭和五年十二月／『峠と高原』所収）

鹿沢温泉より大門峠へ

田中―鹿沢温泉―新鹿沢温泉―鳥居峠―上田丸子―入大門―大門峠―茅野
（地図　上田、小諸、和田、諏訪）

ことしの雪は少ないと新聞に報告されてあるが、一月元日に東京には五寸近くも降ったので、スキー地方では少なくとも二三尺は降ったろうと都合のよいことを考えて、四五日の間、スキーの旅をしようと二日の夜、上野を出発した。道連れは野沢でよく一緒になった松村（保）君で、外に大門峠へは、菅井君が野沢からの帰り路に道連れになることになっていた。田中駅で降りたのは四時過ぎ、スキーをもつ人は私達二人の外にはなかった。田中の町を新張《みはり》の方へ辿って行くと、朝の寒い空に、辻の要所要所に子供達が大勢で太鼓をたたいている。きいて見ると、今日は道祖神のお祭りで、道祖神は子供の神様だから、子供達がこんなに暗い内から起きてお祭りをするというのだった。新張から夜があけそめて、見かえる方に八ヶ岳が新雪を頂いて大きくそば立ち、ところどころに白い斑点をもつ裾野は大きく開いて、その左に富士は真白く輝やいている。

あちこちの畑には雪が斑々として、寒風が道の左の松林の丘にうなり、谷間の家々からはそろそろ朝げの烟が立っている。足を休めてたたずむごとに、八ヶ岳は、益々、あざやかに目立って来る。蓼科《たてしな》山の右に霧ヶ峰や美ヶ原が真白に大きく見えるが、特に美ヶ原が高く鮮やかに見える。奈良原鉱泉への別れ道の先に新しく出来た茶屋にはいって囲炉裏《いろり》のほとりで朝食を取ってから少しく登ると、左にすばらしい眺望をもつ茶屋があるので、再び休んで八ヶ岳を遠望する。風は強く赤岳には雪烟の盛んに立っているのが見える。

四十番からいつもスキーを履くのだが、ことしは雪がなく茶屋にも人がいない。五十番の茶屋も無人で、家は壊れかかっている。雪はそこにもない。行方に白い雪の山が見えるのは湯ノ丸であろうか。重いルックに重いスキーを背負いながら、雪の少ないことをかこちながら、四里の道を歩いて地蔵峠についたのは正十二時、ここで初めてスキーを履いた。

ここから少しく温泉の方へ滑って、好きな三方峰へと少しく歩いて見たが、雪質が悪いので引返し、また、温泉の方へ滑って行った。雪の少ない為め、見渡す山の

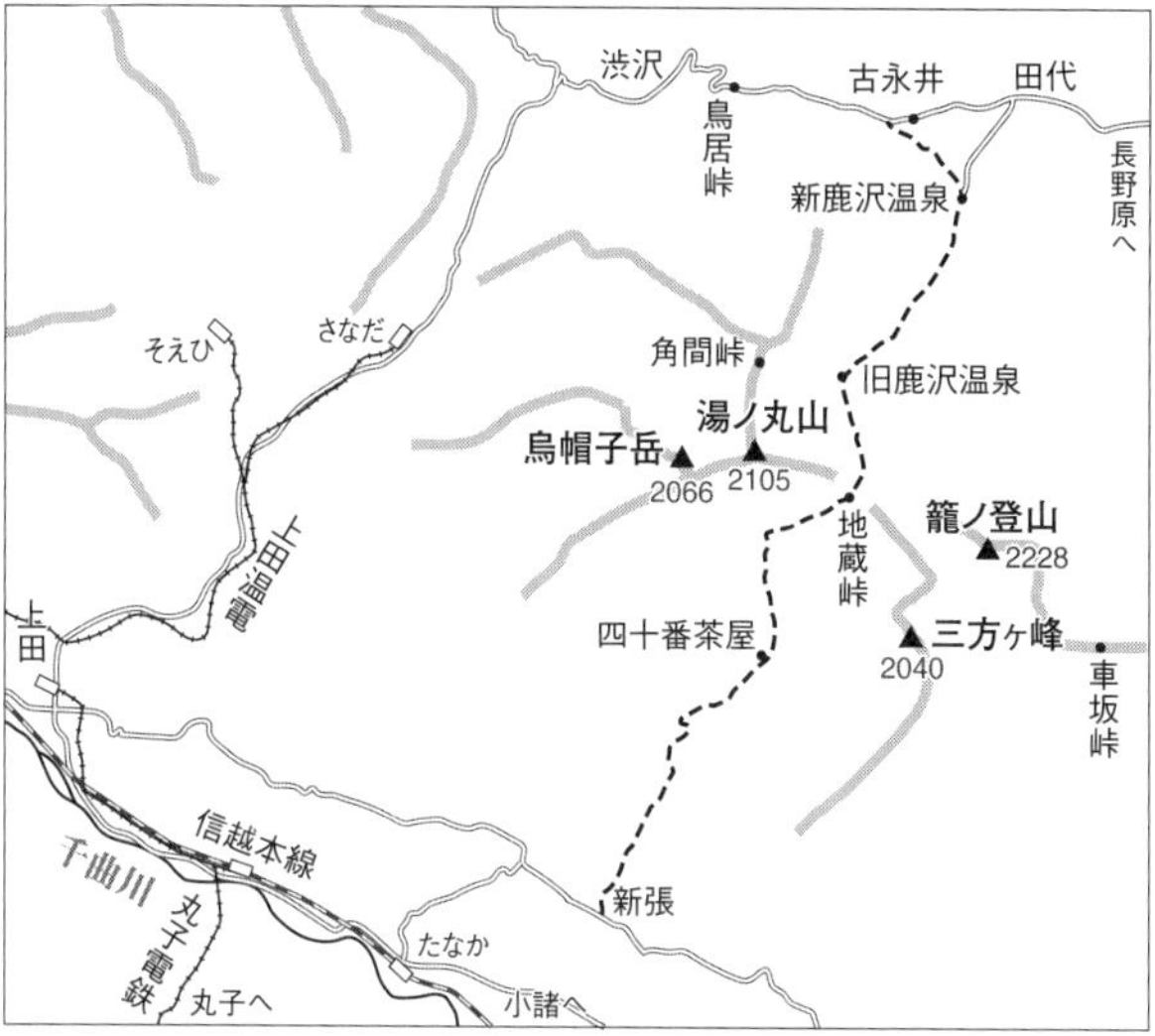

渋沢
古永井
田代
鳥居峠
長野原へ
新鹿沢温泉
そえび
さなだ
角間峠
旧鹿沢温泉
湯ノ丸山
烏帽子岳
2066
2105
籠ノ登山
2228
地蔵峠
上田温電
上田
四十番茶屋
三方ヶ峰
2040
車坂峠
信越本線
千曲川
丸子電鉄
新張
たなか
丸子へ
小諸へ

膚《はだ》からところどころ石が出て、やぶもあらわに、往来の雪はかちかちに堅くなって制動も利かない。温泉についたが、余り時間に余裕がないので、宿によらないで、その儘《まま》、新鹿沢《しんかざわ》の方へ滑ることにしたが、予想していたと違い雪が少ないので、折角の斜面もスキーには余りよくなかった。それに、ところどころ引湯の為めに雪が融けて土がでている。しかし下るにつれて見えて来る新鹿沢の高原は流石に壮大、遥か長野街道の向うにかつて見たことのない湖水らしいものが見える。あとで聞くと、田代の附近に発電所でこしらえた周囲一里以上の湖水だということだった。温泉に近づくと村上山が聳《そび》え、それが長野街道に向って引く裾には縦横にスキーの跡があり、左に鍋蓋《なべぶた》山の麓に黒い人影が盛んに動いている。遥か前面に四阿《あずまや》山と本白根山とが雄大な姿を聳やかして、見廻わすあたりにあふれる高原的情操は雄渾《ゆうこん》にしてはてしなく大きい。浅間山の煙はむくむくと風になびいて、浅間と籠登《かごのと》山との間の真白い山々には雪烟が盛んに立っている。新鹿沢の鹿鳴館にはいった。

新鹿沢の共同湯の量は多いが、鹿沢から引いたほどあってぬるい。別に上り湯があるので、それにはいって上ると、いくらかいい気持になる。夜になって風が強く高原にうなり、月は皎々《こうこう》として雪原を物凄く照らしているが、家の内は意外に暖い。

明けて四日、菅平に向うべく、九時過ぎにスキーを履いて宿の背後の山から鳥居峠に向かった。見渡す山々は真白く朝日に輝いて、高原の情趣は明るい。ふりかえると、浅間山から籠登山につづく連嶂《れんしょう》や、桟敷《さじき》山、鍋蓋山が真白く聳え、前面の四阿山は、崇高、雄大、神の如く神々しい。やがて長野街道の古永井につく。ここは三軒ばかりの小さい村であるが、眺望が雄大、浅間一帯の山々は輝かしく美しく、その左に浅間隠の一帯の山々が雪に薄化粧している。

これから鳥居峠の頂上まで一里だが、のんびりした日当りのよい眺望のよい峠道で、道の真中の土が出ている。右に小松の丘がはてしなくつづき、左に小さい谷を距てて大きな高原がゆるやかにうねり、小在家山もやがて見えて来る。暖い日を浴びながら右の丘に休んでいると、峠の方から松本善二君がほかの一人とスキーを背負いながらやって来るに遇《あ》い、しばらく話して別れた。峠の頂上まで殆んど平坦な登りで、この冬は雪は殆どないが、これは何十年にもない珍しいことだそうで、雪さえあれば鳥居峠から新鹿沢までは最もよいスキーコースであろう。

千三百六十二米《メートル》の峠の頂上に辿りついたのは十一時頃、そこに一軒の無人小屋がある。少しく向うへ下ると、日本アルプスの連嶂がすきまもなく真白く見え、道の右に立派な石の鳥居があって、四阿山と云う額がかかっている。四阿山の美しさ、壮大さ、見ている内に、自ずと頭が下るほどに立派だ。峠道を一つ二つうねると、もう渋沢の村が下に見える。峠の上の眺望、古永井から頂上までの間の眺望、そしてまた渋沢方面の谷の具合など、まことに気持のよい、考えても嬉しくなるような峠だ。

渋沢で休んで菅平に雪のないと聞いて、どうしようかと考えたが、結局、雪のないところへ行っても仕方がない、もっと大事なところが前途にあるという気がし、菅平を割愛することにして、上田へと自動車にのった。ことしの暖かさ、どこを見ても谷間は初春のような面影をもつ。途中、遥かに蓼科山、霧ヶ峰、美ヶ原が見える。真田を通る時、嘗《かっ》て角間峠からスキーで滑って来て、四阿山を見て歓喜したことを想い起す。上田へついて菅平にいる友人や野沢の菅井君に道程の変ったことを電報で知らせ、二時発の丸子行きの電車に乗った。丸子について丸子食堂に入り、しばらく休憩して入大門行きの乗合にのった。自動車が満員のところへ、スキーをのせたのに気の毒な思いをして、お客達の荷物を山のように膝の上にのせたので、のからだを動かすことは愚か、頸も廻わらぬほどに苦しい。入大門についたのは日の暮れる時分、流れを前にした宿にはいった。自動車の中で宿のことをきくと、誰もこの宿をすすめるので、行って見ると、みなこの宿の親類の人たち、丁度、この宿の縁家に葬式がある為めに集まって来たのであった。そればかりか、自動車の運転手までもここに下宿しているので可笑《おか》しかった。ここではスキーが珍しく、初めてスキーを見た人々がめぐりに集まって来る。夜は暖かく雨が春雨のようにしとしとと降っている。

明くれば五日、今日は大門峠を越えなければならないと思うと、荷物の重いのも

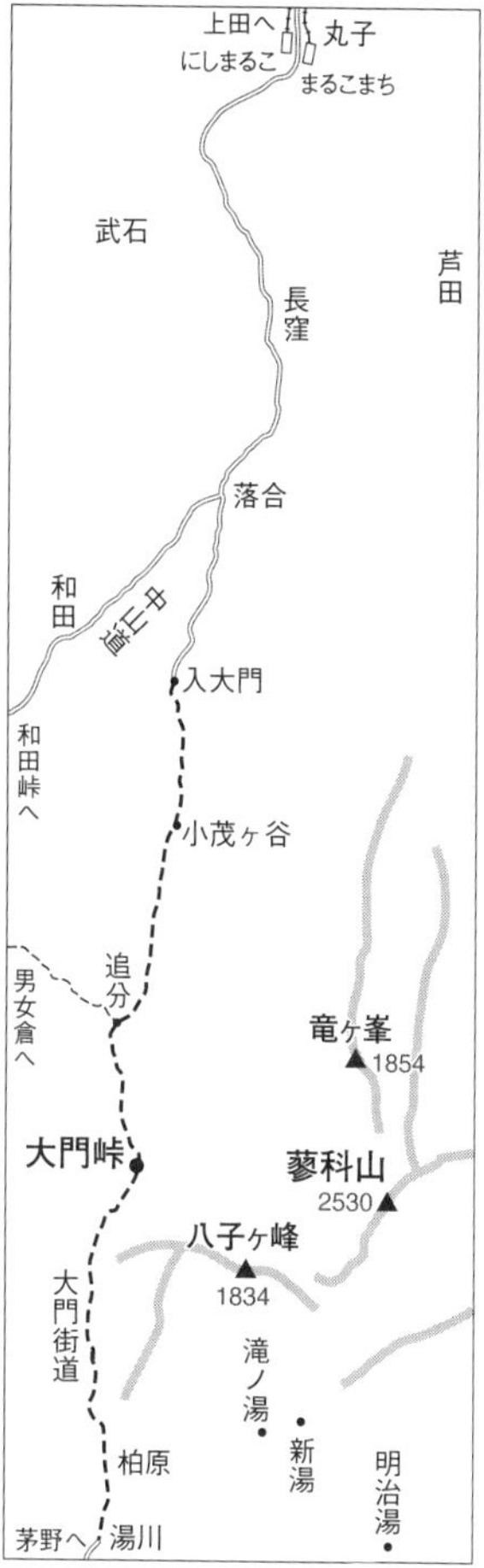

忘れる。八時過ぎに出発した。村を離れて五六町先まで、道路取り拡げの工事がかかっているが、それから先はすっかり狭くなって仕舞う。八町ほど行くと右に稲荷神社があって、そこで道が二つに分れ、左は蓼科登山道で右は大門峠に向っている。雪は山の斜面にところどころあるが、行手のどこにもスキーの出来そうな山は見えない。ここでしばらく休んでいると、炭焼の老人が来るのにあって、世間話や村の話などをして行く。

大門の村は米が三分しかとれないので、山かせぎをやらなければくらしが立たない。昔から米は大門には五百石、和田には千石、武石には三千石取れるといわれている。しかし幸い大門村では村有林が長野県第二といわれ、景気のよい時には一年のあがり高一万円もあったが、今はとてもそんなことはないし、立派な材木も大概は切り尽した。何しろ村の費用をこしらえるのが容易でなく、小学校には九万円もかけた。建築よりも山を崩して土地を作るために金がかかった。今では教員の俸給を支払うのに困って、学校を昔の寺小屋にしてしまえという議論が盛んに起っている。そのくせこの村は暮しが楽なために寄留人が多いとのことである。

道祖神をまつってあるところを過ぎると、小茂谷《こもがや》の村が前にあらわれる。村の彼方に一つの尖峰が聳えて、麓に平たい落葉松の林が散在しているのが見える。老人と別れて私達は村の入口でしばらく休んだ。村は古風な作りの家三十軒ほどからなる部落で、道の端の水車のうごきもなごやかに、暦日を知らなさそう。日は暖く新緑近くの春のようで、雪どけにぬかるみが深い。村を過ぎてしばらく行くと、落葉松林があって、ところによって雪があるかと思うと、日当りのよいところではまるでない。左に流れを離れて岩の多い松山が聳え、右に落葉松の麓をもつ一脈が道近く迫って、最後に一尖峰を屹立《きつりつ》せしめている。これは小茂谷に入る前に見た山だ。落葉松のすけた日当りのよいところに一軒の家があって、小犬が私たちを見てしきりと吼《ほ》える。そこから、しばらく行くと下り気味になって、また、一軒の家がある。落葉松林を抜けると日当りのよい広場が現われ、前面にきわだって白い山が一つ聳えている。おいおい、高原的な気分が迫って、道は二つに分れる。ここは追分だ。右は男女倉《おめぐら》に向い、正面は大門峠に向う。男女倉に向う道は、さも眺望のよさそうな柔らかい斜面を登って行く。大門峠への道を少しく行くと幽林の一角に垣をうるわしくたてめぐらし、傍の渓流から水を取り入れた家が山中にいかめしく立って、犬がしきりと私達を見て吼える。少しく登ると、また、一軒の家があって、牛舎に牛が数匹いる。あたりは広々とした牧場だ。次に牧場の事務所らしい一軒の家を過ぎると、渓流があって、蓼科に登る道は左に別れ、右は茫々とした高原だ。

自然は、愈々《いよいよ》、大きく深くなって来た。果然、白雪あざやかな一峰は、霧ヶ峰の一峰として全容を雄大な高原の彼方に屹立せしめる。高原はすばらしく大きい。樹木の配置の具合、周囲を取りかこむ山々の斜面の緩急の趣き、高原が山々に喰い込んで形作っている谷の皺《しわ》は、滅多に見られない魅力をもつ。私達はこの高原の春の美しい緑や秋の紅葉の華やかさを想像して茫然としてたたずんだ。左の方の蓼科の高原は、一層、高く大きく何物をかあらわしそうで、容易にあらわさない。道はやや急になって、向うの闊葉樹林を分けて、やがて山の切分を進んで行くところは、慥《たし》かに大門峠の頂上に近いらしい状勢を示す。雪はそろそろ、続いているので初めてスキーを履いた。七八町登るともう頂上だ。千四百四十二米突《メートル》の頂上に立つと、そこは木のない日当りのよいところ、思いがけなくも雪がなくなっている。見下す諏訪方面には、蓼科高原の佐久方面から来ている大道が下の方で峠道と一緒になって、山の側面を茅野の方へ竜のように大きくうずまいている。昨年の夏、初めて見て無類のスキーコースと想像し、また、湯川の村でもそう教えられたこの大道は、ところどころ、雪に覆われているのみで、ぬかるみがひどい。しかし道の下に展開されている広い平原は、夏見た時には紫雲英《げんげ》が咲き乱れているかのように美しい花で彩られていた平原は、一面に白く雪に覆われている。全く大門の追分から此処《ここ》までは、想像にも及ばぬほど楽しい柔らかい牧場的な光景だ。しかし途中にあった村々の寂しさ！　これ等の山奥の寂しい家々は如何《いか》なる生命のかてを求めて、半里に一軒、十町に一軒とかかる山奥にさ迷い込んだのであろうか。それとも如何なる深い土地に対する執着が、かかる寂しい山中に彼等をとり残させたのであろうか。如何なる種類の歓楽を、これ等の家の人々は追いつつあるのだろうか。

峠の頂上は追分から一里に近く、入大門から三里ある。それまでにかなりぬかるみと闘って来た。更にこれから湯川まで二里半のぬかるみを分けなければならないことを考えると悲観的になる。天気はあまりよくないが、蓼科山の斜面はみぶるいを感ずるように積雪あざやかに、見上げる八子ヶ峰一帯も雪で白い。下って行くにつれ、右の方の霧ヶ峰の山々は近くにせまって、雪があればどんなによいかと思うほどの柔らかい斜面が、道へなだれ落ちている。谷がせまり合うところの道の右手に、磐城国亀井えい子と刻した墓石がある。それには彼女が明治十七年七月十七日此処の河で溺死したと書かれてある。霧が濛々《もうもう》と巻いて来た。霧ヶ峰一帯は霧が多いときいてきたが、それであろうか。やがて谷がひらいて、前面に柏原の村が見えて来る。雄大な山脈が前方に屹立しているが、駒ヶ岳と仙丈岳とであるらしい。日はあたたかく雪は消えて、渓流が氾濫している有様は、若々しい春の水を見るようだ。

湯川について乗合が出る四時五十分までにまだ時間があるので、昨年夏泊まった橋本屋に休んで乗合を待つと、やがてやって来た。ふりかえると暮れかかる夕べの空に八ヶ岳は崇高な白雪の姿を聳やかし、赤岳は惨として最も白い。茅野から、一寸、上諏訪に戻り、停車場前で三時間ほど休憩してから夜行で帰京した。

（昭和六年一月／『峠と高原』所収）

信濃追分と追分節

十六歳の夏、私は単身、富山の郷里から東京の兄を訪ずれたことがある。まだ汽車が直江津まで通じていない頃のことで、先ず汽船で直江津へ行って泊り、翌日は汽車で東京に向った。初めて妙高山の偉容に接し、やがて浅間の高原にかかった時、雲が低迷して雷鳴がとどろいていた物凄い光景や、何となく物寂れた感じが高原を蔽うていた有様が、ひとり旅の子供心を打ったのを、今でもよく覚えている。

学生生活を終えて東京に住むようになってから、どこかで信州追分節というものをきいたことがある。そしてそれが浅間の麓から起ったときいて、子供の時、浅間の裾を通った時の印象的な気持がまざまざと想い起こされた。何とその響き、その抑揚はあの雲が高原に寂しく低迷していたと同じ感情をあらわしていたことであろう。何と物哀れな低い調子が、さびれ行く高原の寂しい情調をあらわしていたことであろう。

追分に仮停車場が出来た或る年のこと、私はそこで下りて見た。階段を登ると、そこから落葉松林を切り開いた道が村の方へ作られ、林から時鳥《ほととぎす》や鶯《うぐいす》の声が喧《やか》ましいほどきこえる。十町ほどあるいて中山道と合してから、一二町左に行くと音に聞えた追分の村があらわれる。村の姿がどこまでも古めかしく、あたりの風情が何となく頽廃的で背後に浅間山を負うている有様、どこまでも物哀れな景色だ。

油屋で昼食を取った。大きな古めかしい建物は、中山道や北国街道の盛時をしのばせるに充分である。村を歩いて見ると、半ば壊れたままに人がいなくて、床下を水が流れている家や、家がなくなって土蔵だけ残っている屋敷跡などがあって、衰頽のあと著しいが、大体に於て、家は古く建物は大きく、古駅の面影が昔のまま残っている。追分、沓掛《くつかけ》、軽井沢は浅間裾野の三宿といわれ、何れも海抜三千尺以上、その内でも追分が最も高く、他の二つは殆んど昔の面影をもっていないが、ここだけは、昔の面影をもっているばかりか、余りにも昔の面影をもち過ぎていることに、今昔の感に堪えないものがある。

私はそこから軽井沢まで二里の間を歩いて見た。道は中山道に沿うて浅間の裾を上ったり下ったり進んで行くが、大体に於て道は平坦である。追分から借宿《かりやど》、沓掛

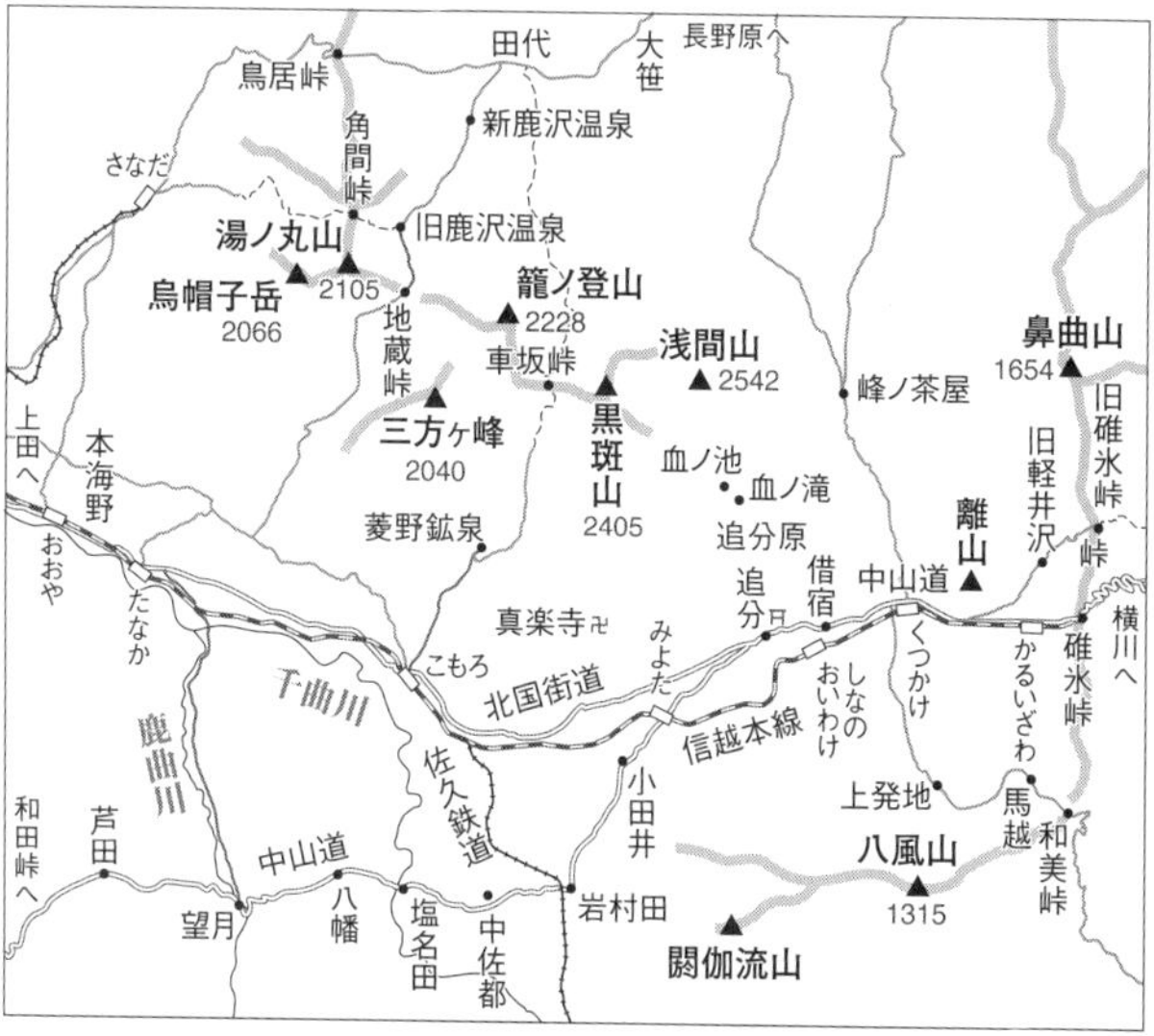

田代
大笹
長野原へ
鳥居峠
新鹿沢温泉
角間峠
さなだ
旧鹿沢温泉
湯ノ丸山
2105
烏帽子岳
2066
籠ノ登山
2228
地蔵峠
車坂峠
浅間山
2542
三方ヶ峰
2040
黒斑山
2405
峰ノ茶屋
鼻曲山
1654
上田へ
本海野
血ノ池
血ノ滝
追分原
旧碓氷峠
旧軽井沢
離山
おおや
菱野鉱泉
中山道
たなか
真楽寺
追分
借宿
みよた
こもろ
北国街道
くつかけ
しなのおいわけ
かるいざわ
碓氷峠
横川へ
千曲川
鹿曲川
佐久鉄道
信越本線
小田井
上発地
馬越
和美峠
和田峠へ
芦田
中山道
八風山
1315
望月
八幡
塩名田
中佐都
岩村田
閼伽流山

にかけて家はあちこちにあるが、感じは何となく陰惨だ。止むを得ない生活の進行をここに追わなければならないが故に、ここに定住しているといった風な、また、地上に立っているというよりも、地上に這っているという風な印象が何となく与えられる。軽井沢に入ると様子が大分変って来る。感じが、大分、明るくなって来る。

追分に夏を送って見たいという考えが起ったのはその翌年だった。油屋に宿を取った。そして読書の傍、あたりを歩きまわった。湯ノ平から浅間にも登った。御《み》代《よ》田《た》や小諸市も歩いて見た。信楽寺〔真楽寺〕へも参詣して見た。裾野の落葉松の間に花を訪ねまわっても見た。

翌年は、一層、大仕掛にここに滞在した。三月の半ば過ぎから四月の初めまで滞在し、また鈴蘭が咲き、藤が紫の花を闊葉樹《かつようじゅ》の枝に垂れ、つつじが針葉樹のまばらな間に点在する頃にも訪ずれて見た。夏には一月あまり滞在して読書すると共に、あちこちの美しい自然を訪ねまわった。追分の一番よいところがどこかと問われたら、私は村から一里余りを自動車道路に沿い、針葉樹間を縫うて血ノ池のほとりに出るところと答えたい。そこはもう針葉樹がなくなって高原状になり、あたりに高山植物が咲きみだれ、八ヶ岳の雄大な裾野が遠くにはてしなくひらき、近くに浅間の裾の凹凸が、さながら緑の敷物のように音楽的に調和的に、融然として一色に収まって見える。遠くの日本アルプスも秩父も富士も悉《ことごと》く眼に入って来る。

こうして追分に親しみを感じて来る内に、私の心に起って来たものは、かつて東京で聞いたことのある追分節だった。私はそれをきいて見たくなった。何とかしてそれをきいて見たいという気持になった。しかし機会は容易に与えられなかった。村には二人唄える人があり、一人は年行った女で、も一人はその養子であるが、両人とも気分によって唄うので、いやだと思う時は何としても唄わないということだった。

その年の夏のこと、私達は或る晩、またしても、その家に押しかけて唄うように頼んだ。すると、どうした具合だったか、今迄、容易に肯《うなずか》なかった母子ともで心よく唄って呉れた。六十過ぎのお婆さんの声は十六七の娘のように美しく細く、養子という人の声は低く太く、何れも独特の風調を帯びていた。

しかし何と思いがけないものであったろう。それは私が東京できいた信州追分節とは似てもにつかないものだった。きいている内に、そこにはいいあらわしがたい情調があった。かつて東京できいたことのある追分節には、高原に低迷せる雲のように哀れな情緒がある代りに、これには切々として迫る細かな、そしてその内に一種の趣きに充ちたものがあって、しかもそれがこの古駅のもつ趣きとはしっくりと一致するものだった。

今迄、想像していた追分節とは余りにも異っているのに驚いた私は、かつてきいたことのある追分節のことをのべて、も一つこの高原で作られた野調がないだろうかときいたところ、それは馬方節のことであろうと唄ってきかせたが、私の東京できいた追分節はそれとも全く異ったものであることを知った。

追分がすきになって、そこに滞在すること頻繁になった。初秋の初たけ狩、秋の栗拾い等をそこでやった。そこのそば、そこの芹にも一通りならぬ趣味を見出すようになった。春は八ヶ岳や蓼科山の白い姿を見やる部屋を占めて、鶯の声を聞きながら読書した。ときどき、疲れると幕末時代の歴史によく通じている八十幾歳かの宿の主人から当時の戦争や参勤交代の有様などをきいた。

一方、数年前の秋、私は四五人連れと、南佐久郡の信州峠を下って千曲《ちくま》川に向いつつあった時のことだ。そこには二里余りに跨がる牧場がある。私たちは疲れた足をその一角に休めていると、日は静かに暮れて、落日は牧場の紅葉を紅くそめつつあった。すると、高原の一角に唄の声が聞える。しばらくすると鈴の音がして馬子は後ろにせまってきた。私は驚いて耳をたてた。静かな空気の中に、遥かに親しいものの驚きはただよいつつあった。慥《たし》かにそれは二三年前追分できいた追分節だった。何とそれは静かな空気の中に微妙に響いて行ったことだろう。あのうたいにくいとせられ、誰もうたうものがないといわれた唄が、何と巧みな唄手を見出したことであろう。しかし、再び耳を立てると、もう馬の鈴の音は遠くへそれて、何物も聞えなかった。それは如何なる微妙なる唄手であったのだろう。

そうしている内に、郷土研究の声が地方に叫ばれるようになった。信州追分節を復活しなければならないということが信州で叫ばれた。それを完全にうたう人間は殆《ほと》んどいないということが、本場の追分でもいわれたが、幸い追分の付近の塩野というところの或る老人は追分節を最もよくうたいうる人と見出され、この人が岩村田で若い人達に教えることになって、それがレコードになったということが新聞紙に報道された。私は興味をもって待っていた。

その為めか、その後、この唄をきくことがまれでなくなった。一両年前に碓氷《うすい》峠の紅葉を見に行った時、二三十人の団体が峠の上で唄っているものは、慥かにそれだった。私もとうとう、信州追分節のレコードを東京でやっとのことでさがしあてた。家に帰ってきいて見ると、確かにそれは信州できいたものと異ならないのを知った。それにしても、ふに落ちないのはかつて東京できいたことのある信州追分節だ。あの高原を低迷する雲のような情調をもつ哀れな節である。この頃は殆どそれをきいたことがない。それは何人の創作だったのだろう。果して偽物だったのだろうか。果してそうとすれば、どうしてあの高原的な情調を巧みに、殆ど本物以上にもることが出来たのだろう。どうしてこの高原の陰惨な切々として胸に刻むような情緒を包むことが出来たのだろう。

それはともあれ、浅間の裾野に、じりじり開け行く浅間の裾野に、汽車からほんの近いところに、かくも古い遺物が、最も遺物らしく残っているところは外にない。夏は勿論のこと、三月の終り頃から四月の初めにかけて、また新緑の頃、五月末から六月初めにかけての鈴蘭の咲く頃、盛夏の頃、十月から十一月にかけて、ここに暮して見るのは頗《すこ》ぶる興味が深い。どこへ足を踏み入れても歴史の香《にお》いがする。そして戸数の少ない割合に長命の人がいて、昔の興味ある歴史を物語って呉れる。

（昭和六年一月／『峠と高原』所収）

五日市より氷川へ

五日市—神戸岩—大沢峠—氷川
（地図　五日市）

五日市から秋川を溯《さかの》ぼって神戸《かのと》岩を眺め、大沢峠を越えて、氷川《ひかわ》まで行こうと出掛けたのが四月五日だった。天気予報では南の風雨であったが、朝霧が深いのと、風は朝の内は北だったので、或《あるい》は晴れるかもしれないという一縷《いちる》の希望を抱いて、出かけることにした。阿佐ヶ谷駅で待ち合わせることにしておいた大村君が、天気予報のためどうか知らんと懸念したがやって来た。

立川で五日市行きのガソリン車に乗りかえたが、同じ方面へ行く人が一っぱいあった。五日市から乗合で十里木まで行って、そこから歩いた。この前に三国峠を越す際に通った時とは異なり、木々はまだ若芽をつけていないが、下萌は青々として春らしくなっている。本宿《もとじゆく》は梅の盛りで、村にはいる頃からぽつぽつ雨が降って来た。村から北秋川の橋を渡って進むと、真向うに天狗ノ滝が大きく見える。あちこちに梅の花が咲いて麦畑は青く、畑打つ人の多いのにも、春がこの谷に来ていることが知られる。

道はいい。大沢の部落について、どこか掛茶屋をと思うがないので、村はずれのとある家にはいって春雨を避けながら昼食した。梅の花はこの寂しい谷にも咲いて鶯《うぐいす》はしきりとないている。これから先で道が二つに別れ、左は水之戸沢に沿い、右は神戸岩に向っている。右を行くと間もなく神戸岩が前面にあらわれる。あたりの柔かそうな山々の間に思いがけもしない巨岩がいかめしく並び峙《そばだ》っている光景は、あたりを払って堂々としている。高さは三十丈（一丈は約三メートル）もあろうか。岩はつつじを以って蔽われる五月頃はどんなにこそ奇観を呈するであろうかと思われる。岩と岩との間を流れは碧潭《へきたん》をなし、流れの上を梯子が渡してある。慥《たしか》に東京附近には珍しい見事なものだ。これまで本宿から一里半、これから道は流れのほとりを歩く。どこまでも山の立木は切り尽され、下生えも奇麗に刈り取られてある。道のほとりに一軒の炭焼小屋があるのを過ぎると、やがて休憩小屋らしいものが道のほとりにあって戸が閉ざされ、附近に清水が湧いている。これからしばらく杉の林があって、道はその間を縫うて行く。

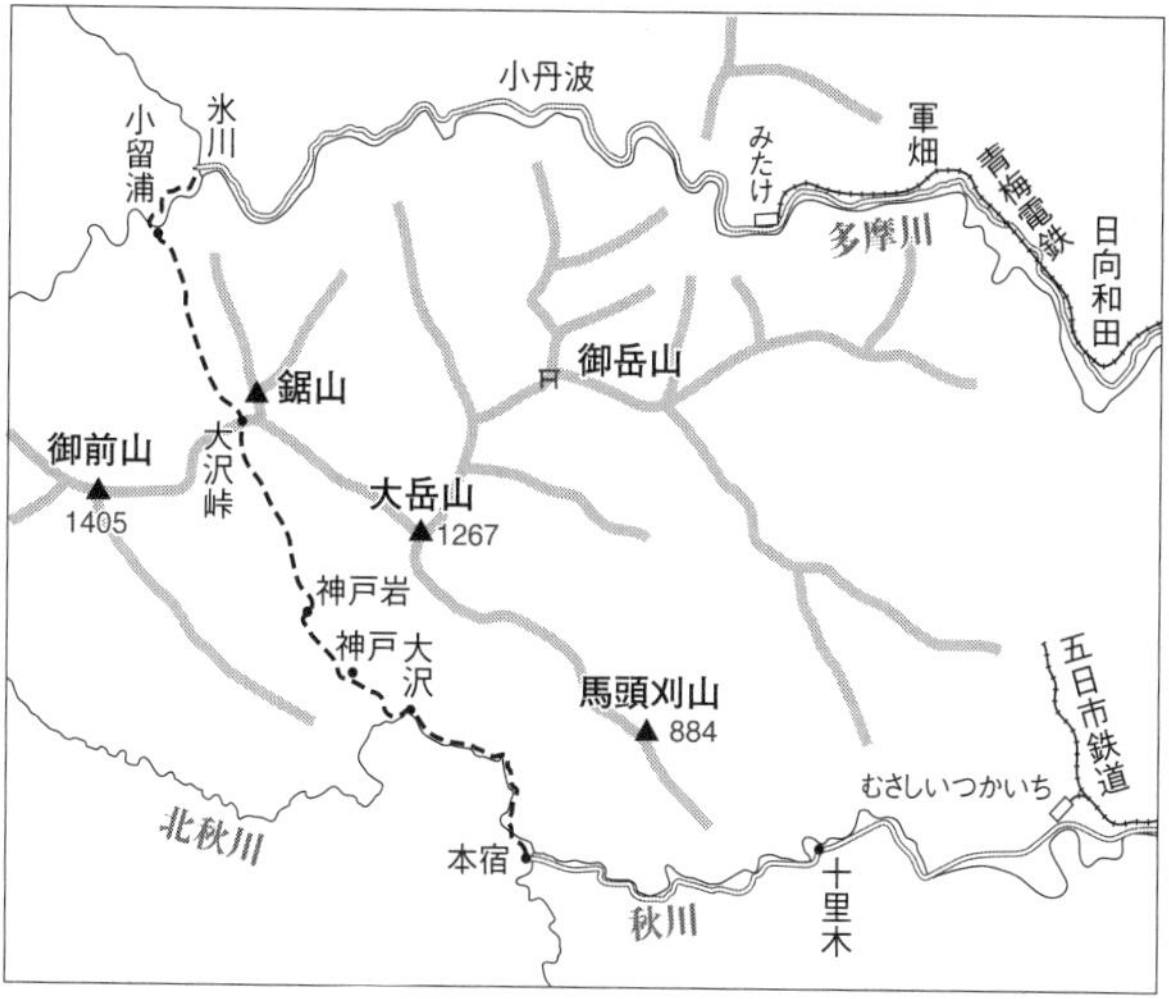

道は再び明るくなって、間もなく一軒の炭焼小屋があらわれ、煙は流れに沿うて低く上流の方へただようている。峠の頂上への距離をきくと、もう五六町だという。流れは細く縷々《るる》と続いて、やがてそれがなくなると、道は林の間に消えそうになってはいり、勾配は俄《にわ》かに急になる。

頂上に達すると、大岳から三頭《みとう》山につづく道は、尾根について大道のようにはしり、鋸山は霧の中から頭を圧して間近に立っている。雨の中に立って眺めると、御前山は西に聳《そび》え、甲武相の国境山脈は、遥かに黒々と南方に聳立《しょうりつ》している。行手に見えるものは、六石山《むついし》か川苔山《かわのり》か、雨空の割合に雲の高い天に聳えている。

　本宿から雨に降られ、雨具が不完全な為めに帽子もからだもずぶ濡れになって、氷川の方へと降りかけた。降りは急だ。初めの内は立木が多い。少しく降ると、道がよくなって立木はなくなる。ところどころ、わさび畠がある。村が見えるようになってから、立派な林があらわれて来る。やがて多摩川の谷が前方に開いている。大正元年この方二十年近くも日向和田から奥へはいらなかった旧知の多摩川は、またしても眼前に展開される。まとまりのある深谷、人間と自然とが最も調和しているように見えるこの渓谷は、秋川の渓谷を眺めてからはいると、流石に本流らしい大きな面影をもっている。小留浦《ことずら》の部落は、つつましやかに多摩川のこなたに立ち並び、ここにも梅の花は満開して、鶯の声はのどかに谷間にひびき渡る。多摩川の橋を渡る。流れは急でなみなみとあふれ、色はすき透おるように紺碧《こんぺき》をとかしている。流れをこえると、道は登りになって、氷川から小河内《おごうち》へと河面より遥かに高く走る大道に合するように山側を進んで行く。今迄、晴れそうになっては愚図ついていた空は、今になって青くはれ、太陽が現われる。見渡すあすこの谷、ここの山の皺《しわ》は、植林ながらも鬱々とした檜や杉の林に蔽われ、雲は千切れ千切れになって、渓間にうつろいている。

氷川へ四時過ぎについた。神戸岩からここまで三里はあろう。町から日原川《にっぱら》の橋、それから氷川神社のあたりなど、どこ見ても水々しく美しい。しかし二十年前に見た時とは、大分変っている。御嶽《みたけ》駅行きの乗合は出るというので、私達二人の外に学生らしい二人が乗って待っていると、忽《たちま》ち満員になる。乗合は動く。運転手は、ときどき、乗合をとめて景勝の地を説明して呉れる。どこを見ても、以前とはちがって、景勝の地には名称が与えられ、ホテルのようなものが建っている。道も以前とは異なり立派すぎるほどよくなった。御嶽駅で下り、附近にある昔ながらの茅ぶき屋根の手打ちそばを売る家にはいって、そばとやまめの塩やきをたべる。昔は家の前を通っていました往来が、今はうしろを通るようになりましたと主人は話す。何もかも変り切った有様に時勢の推移を喜び、かつは悲しみつつ、六時前に電車に乗った。

（昭和六年四月／『峠と高原』所収）

神津牧場より黒滝不動へ

軽井沢―上発地―八風山―神津牧場―荒船山―黒滝不動―下仁田
（地図　軽井沢、御代田、富岡）

神津牧場を訪れたいとの願いは、三年前から夢に現れるほどまでに激しくなっていた。昨年の夏、信州追分にいた時分、是非そこを訪れて見たいと思ったが、家人の病気で中止となり、今年の新緑期には幸い四月二十八日、二十九日と休みが続いたので、中西悟堂君を道づれに誘い出した。

雨が降っても出かけよう、天気から超越しよう。高原の雨や霧も悪くはないということに前以《まえもつ》てきめておいた。上野を夜の十一時過ぎに発車する頃から、今迄よかった月も黒雲にとざされて仕舞った。スキーをもって上越国境へ出かける若い人達が沢山のっていた。

汽車に乗るとすぐにねむくなるという中西君と、最近に少食主義を実行するようになってから、眠ることが上手になった私とは、すぐ近くに大声で温泉旅行や洋行の土産ばなしをやっている人達を気にもとめず、熊ヶ谷と高崎の声を幽《かす》かに夢うつつにきいたのみで、軽井沢までねて仕舞った。

軽井沢で五時に下りて、雨具を着けたまま雲場から南へ線路を横切り、細い道を流れに沿うて行く。大きな道が左右に切っているところで、右に折れる。霧が高原を蔽うて、雨は霏々《ひひ》として降っている。製氷場を過ぎ、高原の植民地といった風な雨宮新田にかかると、鶏が高原をさ迷い、あさげの煙がところどころ立ちのぼっている。楊枝を使っている人に道をきいて上発地《かみほっち》に向う。道は縦横に通じているので却って間違い易い。春はもう浅間の裾に来ている。落葉松は緑の芽をふいて、鶯《うぐいす》の声が聞え、どこかに鋭い雉子《きじ》の声もする。

南軽井沢の別荘地を経て、湿地帯を通り、道の多いのに迷いながら行くと、右手の山のゆるい斜面に、炭焼の烟がたゆげに立ちのぼっている。小屋に人はいないが、雨をよけながら朝めしを食べる。前面に荒地を距てて山をのぞみ、行手の闊葉樹《かつようじゅ》があざやかで、道のほとりにみずならが多い。人里がそろそろあらわれそうな気色になって、前面に切り通しがあり、それを過ぎると、谷に村が見え水田が見える。降り込む峠にかかると、道ばたから一羽の雉子がけたたましく飛び立って樹林の間にはいるのも春らしい。

峠の下り切るところに、秩父三十四番巡礼供養と彫った石がたっている。ここは上発地、有福そうな平和な村だ。ここから和美峠を通っても神津牧場へ行かれるが、私達は八風山を越えて行きたいという考えがあったので、村の南端へ急いだ。そこから道は二つに分れて、右手の道をしばらく行くと一軒の家がある。これから先に家がないというので、八風山への道をきくと、「この道にさえついて行けば間違うところはありませんよ」と若いお神さんが教えて呉れる。

雨は細かに降っている。霧が深くて姿も見たことのない山をあてに進んで行くとの心もとなさを感じつつも、間違うところがないという言葉を信じつつ行く。途中は美しい樹林、ゆるやかにのぼる道の下萌えは青く、木々には未だ春は浅いが、落葉松はあざやかに芽生えして、ところどころ猫柳がめざめるように美しい。やがて落葉松の中にはいる。道はよい。大分、登ったと思う頃、道は左に折れる。それについて行くと、下りになって、道は山の側面を絡む。突然、道は左右に別れている。道しるべがない。右を取らなくてはならぬと判断してそれを登る。やがて尾根らしいところに出て、どこまでもそれについて行くと、道は無くなっている。

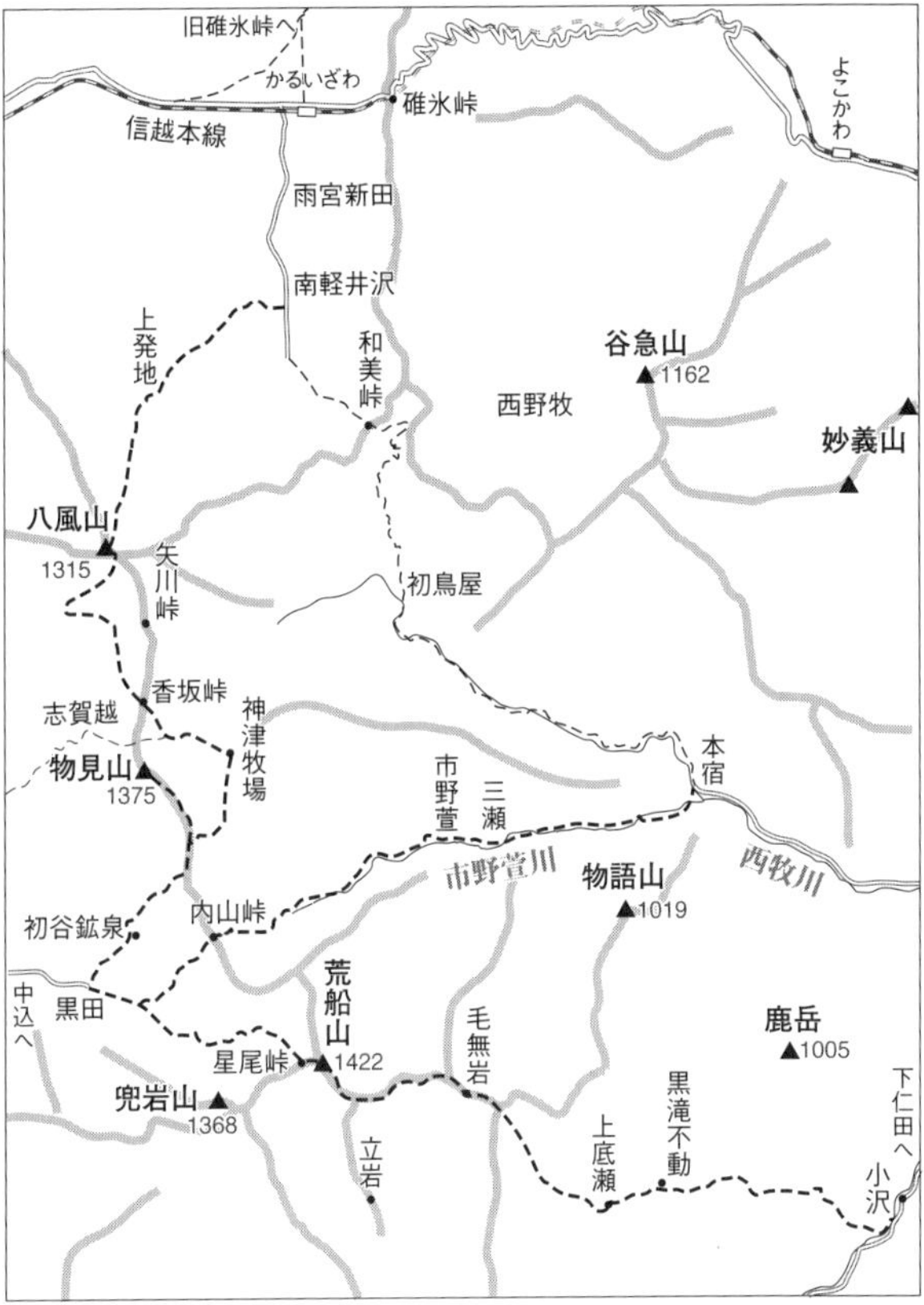
旧碓氷峠へ
かるいざわ
碓氷峠
信越本線
よこかわ
雨宮新田
南軽井沢
上発地
和美峠
谷急山
1162
西野牧
妙義山
八風山
1315
矢川峠
初鳥屋
香坂峠
志賀越
神津牧場
物見山
1375
本宿
市野萱
三瀬
市野萱川
西牧川
物語山
1019
初谷鉱泉
内山峠
中込へ
黒田
荒船山
1422
毛無岩
鹿岳
1005
星尾峠
兜岩山
1368
立岩
上底瀬
黒滝不動
下仁田へ
小沢

霧は濛々《もうもう》としてどこを歩いているか分らない。仕方なく元へ戻って先の別れを左へ辿る。道はよい。やがて渓流に出る。立派な道だ。あたりは一面にここらで雪わり草と称する美しい花が咲いている。方向は少しく可笑《おか》しいが、他に道がないので、どこまでもそれについて行く。やがて谷が開いて来る。右手に鳥居があって、祠が山の斜面に見える。人家が見える。どこだろう。おや上発地だ。何だ、上発地にかえったんだ。

私達は村の南端の右の道を行って、左の道を帰ったのだ。どうしてそうなったろう。左の道のとっつきの家でしばらく休んで、間違ったわけを考えて見たが、一向要領を得ない。あんなに道しるべのない小径が多くては、とても霧の中を今日中に神津牧場に達することが出来なさそうなので、ここの家の若い主人に別れ路まで送って貰うことにして、また帰った道を逆に歩きはじめた。時刻は十時を経ていない。案内者は先に立って急いだ。私達はどこで私達の取った道が間違っていたかを見究めるべく、注意深く進んだ。祠を過ぎ渓流に沿うて、道が分れて尾根らしいところへ登り行くのに目も呉れず、最初に取った道に沿うて山側に絡むようにして行った。やがて道は落葉松の間を縫うて行く。ここまでは私達の辿ったものと異なっていない。しかし丁度、私達の辿った道のまま進めば下りになって村へまたもや帰ろうとするところで、幽かに思いがけぬ方向に、つまり最初登った方向からいうと、右の方へ細い切分が落葉松の間に通じている。そこへ行くには余りにも私達の取った道の方がよすぎた。そして何の道標もない。

謎がとけた。それを行くと俄《にわ》かに落葉松が無くなって萱の尾根に出る。道はその尾根を左へ登っている。もう八風山が近いと案内者がいう。霧が依然として深く何物も見えない。左手に低く窪地がある。案内者はそこを指して水があると教える。前方に霧の間に峰頭が朧《おぼ》ろに左右に見える。絶頂は左だという。ここで道が二つに分れ、右は阿伽流《あかる》山に行くもの、私達は左の道を登り更に左の頂上に向った。横に長細い嶺を暫らく行くと頂上に達する。風はかなり強く、霧は濛々としている。

案内者とここで別れて、私達は峠を香坂川の渓谷へ下って行った。ここらは未だ春には早いが、峠の附近に翁草《おきなぐさ》が美しく咲いている。足跡は落葉松の間にあるかなきかに細く通じ、森閑としたなかに蝦蟇《がま》のなく声が聞える。道はぶくぶくして毛せんを踏むように柔らかい。やがて香坂川の畔に出ると大きな道は川に沿うて通じているのを、左へ登り気味に行く。対岸の山側に新しい道らしいものがまいている。

大分、来た。道は二つに分れている。私達は右へ橋を渡って行った。道には新しく土をもりかけて、登りははてしなく続く。あたりはどこを見ても柔らかだ。高原らしいものが、この道を登り切ると、突然、現われやしないかと絶えず期待される。登りが余りに長いので、間違っていやしないかと思うことが幾度もある。一体どこを歩いているのだろうと五万分一地図を参照するけれども、この位地図の役に立たない場所も珍しい。あちこちに「火の注意」という立札があるが、道のことはどこにも書いてない。別れ道にも迷いそうなところにも、てんで注意がしてない。

そうしている内に峠の頂上らしいところへ来た。「神津牧場一円、群馬県」という立札が珍しく立っている。愈々《いよいよ》、来たなと思って進んだが、どこに牧場の小屋があるだろうと不安な気持でならない。そうしている内に、道はやがて志賀越と一緒になり、そこにこれより神津牧場へ十五町という道標が立っているのでほっとした。道は下る。牧場の柵が右手に見えて、霧の間から緑草が、ときどき、あざやかに輝やくように光っている。右に折れると、霧の間に象のように大きなものが見える。何だろうと見ていると、それが動き出したので牛だと分った。事務所で一泊をお願いすると、早速、食堂へ案内され、そこに濡れた外套やルックをおいて二階へ通され、炬燵《こたつ》に入ってすっかりいい気持になる。時刻は未だ二時前だ。散々、迷いながら霧の間をうろついて来たのだが、こんなに早く来ようとは思わなかった。しかし今日の旅は全く霧から霧への神秘的な夢を追うような旅だった。

牧場の総取締の竹村六一氏は、色々と親切に取計って呉れ、氏からここの話をきいて参考になるところが多かった。

神津牧場は広さ五百町歩〈約五百ヘクタール〉あるといわれ、かつては志賀村〈現佐久市志賀〉の神津氏の所有であったが、只今は東京の或る人の所有になっている。牛の大部分はジャージー(Jersey)で、外にカネーディアン(Canadian)、エアシャー(Ayrshire)もはいっている。ジャージーは明治三十八年に北米から四十五頭だけ輸入され、これが日本に輸入されるについては、アメリカの議会の協賛を経たものである。この牛はホルスタインに比して乳を供給する分量は日に約半分の二斗〈約十八リットル〉に過ぎないが、それが特にこの牧場の主なものとなっているわけは、牛乳としては最も純良なもので、牛酪《バター》を取るには最も適しているからである。この牛酪は最も純良なものとして物見バターの名の下に三越で売り出されている。牧場の世話をしている人達は凡《すべ》てで三十五人、内六人が婦人である。浮世を離れたこの牧場にとっての最も楽しい日は一年に二日しかない。一日は花見会で、一日は釈迦祭である。釈迦祭は五月八日に釈迦平と称せられるところで行われ、そこには百八十年前の釈迦の彫刻がある。花見会は一定の日はないが、牧場の都合により今夜行うことになっているから、私達にも臨席してほしいということだった。

私達は奇遇に驚き、かつこの珍しい会に出席することの光栄を感じた。疲れたところへ牛乳は如何《いかが》と召使のお婆さんがいって呉れたので、早速と温めて貰ってぐっとのみほした。何と牧歌的な世界のただ中にいて、牧歌的な味がからだのすみずみにまで透って行ったことだろう。多年あこがれていたこの牧場に来て、牧夫達と会談する機会を向うから与えられることに、何と感激を感じたことだろう。

二人はすっかり喜んだ。そして東京の友人達に絵ハガキを送った。牛乳風呂が出来たというので、それにはいり、しばらくするとベルの音がする。もう宴会がはじまるからと知らせて来た。花は未だ咲かないが、花があると見ての空想的な花見会がこれから始まるのであった。食堂の食卓には竹村氏を初め竹村氏の美しい奥さん、獣医、若い牧人達、中には牛酪を作る人、まぐさがかり、軽井沢へ牛乳を運ぶ人、その他色々の人達はずっと並び、五匹のコリー種の犬も、末席をけがしている。

簡単な紹介が終ってから宴会にうつった。御馳走は土地のもので、わさび、うど、わらび等が主で、私達には何より有難いものだった。何等の距てのない態度が凡ての人に通じていた。牧夫達の内に信州追分節をうたえるものが二人あった。追分にいること多年、それを唄わせることに一通りならず困難を感じたが、ここでは無造作にそれが聞かれた。そしてそれがかくも巧みに唄われるとは夢にも思わなかった。仮装ダンスがあって、一人は器用なからだつきで追分節を踊った。皆の酔がまわるにつれ、余りのまない中西君までがいつもになく飲んで、いつまできいてばかりいてはすまないといって、美保関節を面白く唄ったので、座席は、一層、賑やかになった。登山家の大島亮吉君が特に共鳴したという馬君は黙々としてめしを食っている。花見会は牧夫達の間ばかりに行われたのでない。竹村氏の家族、ここから一里半も離れた分校へ毎日山坂こえて通う子供達は隣りの部屋で唱歌をうたいながら遊戯をやっている。五匹のコリー種はうれしそうに私達の傍へよって来る。彼等は数十頭の牛を牛舎へ集める点に於て、牧夫達にも劣らぬ重大な役目をもっている。その内の比較的足の短かい胴の太い一匹は、特別に嬉しそうに私達のめぐりに円を描いて走りまわった。

宴会が終って私達が退却したのは十時近くであったろう。戸外には風はひゅうひゅう吹いているので、明日は晴れるかも知れないという希望はあった。床が別室にのべられて、私達はすっかりいい気持になってぐっすり寝た。

明くる三十日五時半に起床すると、中西君はもう起きて、すっかり出立の用意をしている。空は晴れそうになって西風は強く、雲行きは盛んだ。窓から見ると牧場の南の方はうるわしい斜面をなして、五月の半ば頃にもなれば、花と緑の草原とでどんなにか優れた牧場を現出するであろうかと思われた。ここは最近にスキー場として認められるようになり、今年正月多くの人々が高崎方面から集まったとのことであるが、慥《たしか》によいに間違いない。緩い斜面、急な斜面、物見山の斜面、色々なコースを取ることが出来る。

ベルの音で朝の食事がはじまった。甘《うま》い牛乳を飲んでから、食事にかかる。食卓で牧夫達と一緒に食事を取り、終ってから竹村氏や犬と一緒に写真をとった。早く出立しようと思うが、何となく心残りがする、愈々《いよいよ》、八時前にお別れとなって、物見山の傍を一巡り初谷《しょや》鉱泉へと志した。犬がどこまでもついて来る。竹村氏が下でよぶと、矢のように帰ったと思うと、またまた、ついて来る。昨夜から特別に人なつこいと思ったあの胴の太い犬が、特別にしくしく声を立てて別れをおしむ。「可愛そうだが、追い返そうじゃないか」といって二人で追い返したり、石をなげるふりをすると犬はけげんな顔をして、じっと立ち止り私達の顔をみつめつつふりかえりふりかえり帰って行った。

どこまでも柵について登って行くと、浅間山が白く雲をかぶったまま頭をうしろにもたげ、上越国境の山々は、遠くに真白く偉容ある連嶂《れんしょう》を屹立《きつりつ》させている。牧場の高原はその全容をあらわして来る。余りの美しさに物見山に登って見ようと、初谷鉱泉への道から離れてそれに向った。しばらく柔らかい斜面を登って頂上に立つと、蓼科山《たてしな》、八ヶ岳は残雪を真白く頂き、金峰山から破風山《はふ》にかけての秩父の山々が黒々として聳《そび》え、破風山の肩の雪が目立って見える。柔かい牧場はここからは最もよく眺められ、西北の信州方面にも柔かい牧場風の高原がひろがっている。

しばらく眺望に耽ってから、初谷鉱泉へ行く道に戻り峠を下って行った。あたりは落葉松の静かな深谷、仰ぐ山々には闊葉樹が多い。急斜面を下ってからやがて少しく登って谷を廻ると、道は流れについて、その先に温泉宿の煙が寂しくのぼっている。鉱泉についたのは十時十五分だった。ここから黒田まで十二町、そこから道は俄かによくなり、富岡街道になる。ここで初谷鉱泉から来る渓流と荒船方面からの流れが合している。あたりはのんびりした谷間、春はあまねく行きわたって、鶯の声はしきりとする。大分、日は暖かくなって来た。露出した渓流に沿うてやがて荒船不動についたのは正午を少しく過ぎていた。ここで荒船山から黒滝小動までの道のことをきくと、まるきり要領を得ないので、あきらめて去った。不動から五六町行って、左に荒船山登山道という標木の立っているところを登ると、やがて美しい渓流のほとりに出る。そこで昼飯をたべながら少しく休んだ。そこから先は足跡が少しく不明になるが、嶺らしいところを目がけて無理に突破すると、丁度、荒船山の中央部らしいところに出る。

頂上から見ると荒船山は尨大《ぼうだい》な山で眺望が大きく、日光の山々、上越国境の山々、浅間、日本アルプス、八ヶ岳、奥秩父の山々は雄大な連嶂をなして、五月に迫っていながら、残雪が多く壮麗を極め、最も近い小倉山〈御座山〉や十石峠附近の黒々とした深い方面も魅力がある。しかし今日の前途は遠い。私達は暫らく休んだまま二時前に南方へ黒滝山の方へと下りかけた。頂上附近の下りは急だ。しかし道は蜿《えん》蜒《えん》としてつづいている。黒滝山への道は、途中できいたところによると、ないというもの、あっても分りにくいというもの色々で、聊《いさ》さか懸念されたが、東京であることを聞いていたので、天気がよいのを幸いに行くことにした。道標がどこにもないが、どしどし急いだ。道は旧くからあるらしく、余り高低なしに、文字通りの尾根伝いでなく、急なところは側面を絡むようにして通っている。落葉を踏んで行く気持は、何ともいえないほどいい。地図にある毛無岩とはどこだろう。教える人はないので分らないが、ただすばらしく立派な何とか名がありそうだと思う岩のあったのが、それであろうか。右は谷が深く、ぶなの大木が森々としているが、未だ新緑には早い。樹間から八ヶ岳の秀峰、小倉山附近の黒々とした山容が絶えず窺《うかが》われる。

尾根は、たびたび、低く切れそうに見えて、不安な気持で下ると、また、つながっている。一たび左の谷に炭焼の煙らしいものが平和に立ち昇っているのが見えた。ときどき、細い道が左の谷へ下りて行くらしく見えたが、それには眼もくれないで、どこまでも尾根通りを行った。だんだん、美しい山つつじが左右に丈余も高く立っている。山吹が多い。黒滝までの里程も山も知らずに歩いているので、気が急ぐ。かれこれ三時間近くも走るようにあるいた頃、大きな峠道が私達の歩いている道を横切っている。果してこれが地図にある上底瀬から黒滝に通ずる峠道であろうか。如何にもそうらしい。もしここに道標が一つ立っていたら、どのくらい、私達に安心を与えたことであろう。ただ困ったことは、前面の南の山高くに白い旗が二つも飜《ひるがえ》っていることだ。そして細い道はそこへもつづいている。少しくそこへ登って見ようということになった。道は恐しい岩壁の上を行っている。丸い釘を打った兵隊靴では、到底、行けそうもない。止めよう。どこかに人間はいないか知らん。もしこの峠が上底瀬から越すものならば、黒滝へは左へ五六丁行けば達せられる筈だ。しかしそうでないとすれば未だ余程遠い。とにかく右の谷の近くに人家が見える。行って聞いて見よう。損をしても大したことはあるまいと下りかけた。人家につく前に一人の老人が葱を洗っている。きいて見ると、果して上底瀬で、黒滝不動は峠のすぐ向う五六町だということだった。それではこれが上底瀬から黒滝山に通ずる峠道だった。少しく損をしたが、またも疲れた足を峠の頂上へと引張りあげた。峠の頂きから暫らく暗い樹間を反対の方へ行くと、道は二つに分れて、右へ下りると間もなく黒滝不動の山門の前に出る。山門の内へ、一寸、這入《はい》って見た。寺は元正天皇の朝、行基菩薩の作にかかる不動明王像を安置し、嵯峨天皇の勅願寺となった歴史をもち、宝延年間、中興開山潮音禅師に至ってから、堂宇伽藍悉《ことごと》く備わったといわれている。流石に境内が幽邃《ゆうすい》で眺望が大きく、一夜を送って見たいという気持になるところだ。

しかしもう五時を過ぎた。六時に小沢を出る最終の乗合に間に合せようと、一里余りの道を走るように歩き出した。杉の森の間を一丁毎に石が据えてある。杉の林にもっと森々とした森厳な面影があれば、一層、よいであろうが、それには杉の並木が少しく貧弱すぎる。しかし谷はすっかり緑に蔽われて、春はしたたるように美しい。特に山吹の多いのが目に立つ。黒滝、小塩沢、大塩沢を経て小沢につき、暫らく乗合を待っていると、やがてやって来た。南牧川に沿うて滑らかな道を下仁田へとはしる途中も趣きは深い。春はどこでも悪くない。下仁田から高崎行きの電車の出るのは八時ときいて、自動車を富岡までやとうことにした。道はよく、暮れかかる平原を自動車は砂煙をあげて走る。富岡で七時四十分発の電車で高崎に向い、高崎で寒さにふるえながら汽車を待って、その夜の十一時半過ぎに赤羽についた。

（昭和六年五月／『峠と高原』所収）

高原

私は高原が好きだ。山岳は絶えず自からを超越しようとする努力の、また、闘いの気分の象徴であるとすれば、高原はそれを、一歩、静観的ならしめると共に、人間世界のじめじめした現実界を想像の世界に引きあげて、冥想的な世界を創造する気分のそれだ。ある意味に於て、高原は現実と理想との最もよく調和された現実世界の緑地でもある。

私は高原に立って、その平和なのびのびした心持を体験する。終日の旅に疲れた旅客が、平和に身体を横える麓の宿の煙を峠から遠望するような平和な希望に富む心持を体験する。また時としては、かつて雲に覆われた浅間の裾野を行った時抱いたような哀愁に充ちた、はかない浪漫的な気分すらも経験する。そしてまた冥想しながら通った八ヶ岳や富士山の裾野の悠々たる広場にのびのびとした自からを浮べ、自からを整頓する余裕をも体験する。しかし何れにしても高原の気分は沈静的である。情繰的である。生活の音楽であるとも映ずる。

こうした気持を抱くことが浪漫的であり、それが山に登る人に取って不必要な気分であり、またそれが登山者でないことの証拠であるという人があれば、それは登山を人間生活以外にしめだすことであり、或る意味に於てそれに人間性を認めないことであろう。高原は私達をして最も純粋な自己の姿に於て自然を観照せしめ、それと融合せしめる。柔かいものの内に強いものを体験せしめる。そういうものを含む高原の観照は、絶えざる努力であり闘いであるように見える登山とは、慥《たしか》に外面的には異なっている場合もありうる。

しかし登山の価値は必ずしも肉体的な闘いや動くことにのみ存するのではない。もし高原に於て登山に於けると同じ歓喜を体験し、同じく無我の境地に入ることが出来れば、そこにはその内容的価値に於て、何等の上下はないわけだ。外面的により多く動くことにのみ価値を多く認めなければならないとすれば、登山の際の駈足《かけあし》が歩行よりも価値があり、人間の登山よりも動物の山を行くことに遥かに価値が見出されなければならない。価値の内容は内面的でなければならない。それは登山者の生命が、どのくらい真剣に登山と内面的にしっくり一致しているかということにのみ存している。

そういう意味で私は高原に於て歓喜を感ずること、また峠に於てそれを感ずることは、登山に於けると異ならないことを感ずる。また渓谷に於ても、それを感じ、時としては平原に於てすらそれを感ずる。換言すれば、私は凡《すべ》ての美しき自然に対してそれを感ずる。もしも行為する人が自からの個性を打ち込みうるものでさえあれば、その内容的価値に於て、それは登山と等しく、最も価値ある生活に外ならない。

私達の生活に於て最も価値あるものは、その創造に見出される。創造とは模倣的でない生活による自己の体験に外ならない。信念に富み自己を偽わらない行為より来る自己の体験に外ならない。或る人はそれを科学的発見に見出すであろう。或る人はそれを社会的革命に見出すであろう。或る人はそれを森林の冥想的な生活の体験にすら見出すであろう。或る人はそれを動物や昆虫の生活を観察することにも見出すであろう。或る人は外部的に見て価値少ないと見られるものの体験に見出すであろう。価値の内容は、その人の個性とこの個性が自からを投じうると信ずる対象との融合によってのみ作られる。こうした事実を否定することは、人生の重大な事実を否定するものであり、人生を空疎《くうそ》にするものに外ならない。

高原に於て無上の歓喜を体験し、そこに自からの開放を完全に体得しうることは、等しく自己を創造することでなければならない。私達は僅かな時間によってすら、自己充実を体験することの出来る対象を見出しうれば、そこに自己創造を体験することが出来る。そこに私達は自己の改造を体験し、向上を実現する。

高原の美を形作るものは、それが与える眺望と高原それ自体の与える美とでなければならないことは、峠に於けると同じだ。しかし峠に於けるほど複雑な意義をもつものではない。そこには何等の矛盾もなければ、功利的意義ももっていない。飽くまでそれ自身のゆったりした、矛盾のない面影をもっている意味に於て、それは或る程度に於て形式と内容との一致をもち、調和の象徴であり、平和の権化である。

高原のもつ眺望は笹ヶ峰の牧場に於けるように、地勢が周囲の山々を見上げる牧歌的な情調をもつ場合もありうる。また、美ヶ原に於けるように、周囲を見上げるように観望する方面をもつと共に、自己の存在の場所の優越さを感ぜしめるような場合をも考えることが出来よう。しかし高原は余りにも大きすぎることによって自己の偉容をなくすることは湖水が余りにも大きいことによって自己の偉容を減殺すると同じだ。つまり高原が余りにも広いことによって平地と同じ感じを与えるからだ。

高原はそれ自からの美しさをもたなければならない。その表面に生ずる立木や植物の美しさ、表面のゆるやかな優雅なうねりなどは、高原それ自身の最も重大な美の要素となる。それは遥かに遠望して美しいと見えるよりも、近づいて、かつその中に分け入る時与える美しい感じをもたなければならない。開拓せられたものでなくして処女地でなければならない。願わくば、それが最初の流れを生み出すところであれば、一層の美を添えるであろう。

高原の与える感情は沈静的である。沈静的であるだけ、それだけ、それは亢奮的というよりも瞑想的だ。アミエルの体験した汎神的な統一的な宇宙観、沈静より生ずる無我の境地を与える。またワーヅワースの情操が与えるような境地を体験せしめ、狂熱的なロマンティックな詩人の与えるそれとは異っている。そこには沈静的な瞑想的要素がある故に、時には感傷的な気分を抱き易い。しかも、またそこには戦闘的気分がなく、なごやかにのびのびしているが故に、平和で開豁で、最も自己自身との統一を感じ、不統一の矛盾を体験することがない。

高原を想う時、一つの概念として浮ぶそれは、いつもただのびのびとしたものの寛《ゆる》やかなうねりを想見するに止まる。しかし事実に於て私達の求める高原は、多くは山岳の重畳《ちょうじょう》せる間に介在するそれである。その意味に於て、私達が日本に於て高原を求めることは登山すると異ならない肉体の運動を体験する。汽車を下りて浅間の裾野のようなところを彷徨する場合は別として、多くは交通不便な地方にあり、そこへ達するには多くの峠や山を越えなければならない。

日本アルプス中に介在する高原にしても、最も便利のよい富士山の裾野にしても、また蓼科の高原、美ヶ原、霧ヶ峰等にしても、そこに達するには殆んど登山すると異ならない体験をしなければならない。しかし却ってそれあるが故に、高原を体験するに興味のあること、登山の途中を面白く体験すると異ならない。そして同じく高原といっても、日本アルプスにある八千尺以上の高原や美ヶ原や霧ヶ峰のような殆ど山頂に等しい高原は、富士の裾野や八ヶ岳の高原とは異なり、雄大な山頂ともいうべきものであって、それに達する途中は登山と異なるところはない。

その意味に於て、私達は日本の高原を行くことに於て、登山すると同じものを体験し、場合には登山以上の崇高なものを体験することが出来る。従ってそこには闘いが、全然、ないとはいえない。努力がないとはいえない。全人格的な融合を霊的にも肉体的にも体験することが出来る。

かくして来るものは何であろうか。絶えざる自己超越の努力と、しかもまた、それを静観しそれを自からに統一する沈静的な感情の獲得である。それをうることが高原を行くものに取って、少なくも日本の高原を行くものに取っての喜びでなければならない。

高原が最も多く峠と結びついている。峠道が高原と結びつくことに於て、それは峠道を和やかにして峠行きを容易ならしめると共に、峠を美化することにも与《あずか》って力がある。それは旅客をして功利的な目的の為めに前途を急がせる中にも、悠々とした気分を抱かせ、自然を鑑賞する機会を与える。

（昭和六年五月／『峠と高原』所収）

大河原峠と内山峠

茅野―大河原峠―中込町―内山峠―下仁田
（地図　諏訪、蓼科山、小諸、御代田、富岡）

高原の新緑や小梨の花を見て、魂の奥底から洗い清められる気持になり、時鳥《ほととぎす》や郭公《かっこう》を聞いて、自分の歩いている世界の如何に静かであるかを感じた昔を憶《おも》って、新緑の蓼科《たてしな》山の高原をさ迷い、上信の国境を歩いて見たい気持になった。

五月の二十七日の夜行で飯田町停車場を出たのは、大村〔郡次郎〕、中西〔悟堂〕、松村〔保〕の三君と私とであった。

中央線が電気機関車になってからトンネルを通る時の不愉快もなくなり、愉快な旅行の話に疲れて、しばらくうとうとしていると、茅野についた。

それは五時少しく前、停車場に自動車が客を待っていた。滝ノ湯まで乗ることにして、暁の涼しい風に吹かれながら走ると、山国の人里は流石にどこを見ても春らしい新緑によみがえり、朝なるが故に、一層、美しい。芹ヶ沢を離れると間もなく高原にかかって、もう、道ばたには木瓜《ぼけ》が咲き、あちこちに小梨が白い。

滝ノ湯の入口で自動車を下り峠の長いことを想像して、宿で休みもせずに、滝ノ湯川に向って大河原峠の道を進む。道のほとりに碇草が咲き木瓜《ぼけ》が多い。川と離れ川をずっと下に見るようになって、広場を道は斜めに切って行くと、吾妻菊、筆りんどう、翁草《おきなぐさ》などが眼につき、郭公や鶯《うぐいす》の声が聞えはじめる。見上げる左の丘は美しく柔かく、水々しい落葉松はあたりに散在している。

一寸した峠のようなところを越すと、新湯〔現在の親湯〕からの道と一緒になって、進み行く方面は左に向っている。愈々《いよいよ》、高原にはいったような気がする。正面に八ヶ岳一帯の山々が眼前に競い立って峰には残雪を頂き、ただ蓼科山のみ雲に峰頭を蔽われて、山腹以下をあらわし、さして行く大河原峠はそれと横岳との間に深く喰い込んでいる。見渡す高原の色彩のよさ。これ等の山々から派出する幾つかの尾根が大きい傾斜をなして、最も高いところは雪、次は冬枯の木立、下の方は燃えるような新緑、私達の立っているあたりはすっかり緑と花との織物で、白樺、落葉松は青く山梨は白く、鳥の声もにぎやかに、時鳥の声すら聞える。目ざましい色彩と輪廓とのこの高原に立って、かつて噴火した当時のこれ等の山々を想像すると、何

小諸へ
中込町《なかごみ》
富岡街道
野沢町
布施村
岸野村
春日村
協和村
大門村
臼田町《さんだんだ》
前山村
切原村
高野町
新田
春日牧場
協和牧場
佐久鉄道
栄村
大河原峠
1872.5
佐久甲州街道
蓼科山
大河原
畑八村
2530
双子池
八子ヶ峰
横岳
1834
小海村《こうみ》
池ノ平牧場
2473
滝ノ湯
新湯
縞枯山
2395
千代里牧場
大石峠
高見石
白駒池
豊里牧場
松原湖
千曲川
滝ノ湯川
明治湯
渋ノ湯
茅野へ
中山
稲子湯
2493
渋川
韮崎へ

と雄大な形像が起って来ないだろうか。

しばらくして私達は蓼科登山道と別れて右へ滝ノ湯川に沿うて上る。愈々、蓼科の高原に近づいたという感じがして来る。道ばたに頬白がなき、遠くに時鳥がないている。ゆるやかな斜面を勝つ闊葉樹林《かつよう》を分けつつ、流れを右に見てどこまでも行くと、道ばたには小梨とも似ていない名も知れぬ白い花が、新緑の間に数知れずゆれている。大分登ったらしい気持がして、闊葉樹が少なくなると冷たい甘露のような流れがある。それを渡るころ暗くなって針葉樹林が始まり、道端に笹があらわれて来る。間もなく、左に蓼科道があって、ここから約一里二十町とかいてある。

行くにつれ苔がぶくぶくして幽林らしい趣致があらわれて来る。ところどころ林は切れそうになるが、大体に於て続いている。樹間ところどころに残雪がある。やがて斜面が急になって笹が深く林がなくなり、ふりかえる裾野は大きく青く開く。道は右に山をまいて笹が依然として深く、仰ぐ斜面には枯木林立して凄惨、だんだん、高山らしい面影が迫って来る。すすめば暗い針葉樹林が再び現われて、樹間に残雪が多い。それを伝って行くと道は急に右に折れ、再び苔がぶくぶくし幽林が深い。それから更に左に折れる頃、突然、右に道に沿うて空沢《からさわ》が白く続く。

思いがけない優れた光景に歎美の声をあげながら、峠越しの悠々たる気分を味わいながら、ここへ来てもう峠の頂上が近いと思っていると、俄かに空沢に水の音がして来る。白い空沢が幽谷の趣致をもった谷に変化して、流れの多い点から見ても、分水嶺の遠くにあることが考えられ、大河原峠がどこだろうという気がして来る。道のほとりに岩鏡が一面に敷きつめる。冷たい小さい流れが、左から道を横ぎって沢にはいる。それを越すと針葉樹林から離れて谷が俄《にわ》かにひらき、茫々たる高原が青々と前面に展開され、蓼科山と横岳との斜面がゆるやかに左右に見える。あたりは未だ春には早く、右の横岳の麓に残雪が針葉樹間を埋めて沢の音がしている。高原は次から次へと展開されて短かい笹原がつづき、ところどころ沢が蓼科方面から高原を横切って流れ、野営をすればどんなによいだろうと思うところがある。温度が低く風は冷たい。進むにつれて左右の山の斜面は、愈々、優美に、女神のもすそのようになよやかにうねり、ゆるい上りになる高原の間を、道はゆるやかに滑って行く。もう峠の頂上が前面に見えて、右のやや下の方に針葉樹のむらがりが見える。茫然とたたずんでいると霧がまいて、雨が降って来る。

殆んど平坦に近い道を急いで頂上についた時は正十二時、風は切るように強く、立っていられない。しかし佐久平は晴れている。頂上は茫々として広く、ここから蓼科登山道が左に分れる。佐久方面に下ろうとするところの岩の際に「為春吉父子精霊慈明忌」という木片がある。今より約三十年以前、佐久の人春吉親子四人、佐久方面から諏訪へ越そうとして此処で寒さの為めに遭難し、その事が里で知られず、雪が消えるに及んで、通行人によって初めて死屍《しし》が見出されたといわれる。

この気の毒な親子四人の冥福を祈りつつ、佐久方面へ急ぐと、山の斜面に大きな雪田がある。それが終って、またもや、雪田がある。やがてものふりたる落葉松の林にはいる。雨が盛んに降って来た。どこかに小屋でもあれば昼飯をと思うが、それらしいものはない。流れがあらわれて、左に小屋の壊れた跡が見える。どこかに別の小屋がありそうなものと思って捜して見たが、どこにもない。早く晴れている麓の方へと思って急げば、雨が降ったり晴れたりしている広場らしいところについて昼飯をとる。休むと寒い。ふりかえる峠の頂き附近の晴れたなかに落葉松の雄大な林が立っている光景は、神話時代の如く原始的で、混沌として巨人的だ。

たべ終ってから早く暖い方へと落葉松の間を下って行く。伝わり行く尾根は千曲《ちくま》川方面へはてしなく延びているが、左右の谷は意外に深い。見渡す佐久方面には、八ヶ岳から幾つかのこうした尾根が派出されている。雨の圏内を脱して仕舞うと、同び春の世界に入って、落葉松は緑に、鳥の声がかしましく聞えて来る。前方の山の斜面にトタン屋根の小屋が見え、やがてそれが道の右にあらわれたが、素通りして前方へすすむ。前方に眺望のよい日当りのよい円い山が見える。その蔭の風のなさそうなところに休んで濡れ衣を乾かしながら休む。前途を見ると私達の通っている尾根は、千曲川のほとりまでのびて、森々とした落葉樹が続き、左に昨年の夏、蓼科山から佐久方面へはてしなく大きく延びているのを見て驚嘆した高原は、殆んど高低なく悠々とつづいている。

　大分、暖かくなったので、出かけると再び落葉松の幽林にはいる。ところどころの道の分岐点で、あやしげな標木を読み、地図を参照しては進む。どこまでも野沢町あてに進む。落葉松の間に小梨は白く木瓜《ぼけ》は諏訪方面よりも、一層多い。もう峠の頂上から四里近くもあるいたと思われる時分、落葉松が俄かに尽き明るくなって、水田があらわれる。そこで今朝から珍しく初めて人に遇う。ここは新田伊〔新田居〕村で野沢へは二里、峠へは四里、滝ノ湯へ六里というところである。しばらくして谷がすっかり開けて、人家がぼつぼつ見え、水田には蛙の声がかしましい。やがて遥か前面に野沢町が見える。

野沢の町についた頃は、日がすっかり暮れて仕舞った。私達は、翌日、内山峠を越えたいという希望をもっていたので、中込《なかごみ》町へ行っておく方が道順がよいと思って、とうとうそこまで歩いた。野沢の町は、その夜はにぎやかで人出が多く、私はわざわざ遠廻りして町の目貫《めぬき》の場所を通り千曲川の橋を渡って中込の清水屋についた頃は八時前だった。気持のよい風呂にはいってから飯をたべると雷鳴がする。その夜はつかれていい気持にぐっすり寝込んで仕舞った。

二十九日、起きると空がすっかり晴れて、晴れた空に浅間の煙が大きくなびいている。今日は内山峠を越えて上州へ抜ける予定の日、今日もどんなに思いがけない自然が、私達を迎えて呉れるだろうかと思うと、胸がとどろく。朝起は早かったが、色々の買物で遅れて、出立が九時頃になった。今日一日で東京へ帰らなければならないので出来るだけ乗物を利用しようということになり、内山峠を少なくとも初谷鉱泉道の人口まで三里余を自動車に乗ることにした。道は昨夜の雨でかなりぬかるみ、ややもすれば自動車は逆行しそうになる。ここで有名になっている内山峡は、岩は、一寸、美しいが、かなりありふれたもの、流れは貧弱で、眼にとまるものではなかった。初谷《しょや》鉱泉道と一緒になるところで、自動車を下りて歩きかけた。四月の終り頃、神津牧場から来て、荒船山に登った時よりは春はたけなわで、あたりはすっかり新緑になっている。兜岩は前方に聳え、左に初谷鉱泉の奥に物見山が見える。暫らく行くと、道は左に別れて、間もなく内山峠にかかる。道はよく眺めも柔かい。日は暖かく山は静閑に郭公は鳴いている。登るにつれ、夢を見ているような、ふわりと浮いたような枝ぶりのよい落葉松が、道のほとりに林立して、緑の色がすき透るようあざやかだ。峠らしい平和な柔らかな気分があたりに漂うている。やがて荒船につづく一帯の山々が、兜岩とつづいて見え、緑の色が流れるように豊かに峠道に対している。道すがら小梨の花が緑の間に白くそよそよと風にゆれる。あの美しい彼方の山々の翠緑、またこちらの峠道の緑がすっかり紅葉する時、どんなにこそ美しい秋の彩りを織り出すことであろうか。ふりかえる方面に八ヶ岳や蓼科山の大きな連嶂《れんしょう》が残雪に輝きつつ立っている。道は頂上らしいところに達しそうに見えて、未だ頂上ではなく、しばらく平らに頂上へ進み、右には柔らかくゆるやかな谷が道の下にはじまっている。頂上についたのが十一時、そこはせまい山を切り取ったように作られ、道祖神を祀ってある。ここへ来ると、前方に妙義山は異様な姿をうかべ、荒船川は行手に翠緑のあふれるような水々しい渓谷を展開させている。ここから見る荒船山の姿こそ怪奇なものだ。それは城壁のように聳えて、黒かねのような斜面から雫の滴っているのが見える。私達はここでしばらく休んで、涼しい風に浴しつつ、あたりを心ゆくほど眺めた。

ここから下ること二三町で、大きなぶなの木の下に水があって蔭がすずしい。初めて此処で下から登って来る人に遇う。峠道は信州方面では落葉松以外に樹林が少なく、流れが露出しているに反して、上州方面は翠緑が流れるようで、闊葉樹が多い。筒鳥の声が、ときどき聞える。下るにつれて荒船山が、益々、いかめしくなって来る。小屋場というところに一軒の家があって、道端に桐の花が咲いている。ききなれぬ鳥の声がするので耳を立てると、黒部の渓谷でゼニトリといっている鳥の声、かつては秩父の真《しん》ノ沢できいたものが、ここでも鳴いている。河鹿《かじか》の声も聞える。藤の花がだんだん多くなる。渓谷の感じが信州の島々谷に似て怪奇な岩峰が高く新緑を圧して屹立《きつりつ》している有様だけは異っている。新緑の間を美しい薄羽白蝶が飛んでいる。怪奇な岩峰は次から次へと尽きるところがない。内山峠から二里の内ノ萱〔市野萱〕に近くなってから、やっと渓流が平凡になるが、岩峰の美は依然として変らない。内ノ萱で荒船川と神津牧場から来る流れとは一緒になって、道が俄によくなり、村にもなかなか風情がある。内ノ萱の先の三ツ瀬に荒船神社があって、そこから荒船登山道は川の右岸にある。ここから道は、益々、よくなって谷が開いて来たが、奇峰は依然として聳えている。一里先の本宿《もとじゅく》につくと、一人のお客が貸切りの自動車で下仁田へ行こうとしているのを見て。分乗させてもらう。下仁田で電車にのって、高崎に向う感じは、秩父の高原をはしるに似ている。電車の中から、御荷鉾《みかぼ》、荒船、妙義山の山々の、刻々、うつり行く姿を見ているのも面白い。高崎で乗換えて、だんだん山から遠ざかりつつも、荒船山が絶えず遠望され、神保原あたりまでもはっきり見えたが、やがて惜いことに雲にかくれた。しかし今日は秩父がよく見えた。雁坂《かりさか》、破風《はふ》、木賊《とくさ》、甲武信《こぶし》、三宝等が山の彼方に遠い連嶺を形作っている。私はよく十年前の今頃、石楠花《しゃくなげ》の艶《なまめ》かしい花をもって汽車にはいったことを想い起した。

（昭和六年六月／『峠と高原』所収）

※内山峠周辺の地図は「神津牧場から黒滝不動へ」73ページ参照。

峠あるき

山頂をのみ追う人間が、いつも山だけでは満足できなくなり、人間に、自然の間にすむ人間に、感興を見出し始める時に、峠が好きになって来る。絶頂ばかりを喜び、峻嶮《しゅんけん》な山あるきをのみ讃美する心持も、やがて歴史や人文に嗜好を感ずる時節が来ると、人間と人間とを結ぶ動脈となっている峠に興味を感ずるに至るのは当然のことであろう。

私などもこの頃は峠に深い興味を見出すようになって来た。そして峠を歩いている内にいつも感ずることは、峠を作るに至った人間の微妙な神経の働きである。峠には山のこちら側から電光形に登って嶺の頂上に達し、それから向う側を電光形に下るような極めて簡単なものもあるが、そうでなく、山脈が複雑に入り組んでいる場合は、どういう風にこうした面倒な嶺を越すのだろうと思わせるものが多い。そしてそういう場合の峠道は、如何にも自然的で無理がなく、しかも眺望を加味していながら少しの損をしないところに、いつも峠の微妙さを感じさせる。そういう時に、私はいつも峠が峠として一般に認められる以前に歩いた人間の殆んど本能的といってよいほどの不思議な働きを考える。

つまり、そういう人達は、丁度、蟻が甘い物を本能的に見つけると同じように、また、動物が不思議な本能をもって、相手を見出すように、最も自然的にかつ合理的に、山の最も容易なかつ近いところを見出しつつ、人間を求めて辿りついたのが、峠となったのではなかろうかという風に考える。山を歩いている際、山を天才的によく歩く昔の案内者などの歩き方を見る時、いつもそういう感じが暗示される。全くそういう案内者が山のよいところ、無理のないところをひろって、しかも初めて来たところでも方向を誤《あや》またずに行く点は、殆んど本能的といってよいほどの微妙な神経をもつように思われ、彼等の足の裏には独得の触覚でもあるのではないかという気がする。例えば大天井《おてんしょう》岳から槍岳につづく喜作新道など、殆んど喜作という男の本能的な神経から出来たのではないかと思われるほどに鋭敏な神経をもって作られている。

勿論、私は峠道の進化を考える。それが峠として一般に認められる以前に、既に幾多の進化と変化とを経て、そこまで来たことを認める。しかし、また、天才的な登山者の殆んど本能的といわれうるほどの直感的な働きをも認める。そしてどこの山国にもこうした人間のあることを認めて、最初に峠を歩いた人間の微妙な直感を殆んど神秘的なものと観ずる気持を依然としてもっている。故に複雑な山脈を越す際に、この峠は山のどの部分をいかように越すのだろうという考えが、いつも頭に浮んで来る。そして、それが巧妙に無理なく山を乗越すのに驚嘆しない場合は少ない。

従って峠道の面白さは、山の頂上を攀じるように、嶮阻であることに存するのでなくして、如何にも深山的でありながら、巧妙で自然的で無理がなくて、しかも壮大な眺望が得られることに存する。山脈によって分けられた人里と人里とが、面白い対照をなしており、総じて二つとも異なれる意味に於て、自然と人間との調和の模型をなしているところに存する。そして峠が、そこの山岳に独得の高原や深い渓谷をもっていることが、以上の条件をもつものに一層の興味を与える。

峠は八ヶ岳や蓼科《たてしな》山のような火山系の山々を乗越す場合は、多くは途中に高原をもち、秩父の如き山嶺を乗越す場合には、深い渓谷をもつという風に、それぞれの特長をもっているが、何れにしても一流どころの峠だという感じを抱かせる峠は、どこか異って雄大なものである。また、そういう一流どころではないが、峠から出る流れが美しく、春の新緑が水々しく、秋は紅葉の彩どりが優れて、どことなく趣きが多く、眺望も決して悪くはない峠も、矢張り峠として興味深いものである。そしてすべてこれの峠の美しさは、歴史的聯想《れんそう》によって、一層、引立てられる。昔のお助け茶屋は、幾多の過去の秘密を包み、幽林にさ迷う白雲は、過ぎ行きし人々の感情を包み、谷間のせせらぎは昔の夢を物語る。

峠は人里と人里とを結ぶもの故、それを行く人は絶えず峠の向うの自然を考えると共に、そこの部落がどういう種類のものであろうかということを頭に浮べて胸をとどろかせる。山を越えての彼方の部落の温泉が、如何に私達を待っているだろうか、如何なる田舎びた素朴的な宿が私達を待っているだろうかという感じが、峠を通る人間にとって、最も楽しいものである。そしてその温泉宿が現代的でなくて、素朴的で感じがよく、或はそこに温泉がなくとも、麓の宿が小綺麗であることが、最も峠を越える人間を喜ばせるものでなければならない。

峠の向うを考える旅客にとって、峠の茶屋の存在は、楽しい期待を与える。それは人間的慰藉《いしゃ》の要求として、一流どころの峠のように、頂上が寒すぎたり、或は水のない場合は特別として、多くは峠の頂上に存在する。それは色々の意味をもっている。一つは峠の頂上は峠としては最もよい眺望を与えるので、旅客の審美的な欲求を満足させる。も一つには、旅客は頂上に来るまでは、絶えず不安な心持に威《おど》かされ、緊張した気持から脱することが出来ないが、彼は其処へ来て初めて前途の不安な気持が一掃されたことを感じ、安らかな心持をもって、ゆるゆる休息せんことを希《ねが》う。この気持は第一の要求と結びついて、峠を味わう人に取って最も愉快な存在として峠の茶屋を考えしめる。しかしそうした峠の茶屋は、今や殆ど存在の意義を失って、だんだんなくなりつつある。高い峠の麓の茶屋も、低い峠の頂上の茶屋も、多くは峠の伝説となって今日に伝わっているに過ぎない。

峠を考えるごとに、私は日本が峠の国であることを思う。国が細かく分れ、山は割合に高い。

この事が峠を多く作り、多くの渓谷を派出せしめ、高原をうねらせる。そして大山脈と称せられるものが、或る地方に限られているが故に、峠を越すに要する日程は、多くは一日以上に出ない。そして日本は温泉国なるが故に、温泉のための峠が多く、また、単なる交通路としての峠も、温泉のための峠として役立つことが多い。

今迄に私の通った峠はそんなに多くないが、雄大な峠路として頭に浮ぶものは、日本アルプスでは針ノ木峠である。しかし真に峠らしいものとして、かつ雄大な峠として野麦峠に特別の魅力を感ずる。秩父の三峠もよい。その内の十文字峠ほどの魅力を有するものは一寸ない。眺望の点からいっても、峠の深さからいっても、麓の牧場からいっても、最もよい峠の一つとして考えられる。しかし深さの点からいっても、高さからいっても、雁坂《かりさか》峠、将監《しょうげん》峠も立派な峠である。八ヶ岳の夏沢峠は、高さからいっても深さからいっても、優れた峠の内に数えることが出来る。しかし大河原峠の方が一層いい。この峠は途中の高原、深林の様子から見ても、峠道をこしらえた仕方の微妙な点からいっても、最も峠の神秘を感じさせるものである。草津から渋へ越す渋峠も、立派な条件を備えたものである。小谷《おたり》温泉から田口駅にある乙見山《おとみやま》峠もよい。しかし此処を越す人は、麓の笹ヶ峰牧場のあまりにも雄大な高原美をもっているのに心を奪われて余り注意を払わない恐れがある。

島々から上高地へ越す徳本《とくごう》峠、白骨温泉から平湯温泉に越す阿房峠〔安房峠〕、鰍沢《かじかざわ》から西山温泉に越す西山峠も、それぞれ特長をもつ立派な峠だ。大菩薩峠もよい。最も眺望のよい峠である。日光湯元から上州地方へ越す金精《こんせい》峠は優れた峠の一つである。あのくらい針葉樹の美しい、そして山や湖水の優れた眺望をもつ峠は少ない。これなどは余りに人里に近いために、却って価値が割合に認められないものであろう。

柔かいなつかしみのある、そして趣きに富む峠といえば、最近に通った信州から上州へ越す内山峠などはその一つだ。長野街道の田代から上田へ越す途中の鳥居峠も、その一つである。ここから見た雪の四阿山《あずまやま》の姿を忘れることが出来ない。峠の前後に牧場と高原とを有する大門峠もよい。しかし何となく哀感を催させる峠である。峠町にとまって、そこから碓氷《うすい》峠の旧道を通った想い出も悪くない。七月末ではあったが、闊葉樹《かつようじゅ》の美しい寂しい峠道だった。東京附近の峠道は、五月頃や秋などに通る時にはすばらしくいい。特に五日市の奥の本宿から上野原に越す三国峠、人里《へんぼり》から猪丸《いまり》に越す峠、数馬から郷原に越す峠などはそれである。

越して見たいと思っている峠道は無数にある。しかし直ぐに頭に浮ぶものは信州の上田から保福寺町へ越す保福寺峠、八ヶ岳を横断する大石峠、上州から信州へ越す十石峠附近に多くある峠、越後から上州に越す三国峠、清水越、南アルプス地方の峠、東北地方に数々ある峠等がそれである。

峠を歩く時の気持は独得である。山頂を登る時とは異なり、気持はのんびりする。山頂を行く時と異なり、天候が割合に問題になることがなく、生命が保障される。峠を越える楽しみが終っても、山頂を過ぎる時ほど、幻滅の悲哀を感ずることがない。やがて人里にはいり、そこに身体を横える宿が自分を待っているという楽しみが自分の面前に待って呉れるから。

（昭和六年六月／『峠と高原』所収）

富士裾野の井ノ頭

毛無山から富士山の裾野を見下し、茫漠とした高原の間に井ノ頭〔猪之頭〕の人家がより合って、こじんまりした一区をなしているのを遠望してからかれこれ十五年、如何にそこの人達が水に乏しい裾野のこの一角に湧き出ずる水をいつくしみ、嫉妬深くそれを取り囲んでいることだろうか。如何にこの水を中心としてこの部落が手を取り合い、嬉々として楽しい生活を営んでいることだろうか。その光景を想像して、新緑の頃や紅葉の時分には、私の想像のそこへ飛ぶことが屢々《しばしば》だった。然し最近とかく暇のない私には、富士の西側の裾野に入ることが容易でない気がして、時たまに一日でも暇があると、比較的したしみのある秩父や信州へと歩を向けた。だがどうしたわけか、今年だけは桜の花の散る頃から井ノ頭のことが頭につき纏《まと》い、序《つい》でにこの附近の高原も渓谷も峠も一度に見たいと云う欲念がむらむらとして起って、甲州から下部《しもべ》川に沿うて峠越しに裾野に這入ってみようと云う気になった。

しかし久しく登山と離れたような気のする私は、激しい山登りをすると不思議にも食欲をなくする恐れがあるので、下部から毛無山を越えるのを止めて、もっと楽な南の低い湯ノ奥峠を越えて井ノ頭に出で、そこでゆっくり一夜の滞在をすることを考えた。

五月の半ば過ぎならば、山も里も新緑の美しい頃、天候の狂いもあまりなかろうと、十九日の夜、新宿発の夜行で出掛けた。一行は私の外、大村、松村、東平の三君である。甲州御岳行きの青年団の一行が汽車のなかへ蓄音機まで持ち込んで騒ぐのに悩まされつつも、幾らかうとうとしていると、勝沼駅で夜があけた。天候が悪くなると云う予報を気にしていたが、幸いよく晴れていた。

富士身延《みのぶ》鉄道に甲府で乗換えて下部で降りたのが六時、下部温泉へと下部川に沿うて歩いた。ここは二十二三年前に一度来たところ、当時は渡船で富士川を渡り、あちこちの流れを徒渉しながら狭い田圃道を歩いたのを覚えているが、今は立派な自動車道が出来、温泉宿も店屋も沢山あって、賑やかな温泉部落になっている。

どこかで朝食をたべようと、橋の手前のうどん屋に這入《はい》って、仕度して貰う間を温泉につかって帰れば用意が出来ている。井ノ頭への道のことをきくと、村では老人以外にこの道を知るものがなく、今では用のない道だけに、通る人もないので、廃道同様になっているかも知れない。これから先一里の湯ノ奥へ行けば道を知っているものがいるだろうからそこできく方がよかろうと云うことだった。

下部で、散々、時間を取って、出発するのがかれこれ九時近くになった。下部川は温泉附近で可なり美しい渓谷を作り、翠緑の色も平凡でなく、川に沿うて三々五々散歩する浴客の姿にも、温泉らしい情調があらわれている。

湯ノ奥はこれから一里、途中の谷は開けて流れが緩くなり、坦々たる大道は山の中腹をうねりつつ進んでいる。二人の商人らしい人が同じく湯ノ奥へ行くのに一緒になる。椎茸の買いだしに行くのだと云う。村は二十軒ばかりからなる古くからの部落で、そこの大家さんに蛇丸と云う不思議な伝説をもつ宝刀のあることや、村の奥には信玄時代の金坑があって、当時は栄えたなどと云う話をして呉れた。

やがて湯ノ奥の村が見えて来た。場所は可なりな急斜面にあって、道端を急流が涼しい音をたてて走り、水車が廻っている。二十軒の家が如何にも手を取り合っているると云わんばかりに小さくより合っている有様は、山奥の淋しい間の親しみをあらわしている。道をきくと、村はずれから右へ右へと一里ほど行けば、炭焼小屋が

甲府へ
毛無山
1964
根原
しもべ
湯ノ奥
富士川
下部川
麓
湯ノ奥峠
熊森山
1574
猪之頭
(井ノ頭)
みのぶ
人穴
長者ヶ岳
1336
天子ヶ岳
1316
芝川
音止の滝
工藤祐経墓
白糸の滝
上井出
曽我兄弟祠
富士身延鉄道
うつぶなななんぶ
富士川
浅間神社
ふじのみや
富士へ

一軒ある。そこでその先のことをきく方がよいと教える。

村を離れる頃、毛無山表登山口と云う標木が立っている。村の少し先から道がややこしく分れるのをどこまでも右について行くと、一たび離れた下部川が、再び近づいて来る。渓谷は小さくまとまっているが、両岸はきっ立って、渓流は幾多の瀑布をつづり、翠緑の間に急潭激湍《きゅうたんげきたん》を作って、所謂《いわゆる》絶景と云う範疇の中に這入りうる多くの景色をもっている。やがて一里も来たと思う頃、道が二つに分れて、一つは左に河を離れ幽林を分けつつ山に登っている。恐らくここから左に峠を越えて富士の裾野に出るのではなかろうかと、誰しも考えそうなところだ。一寸まごつきそうな気持になっていると、右の方の河原の一角に炭焼小屋があって烟が立ち昇っている。これは有難いとそこへ行ってきけば、井ノ頭へは道に沿うてまだまだ河原を行き、道がなくなっても流れを渡りながら溯《さかの》ぼり、やがて左に折れて峠に登る。道しるべとしては河原にところどころ石が積んであるから、それを往意して行くがよいとのことだった。なるほど少しく行くと道が河原でなくなっている。積石をあてに流れをじゃぶじゃぶ徒渉しながら登る気持には、深山に入った気分に立ち帰るようなものがある。流れはうるわしく闊葉《かつよう》樹林の新緑がすき透るようで、さながら秩父の甲武信《こぶし》岳を釜ノ沢から登る時のそれに似ている。もう正午に近い。流れのほとりに休んで昼食を取る。

これからさき再び河原を行って、やがて左へ幽林に分け入ると、もう、大分、山に深く這入った感じがする。道は林間だけにはっきりついて、珍らしくも右は佐野方面へ、左は井ノ頭への標木がある。左へ可なり急に登るにつれて、道は苔むした谷間に沿い、流れは林間に幽かな普をたてている。木の間から峠の窪みらしいものが前方に思えて、もう頂上は近い。

千四百米《メートル》突の湯ノ奥峠の頂上についたのは一時過ぎだった。先ず目につくものはすばらしく高い壮麗な富士山の姿である。それは二万尺もあろうかと思われるほど高く見える。恐らくここから富士山を見上げる人の多くは、余りの高さに登ることを断念しやしないかと思われるほど高い。雪は例年よりは多く、頂上から六合目まではすきまもないほど白い。裾野はすっかり春に大きく目覚めて、眼下には十五年前から忘れられなかった井ノ頭村が点々として見える。ここで見下す下部川の渓谷と裾野との間に大きな距たりがあるように見える。下部川の渓谷は意外に深く麗わしいには相違ないが、殆んど花らしいものが見られないのに反して、裾野は峠の間際からつつじや山吹で山の斜面は美しく彩られている。

石ころの多い峠道を降りかけると、裾野の向う山の斜面は花の彩どりに美しいばかりでなく。鳥の声もかしましく、春は下部の渓谷よりも賑やかに訪れていることを見出す。峠路には綺麗な流れがあって、あちこちに沢の音はしているが、何れも裾野に近づくと申し合せたように地下に姿を没している。峠を降り切ると、裾野はがらんとして、峠で賑わしかった鳥の声も水の音も聞えず、畑を見廻わすと人の姿は見えるが、黙々として動いている。裾野の入口で二人の馬子に遇《あ》う。井ノ頭の宿はときくと、二軒あって一軒は新しく出来たホテル、もう一軒は昔からある中村屋と云う旅館、ホテルの方がいいでしょうと一人の馬子は云う。すると、もう一人の馬子は皆さんには中村屋の方が落着いていていいかも知れないと言葉をさしはさむ。そう云われると古い方がよかろうと云うことになり、そこに泊ることにして、先ず多年あこがれていた水源地を見ようと云うことになった。

一寸した林を分けると、俄かに二軒の家が見えて、一軒の前には風呂桶が据えてあり、前に人が立っている。水はどこですかときくと、そこですと私達の通っている道の下を指さす。見れば、道の下に可なり大きな流れが俄然と勢よく湧いて、五六間〔一間は約一・八メートル〕下では大人も溺れそうな水量になっている。「外に水源がありますか」、「まだ沢山あります、この先の大道を登ると一番大きな水源地がありますす。」すぐ先に五間幅ほどのすばらしい大道が南北に通じて、それを北の方へ二三丁〔町〕行くと、新しいホテルが右にある。水源地はここから直ぐで、清冷な水がむくむく湧いて、幾つかの池になり、沢山の鱒《ます》が放されている。

ここの豊富な水を利用して水田を作ろうと云う計画がこれまでに、度々、為されたが、水が冷たすぎるため駄目と分って、静岡県ではこれを養鱒地として五万匹の鱒を放ったのが最近のことで、そのために電気で餌まで作っている。村は清冷な水のお蔭で海抜が殆んど御殿場と同じにも拘わらず、盛夏でも八十度〔摂氏二十六・七度〕を越えることが珍らしく、蚊帳《かや》も要らぬと云う楽天地である。私達は村の標木には井ノ頭となっているのに、地図では猪ノ頭となっている理由を質《ただ》したが、面白い伝説をきかされた。昔、ここが水が豊富であるために沢山の税を取られようとしたことがある。村の人達はここは水が豊富かもしれないが、その代りに猪が多いのに悩まされている。ここは猪ノ頭で井ノ頭ではないと云って増税を免がれた。それから井ノ頭とも猪ノ頭とも書くようになったと。

村を通ずる大道は初めは県に歎願したが作って呉れず、村の青年団で作って県に寄付したものである。村は新しい希望に燃え、何となく活気に充ちている。富士五湖を六湖にしたいというのが村の念願で、それには村の南に田貫沼と云う湖水があって、周囲一里半もある。ただ水の浅いのが欠点なので、堤防を完全にすれば立派な湖水が出来上る。それを五湖に加えようと云うわけで、彼等は今やそれに夢中になっている。

下部温泉からここまで散々休みながら到着したのが午後三時、つまり六時間を費やしている。しかし実際の里程は三里強で四時間か精々五時間位が本当であるまいかと思われる。若し下部であれほど休まなかったら正午までに井ノ頭に達せられたのではないかと思う。

そしてここには自動車も乗合もあるから、土曜から日曜にかけての旅には最も興味あるところであろう。

中村屋に這入った。田舎によくありがちな二つや三つの客間しかもたない貧弱な宿とは違い、大きな而《しか》も設備の行届いた宿である。恐らく汽車や電車のなかった時分には、富士川の畔から東海道地方へ出るにも、富士登山をやるにも、又、東海道地方から身延参詣をするにも、ここから峠を越え湯ノ奥を通り、下部温泉に通ずるのが、最も近い便利な道であったろうと思われる。しかし富士身延鉄道が川来てから、この道は殆んど用のないものになって仕舞った。嘗《かつ》て人通りのはげしかった、そして幾百年の間、交通の衝となっていた峠も、新しく出来た汽車路によりその運命が左右され、それを頼りにしていた人里も多大の影響をうけなければならないのが、最近の交通の一般的情勢である。

われわれは山に入って思わぬところに人里を見出して、よくもこんなところに村が出来たものだと思うことが度々ある。今日では生活がせちがらくなって、平地には人間を容れる余地はないが、昔は必ずしもそうではなかった。それにも拘わらず幾百年の昔から不便な山奥にも村の出来たのは、何かしらそうならなくてはならない理由があったに相違ない。しかし永い間に事情が変って、今日はその存在の理由が殆んど説明することの出来ないものとなっている。そして先ず土地に対する愛着と住民相互の親しみとはその土地を離れることの出来ないようにし、次には生活の問題が彼らをしてうっかり現在の土地を捨てることの出来ないようにした。恐らく富士川畔、湯ノ奥、湯ノ奥峠、井ノ頭、東海道を連結して考えると、湯ノ奥峠が嘗て果した重大なる使命を想像することが出来るのではなかろうか。しかし水に乏しい富士裾野にあって最も水にめぐまれた井ノ頭は、別の意味で希望によみがえりつつある。水を豊富にもち、水による美しい自然をもつ土地は、幸福でなければならない。井ノ頭は洋々たる前途をもっている。

夜になって春雨が降って来た。私達は久し振りでいい気持に寝た。翌朝は五時頃に一寸目を覚したが、又ねむり、十時に起床した。朝食を十時過ぎにたべて十一時半に上井出村に向うバスに乗るべく、この気持のよい宿を出た。人穴から上井出に向う途中とはことなり、途中はよく開けて茫漠たる裾野の感じが見られない。全く文化は流れに沿うて走ると云うことは偽りでない。上井出で下車して白糸の滝や音止の滝を見る。あたりには藤の花が多い。井ノ頭の水がここでこうも大きな滝となっているのである。それから工藤祐経の墓を見、曽我兄弟の神社を訪ずれた。嘗ては境内の手入しない草のなかに菫の花が一面に咲いていたが、今は綺麗に手が這入って宮様のお手植の木などもある。上井出の村ほど清楚な感じを与うる山村も珍らしい。道の両端に綺麗な流れがあって、水車が廻り、茅葺の家の前には申し合せたように白いつつじが植えてある。頼朝の駒止桜も以前とはことなり、大きな枝が二本も折れて、全く老齢の重荷に堪えかねているようである。
一時は晴れそうだった空も、又、降り出したので、ここで再びバスに乗り、大宮町に向った。大宮町も焼けてからすっかり町の面目を改め、都会式にたちかわっている。電車の出るまでの間を浅間神社の中にさ迷う。神社の入口の水車やしだれ桜もなくなっているが、立派な神社、境内から滾々《こんこん》として大きな流れが出ている光景など全く珍らしく気高い。

（昭和九年／『山への思慕』所収）

乗鞍岳と益田川

松本で下車した時には雨が止みそうもなかった。梅雨があけても未だこの通りな雨空にもめげず、七月十六日の今日中に、何とかして乗鞍岳の肩の小屋までこぎつけなければと、元気あふれるばかりの二十代三十代の四人の猛者連に伴われて来た私は、負けてはいられないような気がした。汽車の中で山の話がはずんで、ねたような気がしないにも拘わらず、愈々《いよいよ》、登山ときまれば、神経がただではすまないような鼓動を感じて、携えている二十年この方の重い樫《かし》の棍棒をあたり構わずふりまわしてみたいような気がする。空を見上げると雨はふりしきり風も可なり強い。こういう時には、私達はとかく天候をすらも都合よいように判断したくなる。「風は強い、雲は東へ走る。慥《たし》かに今日の午後は晴れる。それは断然そうであるに間違いないと」。

島々《しましま》行きの電車にのりかえて見ると、登山客とおぼしき者は私達五人の外にはいくらもない。こんな日に山に登らない奴の気が知れないと口では云って見るものの、内心はいささか閉口しないでもない。島々で乗合にのって前川渡までかける。連日の雨で梓川の濁流は轟々と岸をかみ、ところどころ小さい山抜けさえ見られる。奈川渡の先きで道がくずれているので乗合を降りてしばらく歩き、再び乗合にのって前川渡で降りる。

ここから大野川まで半里の間は前川に沿うて行く、前川渡から左折すれば俄かに清流岩をかむ渓谷にはいり、美しいすき透る流れを見ると、愈々、これから深山に這入るという気がする。大野川といえば、私に取って初めての村、多年あこがれていた山里とはいわれないにしても、いつかは行って見たいと思った山村、いささか好奇心がないでもなかった。今迄梓川をたどったこと幾度か、神河内《かみこうち》、白骨、寄合渡、野麦と周囲の山里はたびたびめぐったものの、ここだけは不思議にも訪れる機会がなかった。

大野川について、私達は鈴らん小屋、肩ノ小屋を経営している福島方に休んで、昼食をしたため、着茣蓙《きござ》を用意した。数年間、防水の雨外套を活用して見たが、雨で重くなるだけで雨を透すこと着茣蓙以上であることを知り、洋服に似合うと云うこと以外に何の応味ももたないこの厄介者を今度と云う今度こそは見捨てて、原始的な登山の姿に還ることを決意した。雨具にもなり、休む時には簡単な敷物にもなる着茣蓙ほど重宝なものは一寸見当らない。

大野川からしばらく行って大野川に架けた橋を渡る。流れは小さいが美しい。道はすばらしくよく、少し手入れすれば自動車も通りそうである。雨は止みそうになっては降り出すので、途中半ば出来かかった家があるのに這入って休む。しばらく行くと畑があって番所の家がぽつぽつ見え始める。都会めいた庭に麗わしい草花を植えた家が平らなところにい並び、小綺麗な宿屋もある。晴れていたら、壮大な山々の背景をもつ、どんなにこそ美しい高原の村だろうかと想像してはみるが、生憎と見える範囲はほんの僅かでしかない。

村からじりじり登って高原的な斜面を行く。やがて向うに何か学校らしい建物が見える。村の夏期学校である。次にハイカラな小屋がある。鈴らん小屋である。一寸休んでみたい気持になる。もんぺいを穿いた麗わしい娘がお茶を出して呉れる。雨の中にここで腰をかけている気分も中々よい。休んでいる内に、玄関の隅にビール箱が横わっているのを見出した一行中の一番の元気者小林君は、「どうです、

いっぱいやりましょう」と叫ぶ。無論、不賛成を唱えるものはない。コップでぐっと飲みほし、ここの附近で掘り出したと云う土器を見物してから、ぼつぼつ登って行く。

雨は降ったり止んだりしている。やがて急な登りになって尾根の斜面に取りつく。斜面の花がすばらしく美しい。そろそろ森林が始まる。やがて渓流のほとりで雨にふられながら休む。冷泉小屋まで中々ある。少しくせっかちになった私は先頭に立ち、やけになって歩く。やっと小屋につくと馬鹿に腹がすいている。鈴らん小屋から案外遠いと思ったが二里に近いときいて成程と思った。ここで御飯をたべ、うどんの残りがあると聞いて、それも煮て貰ってたべる。喰いすぎて腹がまがらない。

ここから肩ノ小屋までは一里に近いが、雪渓にかかると一寸分りにくい。ことに今は未だ登山が始まらないので、雪渓には足跡もないからと委しく道を教えて呉れる。間もなく森林帯を抜けて雪渓にうつれば、前面は茫々たる一面の雪、なるほどこの上に小屋があるといわれても一寸見当がつかない。教えられた通りに歩いていても、果して小屋につくのかしらんと思うほど、あたりが荒涼としている。日が暮れかかっている。蒼然とした暮色のなかに、荒涼たる内に人間と小屋とを求めて登る気持には不思議に緊張したものが体験される。暫らくすると先頭に立った松村君から「あった！　あった！」という叫びが聞える。成程、真中の雪渓の右はずれに近く小屋が見える。嬉しい。中にはいる。人夫らしい人が五六人いる外には客がいない。私達は早速と濡れたものを取っていろりに這いより暖かい焚火にぬくまる。

いろりにいて話す気持は特別である。けむいながらも薪をたいて温まる気持には不思議なほど自然と人生との複雑な調和がある。お客の少ない今夜を私達五人と主人夫婦とでいろりを占領しながら、山を語る気持には何とも説明しがたい牧歌的な味がある。主人夫婦はむつまじそうに土瓶から薬を飲んでいるので、わけをきくと盲腸炎をやってから用心のためにゲンノショウコをのむのだと云う。私も二三年前に手術してから今も完全には影響をのがれていないことを云って同情する。客の少ないお蔭で夜具を沢山きせて貰って、九千尺以上のここでも割合に暖かい気持でねむりについた。

明くれば空がすっかりはれて、日は朗らかに輝やいている。「やあ、素敵だ、上天気だ」といって、いつも景気のいい小林君は私の背中をどやしつける。朝食をたべ、お弁当を貰ってから、宿の主人について頂上に向う。登るにつれて加賀の白山は真正面の天界に白い雄大な姿をふわりとうかべているのが先ず眼につく。やっぱり百万石は大きいという感じがする。笠ヶ岳、槍、穂高岳、それから信越の山々は残りなく洗ったようにあざやかに朝の空に聳え、これから向って行こうとする御岳も大きな姿を遠慮なく益田《ました》渓谷のかなたに表わしている。やっぱり来てよかったと、われながら自分の取った行動を讃美したい気持になる。頂上について暫らく休んでいると、久し振りでうけた太陽の光のありがたさが、しみじみと身にこたえる。頂上の小屋のあるじは、一生懸命にこつこつと小屋の修繕をやっている。

頂上で肩ノ小屋のあるじから野麦へ降る道を委しく教わる。道はあるにはあるが、何しろ登山者の少ないところだから、道が消えているところがあるかも知れないと、細かく教えて呉れる。直ぐこの下に見える雪渓を真すぐに、あの沢になっているところを降りて行って、やがて左に切れ森林帯を行く。大分たって右に折れて瀑《たき》の下を通る。それから森林を右へ大迂回すると、やがて野麦の牧場が現われて来る。それから先は間違うところはないと説明して呉れた。

岩のごろごろしたところを雪渓めがけて降り、やがて雪渓にかかる頃、今迄あんなに晴れていた空がどんよりと曇り出す。雪渓を大分行って左の灌木帯を注意すると、やがて道らしいものを見つける。それについて進めば、中々大野川からの道のようなわけには行かない。莫蓙を捉えられたり、足を木の根にぶつけたりする。喬木帯にはいってから、道は右折して瀑の下を過ぎる。これが私達の降りて来た雪渓の水で、乗鞍岳の本谷を形作り、益田川の本流となるものである。

森林が、段々、深くなる。道は幽かになったり深くなったりしているが、概して足跡が浅い。そしてその内にあちこちに倒木があって、道の跡が曖昧になり、やがてなくなっている。そこで私達は二隊に分れて足跡を探して見たが、あし跡らしいものがところどころにあっても、何れも途中で消滅している。森林を右へ大迂回するようとの注意を想い出して右の方へ行って見ると、身動きもならぬ大きな笹原にぶつかる。無駄のようだが、も一度瀑のところまで戻って、見失った道を見つけようと衆議一決して、降って来た道を瀑のところまで戻る。ここへ来るともう腹がすいて動けないので、昼飯にして控え目にたべる。

ここから五人とも一隊になって注意深く足跡を辿る。少しく行って、右の方へ幽かな足跡がついている。それを辿って見ると、破れ小屋があって、そこで足跡が終っている。やはりもとの道が正しいと云う結論に達して進めば、今度は更に右に小道らしいものがある。それを行って見ると、熊笹の深い場所があって、ところどころ笹が切ってある。それは小屋を作った際笹を取った時の道であることが分り、更にもとの道を下る。道が断続しているのは、人通りの少ないため雨で洗われたのによると判断して、どこまでも注意深く幽かな足跡を拾って行く。大体に於て道は真直ぐに進んでいる。やがて急な斜面が現われてすすむことが出来ない。もうここへ来ると道らしいものはない。しかしこのあたりに馬の足跡があちこちにあるのが見出された。私はここでこの急な斜面を左に見て、右へ馬の足跡について行くことを主張した。というのは、恐らく人間の幽かな足跡が馬により踏み消されたらしく考えられるのと、馬の歩けるところは人間が行きうると信じたからだった。幸いに木の間がすいている。道らしいものは依然としてなかったが、幾らかずつ下りになって、若しここで道をこしらえるとしたら、最も自然的に選ばなければならない地勢だった。進むにつれ、一層、馬の足跡が多くなっている。そして果然、大木の枝に乗鞍登山道と書いた板がぶちつけてある。慥かに私達は正しい道を歩いていたのである。そうしている内に、突然、森林が開けて明るくなったと思うと、俄かに闊葉樹林になって、道が急に下降し、下には野麦の牧場が美しく柔和に、表面に引続く道のうねりを見せて前方に展開している。そこへ続く斜面は可なり狭く、左右は何れも急激な断崖状をなしている。野麦へ降ろうとする人は、時には急激な斜面にぶつかり、多くの滝に出会《でく》わして生命を失う恐れのあることをきかされたが、慥かに安心の出来ない道である。三時間まごついたあとで一安心して休んでいると、樹間から馬が二、三匹、人珍らしそうに私達のところへすりよって来る。

柔かい斜面を降り牧場に達すると、やがて村が見えて来る。道は迷うところがない。野麦村へついたのは三時頃で、村の宿屋で休んで駄菓子を喰いながらお茶をのむ。見渡したところ、ここは四十戸ばかりの寒村で、米も麦も穫れない。僅かに穫れるものは稗《ひえ》と蕎麦《そば》とで、今でも電灯がなく全く他から孤立している。ここから野麦峠は一里半で今でもお助け茶屋はあるそうだが、通る人は稀で、新道は明治十九年につくられたというにも拘わらず、真中には草が滋《しげ》っているところを見ると、通行人の少ないことが分る。しかし、寒村にも似ず、往来を歩く娘の姿や容貌が麗わしく目鼻だちが整っている。

野麦から今夜泊ろうという上ヶ洞までは三里半で四里に近く、その間には往来から少しくそれている阿多野郷を除いて人家がない。十五年前に通って感歎措《お》かなかったこの渓谷は如何なる風貌をもって私達を迎えて呉れるだろうか。あの水々しい闊葉樹は昔と変らぬ美しい色彩をもっているだろうか。こんなことを考えながら、流れに沿いつつ街道を進んだ。十五年前に通った時にもルックザックを背負ったりピッケルをもったりする人には決して遇わなかったが、この頃もあまり通らないとはこの渓谷の人々のいうところである。流れは道に近づいて来た。水量が多い。闊葉樹も昔に変わらず多い。しかし大木らしいものはなくなっている。それらはあの後伐られて仕舞って、ところどころ道のほとりに幹が立ち腐れになっている。しかし両岸のきり立つ有様、そしてそれを闊葉樹が蔽うている風情など、何か一層雄大なものが背後にあることを暗示する。すすむにつれ益々流れは大きく豪壮になる。嘗て街道から見えなかった阿多野郷は、樹木が伐られたためによく見える。乗鞍岳の裾野の阿多野郷と云えば、平家の遺族とでもいった風な一族が住んでいそうな雄渾な響きがする。ここは乗鞍登山口として旧い歴史をもっているが、先年大火のために村が全部烏有《うゆう》に帰し、今はすっかり建ちかわったらしい。

渓谷は進むにつれよくなり、闊葉樹の滴《した》たる翠緑の間に特に黄色くぼかしたように見えるのは栗の花である。ところどころ山がくずれ落ちてその為めの砂防工事をやり、他方にはそれにも懲りず大仕掛けに伐木をやったりしている。上ヶ洞に近づくにつれ、渓谷は益々よくなるばかりである。流れは脚底にとどろき、雄大なる闊葉樹林はふるいおののく。上ヶ洞の一里ほど手前から日が暮れかかって、益田川の流れは夕闇の間に白竜の如くに光っている。ところどころの支流も美しい。遥かに上ヶ洞の電灯が見えて来る。村に着いて、以前泊ったことのある上田屋が宿をやめて物品販売所をやっているのをきき、もっと先の島田屋に入る。

宿の人は皆な養蚕の手伝に行って三十ほどのおかみさん一人が大きなおなかを抱

えて御飯の用意をして呉れる。いろりが暖かそうなのでそこへ集まる。うまそうなアメノウオが串にさされている。私達は御飯をたべたあとで小綺麗な二つの座敷でねかせられた。流石は涼しい益田川の山奥、蚊は絶対にいない。

あくる朝雨が降っている。私は咋日野麦でたべた駄菓子と途中で喰った落花生とがたたって、朝から食欲がなく、嘔吐さえもする。四里の浅井まで行けば乗合が小坂まで通っているが、それは一日に三度しか出ない。正午に乗り遅れると夕方まで待たなければならぬとのことで気が気でなかった。

痛む腹を堪えつつ雨に降られながらの旅はあじきないが、上ヶ洞附近、それから下流につづく渓谷は恐らく益田川の最も優秀なものであろう。闊葉樹林の美しさは減じて来、流れの両岸に、追々、平地が見られるようになったが、流れそのものの美しさは、増して来たように思われる。小学校を見る。十五年前には夫婦二人きりの先生でこと足ったこの学校も、今は四人の先生で教えなければならなくなったとのことである。その当時、運動場へ山から直接に瀑の落ちていた光景も今は無くなっている。雨が降りしきって腹がじりじり痛み、時々往来で休んでは行く。薬をのむと痛みは一時止るが、歩き出すと又痛み出す。早く浅井へと思うが、中々、容易でない。中ノ洞で休む。ここで乗鞍岳の裾の子《ね》ノ原《はら》のスキー場のことをきかされる。

雨の中を益田川に沿うてぐるぐるうねる道は中々遠い。行けども行けども前途は遠いという感じがする。

それでも浅井へついたのは二時頃であったろう。ここで電話で自動車を一台頼み、私はそれの来るまでいろりにねころがった。ここは益田川と秋神川との合流するところ、秋神川と云えば嘗て私が御岳からついて降りた渓谷である。高山鉄道が全通したら、飛騨からの御岳登山は小坂口からと等しくここからも賑わうことと想像される。自動車は四時頃に来た。もうこの渓谷もここから下流は大分俗界に近づいたことを示している。

夕方小坂町について小住屋にはいった。ここは美しい山の町、あちこちに流れの音がして、窓から見える山の緑の美しい斜面に新しい建物が見える。どこを見ても爽やかな涼しい感じがする。近くにスキー場もあるとのことである。宿は綺麗で、帳場にラジオの音が聞える。私は朝から何も喰わずにいたが、別に腹が減らないので、御飯を一杯軽くたべて床についた。雨は頻りと降っている。

腹痛のためによくねむれない一夜をへて、暁はどしゃぶりになった。これではとても御岳へは登れまいと思ったが九時過ぎになってから晴れそうになる。又々登ろうという話になると、腹痛など構っていられるかという気になって用意をはじめる。落合まで自動車一台たのむことにした。

　小坂町を離れて小坂川に沿うてはしる景色は又となく美しい。二里半をまたたく間に走って落合につく。ここは濁川〔濁《にごり》河《ご》川〕と大洞川との落合うところ、小綺麗な宿屋もあって、しきりとお客をよんでいる。私達はここで暫らく休んでから御岳橋を渡り濁川について行った。やがて一ノ鳥居について、そこから道は涼しい渓間にはいる。渓谷があらわれて来る。流れは澄んで清く、闊樹林の美しさは格別である。渓流の美しさにみとれつつ歩いている内に、右の山側に異様な音がして、初めは何かと思ったが、落石と判って、私と松村君とは一目散に前方へ、あとの三人は反対にもと来た方向に走る。果して二三の石が土と共に道のほとりに落ち、私達には何のこともなかった。連日の雨で地盤が弛んだためであろう。このあたりで、道は河を渡って対岸につき、じりじり暑いところを登る。やがて牧場風の場所があらわれて来る。ここは原八町で、ここの小屋から落合まで一里十町あるといわれている。

小屋で休んでお茶を飲んでいると、小坂以来しばらく忘れていた腹痛が再び始まって、これまでにない痛みを感じた。そしてこれから濁川温泉〔濁河温泉〕まで四里の登りを考えると不安になって来た。盲腸の手術以後、今でもバンドなくしては一寸の登りも腹にこたえる現状では、若い人々と一緒に歩くことが無理と考えられたので、引返して一行に迷惑をかけない方が賢明と思った。そこでその旨を一行に話して、私だけ帰ることにした。御岳の裏口を秋神川に沿うて降ったことはあるが、濁川温泉から小坂へは多年狙っていて果さなかったところなので、万難を排しても決行したかったが、腹痛には勝てなかった。一行の登り行く姿を見送ってから私は小屋のあるじにルックザックを背負って貰い、下りについた。あるじは若く見えるが、過去四十年間先達をやったと云う人、色々の話をして呉れたが、腹痛のために私は多くを覚えていない。ただ原八丁の紅葉の綺麗なこと。ここへ濁川温泉を引く計画が関西の有力な実業家によりなされていること、熊を獲ると山が荒れること、渓谷の美しい闊葉樹林ももう近くに伐られることになって居り、その為めに林道が作られつつあることなど嬉しい悲しい話をきかされた。

落合についで宿屋でねころんで自動車を待っていると、自動車は来たが、満員で乗れそうにもない。乗客はすずなりになってぶら下っている。「歩いた方が楽ですよ」と宿のおかみさんがいう。もう大分気分がよくなったので、小坂川の景色を眺めながらゆっくり歩いてみようかと思って出掛けようとすると、杖と茣蓙とがなくなっている。茣蓙はどうでもよいが、杖は二十年この方ついたものなので血眼になって探すと、その杖と茣蓙は先程ここに休んで酒を飲んでいた御岳下りの十人の関西のお客が自分等のと一緒にもって行きました。そして今夜は下呂温泉の水明館にとまるといっていました、と女中らしい女がいって呉れる。

私は杖なしで痛む腹を抑えながら小坂まで歩行しなければならなかった。二里あまりといわれる道も歩いてみれば中々遠い。ルックザックを枕にしては休み、道行く人にあやしまれつつ、到頭、小坂町についた。このあたりの景色は歩いてみると、一層趣きがある。町から停車場まで可なり遠いので、腹痛をこらえながらよろよろ歩いた。町の入口から少しく下り坂になっているところを歩いている時、突然、三十歳ほどの青年が私の右につかつかとよって、私を「小父さん」とよびとめた。私は立ちどまって「何ですか」と云うと、件の青年はいんぎんに「私はここの警察のもので、一寸お聞きしたいのですが」と云って私の住所、生国、目的地などを細かく訊く。変だと思いながらも問われるままに答えると、どうも腑に落ちぬらしく、私に名刺を呉れと云うので、それを渡すと、俄かに態度が変って「どうも大変失礼致しました。実は異人さんだと思い込んだものですから」と逃げるように去った。私は腹痛を感じながらも可笑《おか》しさにふき出した。これまで外国人と時々誤まられ、嘗ては境峠の下で二三人の学生に英語で挨拶されたこともあるが、今度は特別に念入だった。

停車場へ休み休み虫のように歩きながらついて、駅前の休憩所で薬をのんで休んでいると大分痛みが去った。小坂ほどの町に医者のいることは私にも、当然、分っていた。しかし必要なものは医者でなくして安静だった。薬は予《かね》て用意していたし、又、それをのむと必らず痛みが止んだ。しかし坂の上り下りが直ぐ薬を無効にして仕舞った。幸いこれからは歩くところもないので医者にかかる必要がないと思った。

停車場は異国的な、アルプスの麓にでもありそうな建物で、見廻わすあたりの景色もうるわしい。汽車が出た。益田川の景色は依然として優れている。下呂について水明館に入る。早速、杖のことをただすと、果して十人づれのお客の杖と一緒になっている。私は部屋に這入って温泉にもはいらず床についた。

明くれば空が綺麗にはれて、窓の外には鳥の声が賑やかに聞える。温泉につかって見廻わすと、谷はすっかり開けてあたりに注意をひくほどの景色もなく、あちこちに温泉宿が新築され、どしどし都会風が這入りつつあることが感ぜられる。宿は大仕掛で設備も悪くない。私は朝食の代りに牛乳をいっぱい飲んで、腹の痛みが大体に於て止み、特に杖を取返しえたことを喜んで、もっと滞在するようにとの宿の勧告をもきかず、岐阜から名古屋を経て帰途についた。岐阜までの沿道の景色はよかった。中山七里の勝景は汽車から見ても悪くはないから、歩行しながら眺めたら一層、優れて見えるであろう。しかし上ヶ洞附近の益田川の豪壮な渓谷を見、その屹立《きつりつ》せる両岸の山相と、その麗わしい闊葉樹林とを見た人は、益田川の渓谷の真面目は何としても自動車の這入らぬ上流にあることを痛感するであろう。

（昭和九年／『山への思慕』所収）

木曽御岳とその附近

木曽福島についた頃は薄日がさしていた。夜行ではねられなかったが、今日は精々王滝から滝越《たきごし》まで三里の歩行と思えば、身も心も軽い気がした。最初は御岳の東麓を歩こうと思ったが、誰にきいても滝越をすすめるので、出発の時からそこに改宗することにきめていた。

福島から王滝口までの乗合は可なりのりでがある。これに乗る便利は認められるが、お蔭であの幽邃《ゆうすい》な沢渡《さわど》峠も御岳遥拝所も鞍馬橋も、御岳登山には縁がなくなっている。御岳に登ろうと思う人は、せめて沢渡峠と遥拝所だけでも通って、過去の登山者が神の山としてこの山を仰ぎ、礼拝した心持を味わうべきであろう。

王滝口でわれら四人、同僚の藤原さん、学生生活を終えたばかりの菊地君、山登りの初めから一万尺の峰頭を狙った女性佐藤啓子さん、それに私、食堂に這入って腹をこしらえる。食堂では滝越へ行くのなら林野局の森林鉄道に乗るようすすめて呉れたが、東京を出る時から、危ないとか生命が保証されないとか、色々、冗談まじりに警告されていたので気乗りがせず、三里位は歩くのもよかろうと云うことになって、鉄道線路を文字通りに歩くことにした。

食堂を出て少しく戻り、王滝川の橋を渡ってから線路に出た。枕木から枕木へと足を運ぶと、一つから一つでは近すぎるし、一つ置きでは遠すぎるので、中々歩きにくい。追々、トンネルや鉄橋が現われて来る。王滝川の流れはとろりとして到るところに深淵を作り、そうでないところは悠々と流れるのが精々で、大きく岩に激すると云うことがないほどゆったりして水量が多い。多くの奇勝、絶景をもっているなかにも、氷《こおり》ヶ瀬橋などは最も美わしいものである。

汽車やガソリン車に遇うこと数回、その時にはあわてて線路から飛降りる。トンネルの向うがよく見えないほど長いのが二つあって、その時には携帯用電灯で照しながら歩く。しかしトンネル内での汽車は避けられるが、鉄橋では避けられそうにもないので、特に緊張する。森林は追々深くなって、二、三百年を経たと思われる大木が道のほとりに立っている。恐らくこの路を進む人は、この奥に部落のあることをきかないならば、王滝川のどんづまりまで無人であると思うに相違ない。濁川の鉄橋を渡る時に、硫黄の香りがする。その上流は暗いような森林に入り、濁川温泉〔昭和五十九年、地震による土石流で埋没〕、これより三十町と書いた道は、急な暗い斜面を登っている。疲れた人間には一寸行ってみようと云う気がしない。

もうここから滝越は遠くない。最後のトンネルを越すと、村は線路の左に点々として見える。何としても寒村の面影は免れない。三浦屋という家が人をとめるといて、宿を頼むと心よくきいて呉れる。もんぺいを穿いた顔だちの麗わしいお嫁さんらしい女が、二階に案内する。外から見ると馬屋のように見える家も、中へはいって見ると、部屋が意外に綺麗で、洗面場もあれば、湯殿もある。

うしろは一面の水田で、涼風がそよそよと這入《はい》り、蛙の声かしましく、向うの山の描いたような翠緑の中に、色々の鳥の鳴声がする。電灯があるのでどこから来るのかと聞くと、村で起している自家用だということである。

村は十七軒あって、何れも三浦姓を名乗り、ことし村の七百年祭をやったとのことである。伝説的にはこの村は平家の遺族で、木曽川のほとりの小郷から鞍掛峠を越えて、一時はマサゴヤというところにいたが、そこは寒くて耕作に適しないために、二里半、王滝川に沿うて下り、今の場所に定住するに至ったと云われている。

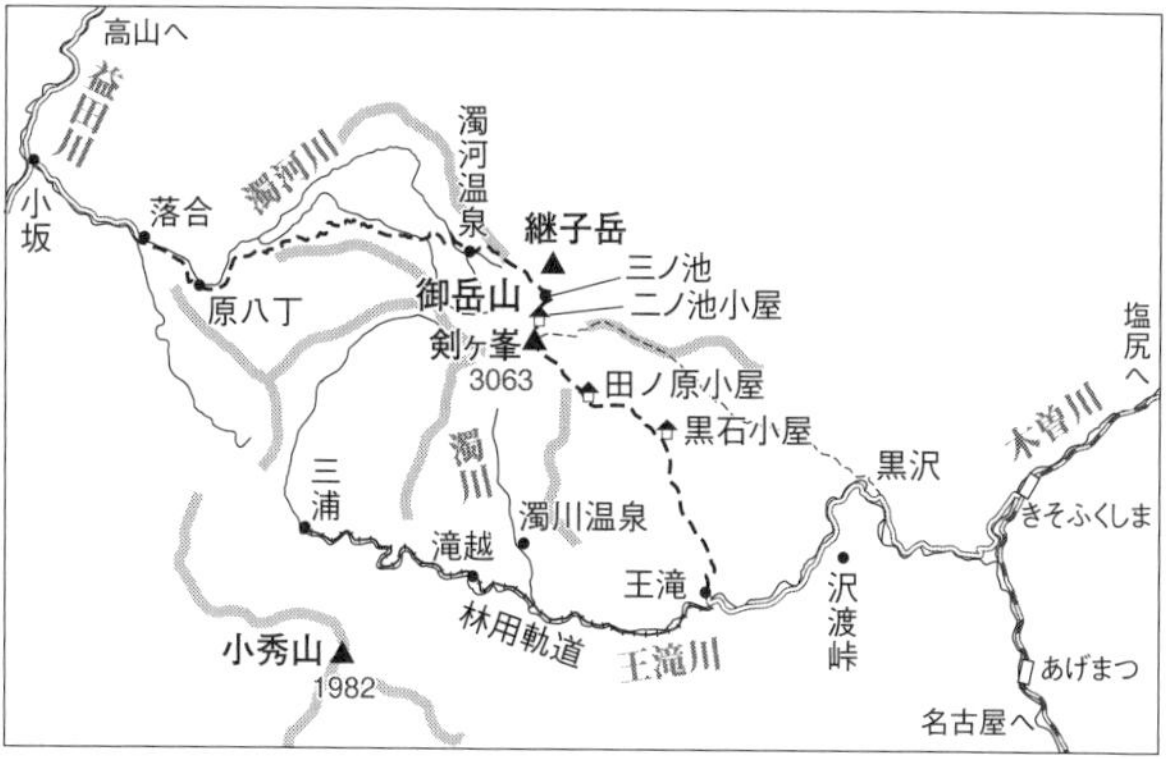

マサゴヤには最近にこの村の祖先と云われる三浦大夫の墓が発見されたとのことである。三浦大夫とは誰か。この頃の研究によれば、それは行方不明を伝えられる朝比奈三郎のことであろうと云う意見が、有力になって来たそうである。果してそうだとすると、滝越の部落は平家の遺族でなくて、源氏の遺族である。

　それはともかく、ここからの御岳登山は最も面白いものでなければならない。王滝川のどんづまりはここから約十里と云われるが、雄大な森林を分けつつそこを廻って御岳に登るのも、濁川温泉から登るのも、上黒沢や土浦沢を溯《さかの》ぼってそれに達するのも、何れも面白そうである。しかし何れにしても時期は最も危険の少ない夏期を選ぶべきである。

明くる七月十六日、ここから再び王滝に向った。今日は同じ道を歩くのもいやだし、山側をうねる古い小径は遠いし、何とかして森林鉄道によってと思ったが、それは午後でなければ出ないときいて、仕方なく又、線路を歩いた。午前中は王滝方面から汽車が来るとのことで緊張しつつ行く。大鹿の駅で王滝方面へ向うガソリン車が休んでいるのを見付けてのせて貰った。それは約半里ほどまでしか行かなかったが、それでも大助かりだった。

王滝の食堂で休んで腹をこしらえてから御岳へと登って行った。毎日の雨模様で未だ本格的な登山は始まらないが、小学生の登山団体があって相応に騒がしい。空は昨日よりは幾分悪く、雨は少しずつ降っている。しかし向って行く高原地帯は柔らかく青々と前面にもり上って見える。二合目の先の黒石ノ原にかかるところで大夕立になり、身をひそめるところがないので全身びしょ濡れになり、困りぬいたが、幸い程なく晴れて、前方に黒石ノ小屋もその先の黒々と続いている森林も見えて来る。小屋にはいるとすれ違いに十人ほどの登山客が降って行く。ここから間もなく森林が始まり、雨がまた降りはじめる。雷鳴が時々する。田ノ原の小屋につくとやっと助かったような気がする。ここは六合目、ここから王滝頂上に至るまでは急峻な登りになり、途中に小屋がないので、泊ることにする。小屋はすっかり建ちかわって、御岳第一の立派な小屋と云うよりは寧ろ旅館、総二階で、二階では部屋部屋が立派に仕切ってあって、数百人の客が泊れるように出来ている。二階に上ってしばらく休息していると、すさまじい電光と共に天地も鳴動するような音がして附近に落雷する。やがて小学校の遠足隊が到着して階下を占領し、小屋は騒々しくなる。夜は空がすっかり晴れて、御岳は雄大な全容をあらわしている。

明くれば十七日、あけ方に全容をあらわしていた御岳の姿は、出発の時に、すっかり雲に蔽われて、僅かに見えていた乗鞍岳も見えなくなる。しばらく登ると無気味な雷鳴さえして来たが、今更引返すことも出来ないので進んで行く。王滝口の頂上から御岳の頂上に向う途中のたるみに達すると、風は飛驒方面から吹雪のように白く吹いて、からだを吹き飛ばしそうであるが、それにもめげず進んで行く。

頂上についた時には風がやや収まったが、密雲が深くとざして晴れそうな見込もないので、郵便局で手紙を書き終えてから、二ノ池の小屋に向う。ここは嘗て泊ったところ、暫らく休んで、以前とは異った飛驒口への降り道を教わって出掛ける。

小屋から賽ノ河原を経て三ノ池に向うところで霧がふかく、行方を示す積石と賽ノ河原の積石との区別が分らず、それに三ノ池へは嘗て行ったことがないので、この広い河原で大分まごつく。しかし幸い一寸霧がうすらいで三ノ池の鳥居が見えたので、そこへ向ったが、飛騨口は二ノ池で教えて呉れたように簡単には分らず、加うるに摩利支天から西の方へ引いている尾根にも石碑があり、そこにも沢山の足跡があるのに引ずられて、迷わされることかれこれ二時間、遂に二ノ池の小屋に帰ることにした。しかし愈々《いよいよ》、帰ろうとすると、今度は帰り途が濃霧のためはっきりせず、風が勁《つよ》くみぞれまじりの雨が顔を打って、途中一時間半もまごついた挙句にやっと帰ることが出来た。天候が悪い時には、こんな容易なところでも遭難することが容易であることをつくづく感じた。

小屋についた時分は、もう四時、昨夜の小学生の団体と又もや同宿であることを見出した。ここで焚火にぬくまりつつ濡れたものを乾かし、夜は二階に寝たが、客がぎっしり身動きもならぬ中に、関西の人とおぼしき人、ラジオのアナウンサーの真似をしつこくやって、四囲の婦人達を笑わせ、他のお客に迷惑をかけていたが、幸い私は疲れのためにぐっすり眠って仕舞った。他の人々はねられず困ったとのことである。

明けて今日は昨日よりはいくらか天気がよい。三ノ池の鳥居はすぐ近くに見える。昨日迷った飛騨口への別れまで小屋の人に送って貰う。晴れて見ると何のこともないところ、昨日はどうしてあんなに戸惑いしたのだろうとわれながら可笑《おか》しくなる。三ノ池を右にして尾根は五ノ池の方へ自然につづいている。三ノ池の美しい残雪と水とに対して五ノ池の濁った水はいちじるしく目に立つ。以前の飛騨口を止めてこちらへもって来たのは、以前の道は風が強くて通れない為めだそうである。五ノ池の小屋には娘と大工が二人いて登山前の準備工作をかんかんやっている。小屋を過ぎると飛騨への道は這松《はいまつ》としゃくなげとの間を蜿蜒《えんえん》と続いて、もう迷うところがない。一里あまりを行ったと思う頃幽林に這入り、やがて渓流が右にあらわれて立派な瀑がかかっている。それは仙人ノ瀑と云い、そこから温泉が近い。

温泉で一休みして温泉を浴びる。連日の雨のせいか、以前よりはぬるいような気がする。ここから少しく進むと左に緋《ひ》ノ瀑があり、小坂道は秋神村に行く道と別れて左折し、河を渡ってから森林にはいる。ここから三里ほど続く幽林は、全く御岳を神の山と思わせるほどに深く尊い感じがする。林は秩父あたりのように密生していないが、何れも檜、椹《さわら》、くろべ、唐檜《とうひ》等の大木、亭々として聳えている。ところどころ大木に樹齢と高さと直径とが書いてあるが、樹齢二百年と云われる檜は、ここでは大して太い方ではなく、それよりももっと大きいのが多いところを見ると、それらは三百年以上も経過したものであろうか。途中、材木瀑の壮観が、椹谷の渓間から遥に幽林の上空に見える。

幽林の間に鳥が絶えず鳴いている合間に、ポーポーと鳴く筒鳥の声が彼方の渓間深くに寂寞を破って聞え、更にその二重奏までも木魂《こだま》に反響する。信州側の御岳と異り、飛騨側は幽邃《ゆうすい》、閑静、渓谷も森林も、どこからどこまで壮大且つ処女的である。

一合目に近い一里あまりはすっかり樹木が伐られ、川は荒れてがさがさになり、一合目の原八町の小屋につく頃、すっかり森林から遠ざかる。ここは昨年私が腹痛の為めに帰ったところである。落合の茶屋で自動車を待っていると、昨年とことなり客がなく寂しい。自動車が来る。それに乗って途中洪水のために道が壊れたところで一、二町右側を歩行し、再び自動車に乗って小坂町に走る。小住屋についてうしろの部屋にはいると、欄干の下に益田川の清流岩をかむ光景が見られ、町の端では小坂川が益田川と合流している。涼しい自然に恵まれた町、私は最も美しい山の町をここに見出したように思う。

あくる十九日の朝、私達は町の停車場へ歩いた。途中の右の丘に小学校があって、小坂川を眼下に見下し、運動場で全校の生徒が整列してラジオ体操をやっている。高山で停車場は全くモーダンな建築、私達はここから汽車に乗って高山に向った。高山で降りて町を二時間ほど散歩する間に天気が大分よくなって中々暑い。停車場から旧市街に向う通りはすっかり近代的で、宮川に架せる橋はいくつか、あたりの風景は京都に似て京都よりは遥に麗わしい。

平湯行きの乗合は停車場から出て、やがて小型にのりかえ平湯に向う。いい工合にゆられて睡眠を催し、眼が覚めると平湯峠に登りつつあるのに気がつく。麗わしい翠緑の間を自動車はぐるぐる廻って峠の頂上につき、やがて雄大な山容を前面に仰ぎつつ、再び翠緑の間をぐるぐる降って平湯につく。船津屋に入る。ここは嘗て来たことのある宿、平湯唯一の内湯のある感じのよい宿、私達はここでゆっくり寝ころんで疲れを直したいような気がした。今夜は村の縁日で、往来の両側の石垣の上に蠟燭《ろうそく》が立っている。

明くる二十日、今日は神河内《かみこうち》まで歩かなければならない。阿房峠〔安房峠〕へ向う旧い細い道は、自動車道路開削の為めに、上から大石がころがり落ちるので、ところどころ新しく切り開いている道に沿うて行く。やがて高原状地帯につくと、清水の流れているところに木挽《こびき》小屋があって、茶屋がある。しばらく休んでから出掛ける。ここらあたりから峠の頂上を経て焼岳を左に見るあたりは、最も幽邃なところ、いくら低徊《ていかい》しても尽きぬ奥行があるように思う。小屋から半里ほど幽径を登って峠の頂上に辿りつく。ここでもゆっくり休んでから信州側に降りる。前面には穂高岳が聳え、やがて下るにつれ焼岳が左に現れて来る。峠道と焼岳との間には幽林ふかく、時鳥《ほととぎす》の声が頻りとする。昔の白骨温泉道が見えるところから、中ノ湯温泉へ下りこむ坂が始まるが、下りが中々急で道が遠い。阿房峠への自動車路はここでも盛んにこしらえているが、大してはかどっていない。

中ノ湯から神河内まで一里にしては遠いが、道は却《かえつ》て下流よりも立派で大きく、大正池には二艘の舟が浮んでいる。久し振りでここへ来て見ると、矢張り神河内の景色は日本では類のないものであり、日本以外にもこうした景色はありそうにも考えられないと云う感じがする。見上げる山々の雄大さ、その幽林、流れの色、どこにもこう揃った景色はありそうにも思われない。

清水屋旅館の二階に陣取ってお湯にはいる。神河内温泉旅館に温泉を奪われた清水屋では、温泉をさがした結果、最近よい温泉を掘りあてたらしく、這入って見ると、中々、温まり工合がよい。これですっかり温泉宿の資格を恢復したと云ってよい。

夕食後、昔なじみの昌吉（大井庄吉）の小屋に行って、しばらく懐旧談にふけ入る。私は八年目にはいった神河内の何もかも変っているのに驚いた話をすると、昌吉は色々と珍しい話をして呉れる。昌吉の小屋から河童橋まで歩いてみると、途中に色々のものが出来ている。流れの色は美しいと思ったが、こうまで美しいとは思わなかったことに気がつく。林間の歩道がよくなっているのに驚くが、以前のように樹木が矢たらに伐られた時分のことを考えると、只今の神河内が却って有難いと思わなければならない。人間が多く這入り、色々の設備が出来たからと云って、神河内の堕落を叫ぶことが出来ない。寧ろ今日の開け方の上品であることを喜ばなければならない。


（昭和九年／『山への思慕』所収）

※安房峠周辺の地図は「飛騨から信濃へ」183ページ参照。

峠の旅

峠の旅をしようと思いたった。最初は木曽の藪原まで行き、中山道に沿うて逆に和田峠まで歩こうという考えだったが、それには、どうしても三日はかかりそうなので、塩尻峠から始めて下諏訪に至り、それから霧ヶ峰を経て帰ろうということになった。夜行を断念して、朝、新宿から出発することにし、御岳行き以来、親しくなった仲間を誘い出すことにした。藤原さんだけは一日遅れて下諏訪で一緒になる予定だった。時節は十一月のはじめで、山国では晩秋に近い頃であったが、ことしは気候が遅れているせいか、八ヶ岳の裾野も未だ紅葉の真盛りだった。

塩尻で下りた。ここで下りるのは初めてである。町は可成り賑やかで、中山道に沿うて連なる大門、塩尻とつづく家並は、切れそうになっては続き、かれこれ一里ものびている。段々、停車場から遠くなるにつれ、古風な茅葺の屋根が現れて来る。新道と旧道とは柿沢の手前で分れ、われわれはどこまでも旧道に沿うて真直ぐつま先登りに登って行く。

　柿沢の村は落着いた山村、紅葉せる柿の枝が赤々とした実を空にささげている。ところどころ新道は旧道を横切りゆるくうねっている。だんだん峠の頂上の近づくにつれ、家はまばらになるが、それでもぽつりぽつりと想い出したように立っている。赤ちゃけた落葉松のなかを進んで行くと雪の山が右手の方に見える。中部山岳らしいが全容をあらわさない。峠の頂上から二町ほど下に立派な門構の家が一軒、ぽつりと往来のほとりに立っている。これは昔の本陣で、今しがた雨戸をしめている音が静かな山間に反響している。

　停車場から峠の頂上まで二里余りもあろうか。頂上に焼鳥を売っている小屋がある。もう日は暮れかかって、諏訪の湖畔に点々として輝く電灯が遥か下に見える。どこまでも旧道を急いで下ると、もうすっかり日が暮れる。下諏訪に近くなってから乗合が来たのを幸い乗って、警察署附近の丸屋にはいる。下諏訪の温泉宿は落着きがあってよいことを度々きかされたが、全くここは閑散な感じのよい宿で、大きな炬燵《こたつ》にはいってくつろぐ居心地のよさ、親切で且《か》つ気がきいている。

　明くれば一番の乗合で和田峠に向おうと、諏訪神社の境内にさ迷うて、あの欅の杜の麗わしさを嘆美していると、夜行でやって来た藤原さんに突然、遇う。その内に和田峠越えの一番の乗合がやって来る。

藤村の「夜明け前」を読んだ人は、和田峠についての叙述が細々とあるのを覚えているに相違あるまい。ここは東海道、中山道を通じての最も高い峠、長さも一通りではない。何のためにこんな高い峠を中山道に織り込まなければならなかったのであろうか。附近には大門峠のようにもっと低い楽な峠もあるのに、どうしてここを選んだのであろう。地理を知らなかったのであろうか、それとも他に理由があったのであろうか。町を離れると少しずつ登りになり、紅葉の間を走ると、やがて樋橋を過ぎる。左に水戸浪士の墓があって、真紅の紅葉がめぐりを取り巻いているのは、如何にもふさわしい光景である。やがて登り登って、渓谷の右岸につき、頂上に近くなって、道のほとりに一本の赤松がある。ここは昔よく山賊が出たと言われるところ、今は自動車のなかの物語となっている。峠の頂上まで歩けば半日もかかるところを乗合で行くと、一時間ほどで行って仕舞う。昨年は峠の小屋にお婆さんと娘とが焼鳥を売っていたが、今は無人になっている。

頂上のトンネルの手前で降り、右に折れて山側をぐるぐるめぐると、空は一面に

かき曇り、今にも何か降りそうだと思っていると、雪がちらちら落ちて来る。濃霧の中を、やがて高原らしいところへ来たが、小径が左右に分れている。道しるべがないので、右の方へ行って見る。すると、それが途中で終っている。引返して左へ行く。しばらくすると霧が突然はれて、すぐ面前に小屋がある。八島ヶ池の小屋である。休んで焼鳥を食っていると、小屋の主人は只今網にかかったという鷹の子をもって来る。鳥に興味をもつ藤原さんは、見ている中に欲しくなって買う。

ここから霧ヶ峰の長尾〔宏也〕君のヒュッテはかれこれ一里ということをきいて、道を委《くわ》しくきいて出掛ける。薄を分けつつあやしげな道を辿って行くと、やがてそれが切分と一緒になってから、すっかり分らなくなる。磁石を出し地図を案じ、大体の見当をつけて行くと、大きな小屋の前に出る。きくとグライダーの小屋で、番人がいる。ヒュッテとは大分方向が異っているといって正しい方向を教えて呉れる。

四五丁でヒュッテについたが、長尾君が上京して留守とのことで、しばらく休んでから上諏訪へ向った。見渡す霧ヶ峰の山々に薄がなびいて、秋風は颯々《さつさつ》としている。上諏訪から池のクルミに向う大道に出ると、遥かに飛躍台が見えて、大道は坦々として角間川の渓谷に沿うて走っている。山々は紅葉の真盛り、色濃きは赤茶け、うすきは黄金色になごみ、秋は至るところたけなわである。

上諏訪についた頃は未だ日が高いが、今日はここで泊ろうということになって、牡丹屋に這入った。上諏訪は未だあたたかく炬燵がない。藤原さんは買った鷹の始末に夢中である。夜寝る頃になって、東京から帰ってとまり合せた長尾君が訪ずれ、しばらく話してから床につく。

明けると空はすっかりはれて欄干から真白い山がよく見える。穂高岳である。湖水でしばらく遊ぼうということになって、少しく早く宿を出て湖畔に行く。私はひとりで湖畔に休み、あと三人は舟を漕ぐ。こうして一時間ほどを費して新宿行きの汽車に乗って東京に向う。藤原さんはすっかり鳥に気を取られ、私達三人は窓から山を語った。八ヶ岳や赤石山脈には未だ雪は来ていないが、富士山はかれこれ七合目あたりまで白く初雪に蔽われている。私達はこんどのスキー季節のことを考えながら東京へと急いだ。

(昭和十年/『涯てしなき道程』所収)

峠の夢

ところは飛騨の一角、鄙《ひな》びた宿は流れに面して立っている。これから越えようとする六里の峠の頂上の高さは、かれこれ六千尺に近いが、村は二千尺を越えているので、そう苦しくもなさそうだ。もっと高ければ高原とも云われそうな斜面があちこちに展開して、流れのこちら側にはところどころ焼畑や野菜畑や桑畑がある。桑をつむ乙女の鄙びた唄が聞える。峠の頂上と教えられた彼方には、朝雲がまだうずまいているが、雲が東の方へ走るのを見ると、やがては晴れそうである。峠道は流れについて行っている。対岸には青葉の間に山吹やえにしだが黄色く見える。流れのほとりに躑躅《つつじ》が赤く、闊葉樹《かつようじゅ》の枝に、ところどころ紫の房を垂れているのは藤の花である。もっと仰ぐかなたの斜面から、炭焼の煙がゆるやかに、ねむそうに朝の空に立ちのぼっている。

すき透る流れは、青葉の重圧の下を流れて、ところどころ白く泡立っているが、激流と云うほどのものではない。宿を出る時から、時鳥《ほととぎす》の声が渓間のしんかんとした空気をどよもしている。なんとなく島々谷《しましま》を溯《さかのぼ》った時のような、また内山峠を上州の方へ降りた時のような気分がして来る。やがて、道は流れから離れ気味になって、右の方へじぐざぐに登る。楢、桂などの大きな闊葉樹の多い、広場のようなところがあらわれる。道は新しく切り拡げられたらしく、両側には根曲り竹の切株がつくつくと出ている。段々、広場がなくなって、道は山の斜面を行くようになり、遠い流れの響が谷の方に聞える。馬酔木《あしび》の白い花がぽつぽつあらわれる。あたりの光景が馬鹿に十文字峠に似ているような気がする。

日がさして来た。もう十時である。「どうだ、一ぷくやろうか。」友人をふりかえると、彼は黙々としてうなずく。涼しい風が樹間に吹いて、やすむと冷々する。汗が冷たくなると、とかく風邪を引き易いという友人は、手拭を出して懸命に体をふいている。今朝からまだ誰にも遇わなかったが、上の方から大急ぎに一人の男がやって来る。

「馬鹿に早いですネ、向うの村からですか。」

「いや、峠の茶屋から来ました。」

る。

「峠に茶屋がありますか。」

「ええ、ここから一里半というところです。」

こいつは面白いという気がする。かれこれ十二時頃には着けそうだ。そう思って出掛けると、ぼつぼつ針葉樹林が始まる。渓流の音が、又、左の方に近くなって来る。

「いやに秩父的になって来たじゃないか。」

「全くだ、しかし大抵の深い峠は秩父的なんだよ。」

大きな針葉樹が始まり、左右の山とも見上げるかぎり黒々として、無数の露藻がかかっている。道は青苔のぶくぶくした中を行き、あたりははき清めたように綺麗である。カッコーの声が、突然、聞えて来る。時々、瀬の音が誰かが中を歩いているようにも、又、石を転がすようにも聞える。

森林が秩父あたりとは異って、椹《さわら》や檜が可成り多く交っている。峠道をゆるくぐるりと一廻りするとちょっとした平らな明るいところがあって、一軒の小綺麗な茶屋があり、二三の客が休んで飯を食っている。最近に出来たものらしくあたりにはまだ材木の切端などが散らかり、前には一筋の綺麗な細い滝がかかっている。

こいつは馬鹿に御岳の麓の沢渡《さわど》峠に似ていると思う。家には居間の外に綺麗な部屋が一つあって、大きな囲炉裏《いろり》には薪がくべられ、イワナらしい魚が串にさして焼かれている。なんだか無暗に泊って見たくなった。主人夫婦は親切そうな三十歳を幾らも出ないと云う歳恰好。「泊めて呉れませんか」と頼むと「なにも食べるものはありませんが、よかったらどうぞ」と妻君が言う。

時刻はやっと一時、峠の頂上へは半里ほど、麓の里へは二里、時刻は早いが、この滝を見ながら幽林のなかの一泊は願っても容易なことではない。どうしてここに茶屋をこしらえたのかときくと、これでも、この峠は往き来百人の客があるので、ここに茶屋位あってもとのすすめで、今年から始めたとのことである。主人は向うの村の宿屋と猟とを兼ねた人の息子、春から秋までの間の茶屋で、秋の末には麓へ引上げる予定とのことである。ここの前を通る流れは下の村の流れの支流で、あの流れは山一つ向うの谷から出ているとのことである。私達はなんだか無上に嬉しいような気がして、草鞋《わらじ》をとき、ルックを下して、囲炉裏にすりよった。

（昭和十一年／『涯てしなき道程』所収）

上信の旅

上州の中之条から沢渡《さわたり》温泉、暮坂牧場、小雨《こさめ》の部落を経て、吾妻《あがつま》渓谷の長野原から信濃追分に出て見たいというのが、私の多年の念願であった。この道程は幾多の高原や峠を暗示するばかりでなく、これらの地名には、一種の云い知れぬ音楽的な響きや野趣ある詩的聯想《れんそう》がつきまとうている。そうしたものは、実際に接して見ると、とかくその名にふさわしい情景をもつのが常である。

十一月一日から三日まで休みが続いたのは、まことにもってこいの機会だった。一人旅の静かな情趣を是等の牧場や峠に味わおうと、私は一日の朝七時十分の上野発に乗った。

渋川で降りて省営バスに乗換え、吾妻川に沿うて中之条に向った。見渡すあたりの山々がなごやかに紅葉して秋色は隈なく渓谷を蔽い、刻々うつり行く野趣ある沿道の情景には、汲めども汲めども尽きないものがある。中之条について沢渡温泉への乗合を半時間ほど待つ。町は美わしい山間の大道に沿う一筋街道、ふりかえるかなたに大きな裾を見せているのは赤城山であろうか。停車場の隣は十返舎一九が「鍋屋の宿の居心地のよさ」といったその鍋屋である。

沢渡行きの乗合が十一時半に出た。しばらく走ったと思うと、やがて紅葉のうるわしい合流点に来る。四万《しま》川と上沢渡川とがここで出合い、四万川は美わしい紅葉の間に隠れ、われわれは橋を渡って沢渡温泉へと走る。

沢渡で降り、温泉の客引の勧誘をふり切ってただひとり渓谷の奥へ足を向ける。この温泉は昨年の秋洪水のためひどくやられたのであるが、今は復旧工事に忙しい。温泉部落を離れてから渓流を渡れば、すっかり静かな山奥に這入《はい》ったような気がする。見渡す遥かの山々は美わしい紅葉に彩どられ、道の下の田圃にはところどころ野ら仕事をしている男女の声が賑やかに聞える。田を距てた彼方にすばらしい奇《き》嶂《しょう》な姿の岩山が紅葉にとりかこまれて屹立《きつりつ》しているのが目に立つ。有笠山《ありかさ》である。進むにつれ道のほとりにも同じような姿の岩峰が幾つもあらわれて、何れも紅葉が目立って美わしい。人家がなくなるかと思うと想い出したようにぽつりぽつり現われる。

二里ほどで谷が段々狭くなり道も細くなる。紅葉の分布が繊細になり、流れが庭先を行くように美わしい。どこまでもそれに沿うて進んで行くと俄かに道が炭焼の家の前に出る。木を切っている一人の男がいる。暮坂峠はときけば、それはもっと下から右の方へうねる、馬の自由に通る立派な道だと注意されて、さては道を間違えたかと驚いたが、そこまで精々五六町ほどのものだろうと言われて走るように引返す。なるほど谷が繊細で、道が細すぎると思ったのも無理がない。

二三町ほど下れば材木を背負って下って行く男がいる。暮坂峠はときくと、すぐ前方を指さして、あれを右に行くようにと言う。なるほど其処にはもっと広い道が右へ折れている。しかし今歩いた道とは直角に別れているので、真直に前方を見つめて行く人間には殆んど目に附かない。勿論、このあたりの別れ道には道しるべがない。

登るにつれ道が広くなるが登りが急である。馬子が降りて来る。峠へは未だ一里あると言う。登り切れば、平坦地が現われて渓谷が脚下に開き、細尾の部落が流れのほとりに点々として製材の音が谷間に響いている。一人の馬子に追いつき、道すがら話して行く。彼は暮坂峠から左に折れて、川原湯の方へと行くところだと言う。

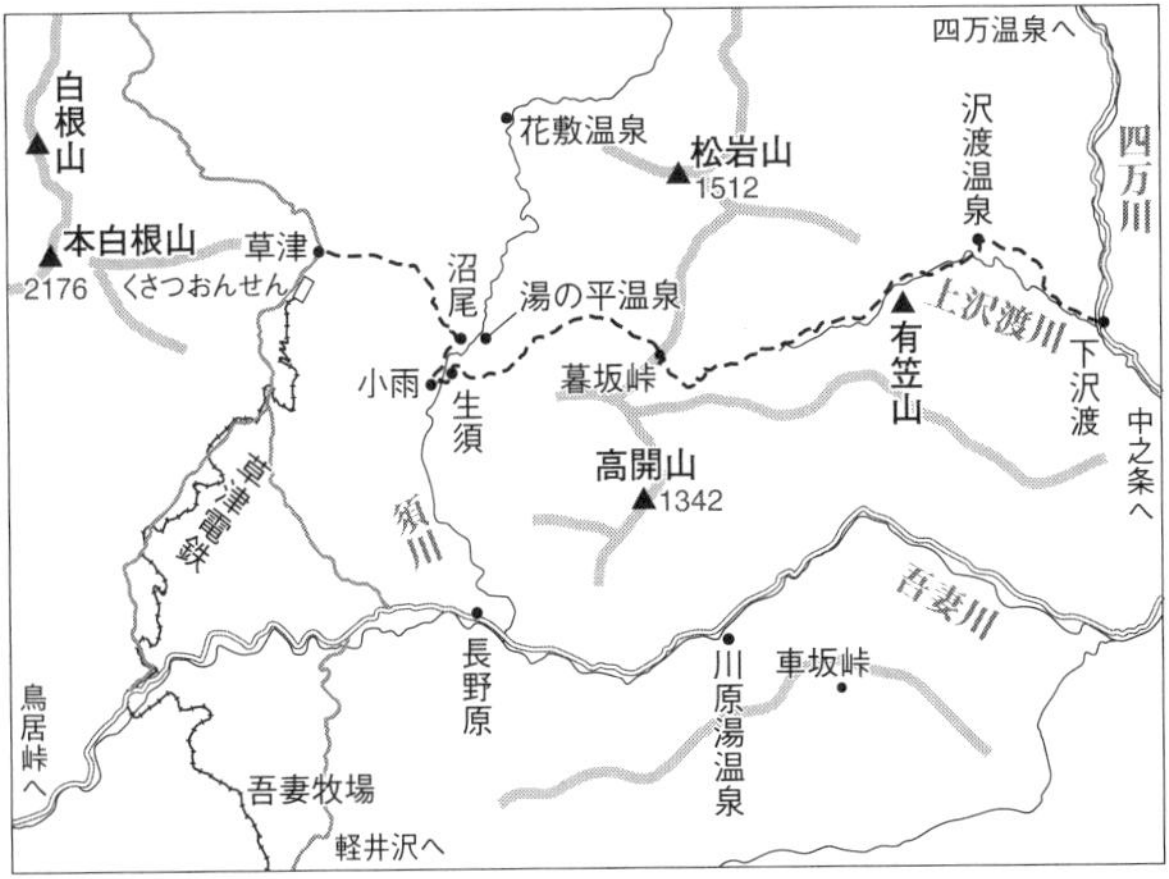

ここから見上げる吾妻川と沢渡川との分水嶺をなす山々の斜面には、鬱々として樹木が茂り合い、黒木と闊葉樹《かつようじゅ》とのけじめがくっきりとして、黒木は益々黒く闊葉樹は赫々《かくかく》として紅いに燃えている。進むにつれ、見下す渓谷の紅葉は益々美わしく、流れは小さいながらも滝をなし深《しん》潭《たん》をなして、秋の渓流らしい幽境を形造っている。

暮坂峠の頂上についたのが四時一寸前、地蔵尊の前でしばらく休んでから牧場に這入る。道は落葉松のなごやかな彩どりの間を分けて進む。十町ほどで道のほとりに二三軒の家がある。長野原への道をきけば、もう八町下ると家が一軒ある。

そこで道が二つに分れる。何れを行っても長野原へ行かれるが、右を行く方がよかろう。左を行けば三里で半里ほど近いが、分りにくいと丁寧に教えて呉れる。牧場は山の斜面にあって高原らしい平坦さをもっていないが、段々になっている傾斜には闊葉樹が多く、それが色とりどりに紅葉して複雑な彩どりを見せている。やがて教えられた小屋に来ると家の前で夫婦が子供と寂しそうに野ら仕事をしている。今までに道を一度間違えたので、今度は間違いそうもない右の道を行くことにし、小雨までもう一里ときいて元気づけられて急いだ。牧場の紅葉は益々美わしくなり、大きな斑の牛がその間にのそりのそり歩いている。

ここの道はその昔、草津温泉への汽車のなかった頃、通行が頻繁であったと言われるが、今は殆んど通行人もなく、道しるべもない。原にある家々の寂れている有様も哀れ深く、今、道をきいたぼろぼろの小屋も以前は茶屋だったと言われる。

生須《なます》につけば小雨の部落が須川の河向うに見えて、長野原はここから未だ二里、もう時刻は五時である。河向うには長野原に至る自動車道路が開鑿《かいさく》中で、ダイナマイトの音が渓谷をどよもしている。しばらく立っていると、湯ノ平温泉これより十七町の標木のあるのが目につく。もう日が暮れかかろうとしている。時刻は遅い。

これから二里の長野原へは何としても無理、温泉で泊って見ようという気になった。温泉は河のこちら側であるが、一たび河原へ降りて向岸を上り、あらためて橋を渡ってこちら側に戻って来る方が近いと教えられる。河原に降りつく頃はもう日が暮れて足元が見えない。携帯用電灯を取り出して足跡を拾いつつ橋を渡り、岸を上ると間もなく小雨の部落につく。畑に大根をとっている女がいる。温泉のありかをきく。今こしらえている新道を上って行けば、自然に温泉宿につくと言う。石ころや丸太のごろごろした、未だ完成されていない新道を行けば、やがて道は大きな断岸にぶつかって進むことが出来ない。土地に慣れない人間に道を教うることのあまりに簡単なのを喞《かこ》ちつつ再び戻って村の入口の家の主人に愬《うった》えると、彼は提灯をさげつつ案内して呉れる。断岸のところを右へ小道を降って行くとやがて釣橋があらわれ、それを渡って登れば温泉宿である。

生須の村から十七町と言われる温泉宿までにかれこれ一時間半を費した。宿はひっそりとして御客は私の外にただひとり、夏は忙しいそうだが秋はしんかんとして寂しい。湯殿に案内される。湯は電力をもって須川の渓谷から引上げ、電気は自家用に起されている。御湯の出口は相当に熱い。

久しく歩かなかったのと途中道に迷った為めとで随分と疲れた。早く床をのべて貰ったが、中々、眠られない。それに十一月になっているのに縁側の雨戸を閉ざさないので、真夜中の嵐の障子にあたるのが如何にも耳障りだった。

朝起きて見れば、雪がちらちら降っている。しかし宿の縁側から見るあたりの山々の紅葉はえも言われぬほど美わしい。宿は須川のほとりにあるが、あたりは広場になって、めぐる山々や須川の向うに屹《そば》立《だ》つ山の斜面を彩どる紅葉の美わしさ！これだけ紅葉の鮮かで美わしい温泉場は一寸考えられない。長野原から須川に沿う自動車道路がすっかり開鑿されて、此処へ簡単に来られるようになったら、紅葉の美わしい温泉地としてさぞたたえられることだろう。

今日中には何とかして沓掛《くつかけ》を経て追分まで行かなければならない。昨日上り下りした道のことを考えて、何とかしてもっと平坦な道を通って長野原まで行くことが出来ないかときけば、主人は一層のこと長野原を止めて草津を経て沓掛へ行ったらどうかとすすめる。長野原へは二里半あるが、草津へは一里半に過ぎないと言われて、草津へ行こうという考えが電光のように浮ぶ。

風が少しく勁《つよ》くなって雪が吹雪となり広場に舞っている。落葉をふみながら、吹雪が紅葉にざわめく音を耳にして歩く気持は、全く晩秋の山旅にふさわしい。応徳温泉を下に眺め、河原に出て向岸を上れば沼尾の部落に出る。ここからは草津に行く道の外に沢山道があるので、一度ならず踏み迷うて無駄足をする。やっと峠らしい道を見附けて登り切ると、茫々たる高原に出て、道が一層よくなる。左手には立派な住宅地らしい場所があって、文化住宅のようなものがぽつぽつ現われ、それが行けども行けども尽きない。やがて道端に立派な門が立っている。近づいて見ると国立癩病病院とかいてある。ここは海抜三千五百尺以上もあろうと思われる雄大な高原の一角にあたって、景勝の地を占め、草津から熱湯をひき、立派な官舎なども出来ている。大道の右には湯川の渓谷が眼もさめるような紅葉に燃え、その間を青い流れが走っている。

雪にふられつつ草津についたのが十一時前、沓掛への乗合の出るまでには未だ一時間余りある。切符を売る事務所のベンチに掛けて雪のちらちら降るのを眺めていると、中からお神さんらしい人が、這入ってお休みなさいと親切に言って呉れるので、遠慮なしに這入った。

乗合が十二時一分という妙な時刻に出る。乗客は私の外に二三人、高原を遠慮なしに走る。高原はどこを見ても美わしい紅葉の彩どりに飾られ、空はだんだん晴れて来る。白根山や浅間山が新雪に輝いて、すみ切った秋の空に気高く屹立《そばだ》っている。吾妻川の渓谷に下って上れば、やがて浅間の裾野にかかり、新雪に蔽われた山々を眺めつつ上る気持は、八ヶ岳の裾野を通るにも劣らない雄渾《ゆうこん》な感じである。鬼押出でしばらく休憩してから信州領に這入れば、夏には賑やかだった別荘部落も今は静かな冬眠をむさぼっている。沓掛駅についたのが二時、下り列車には未だ一時間あまりある。追分まで一里の間を歩くことにする。浅間の表側は裏側に比べて遥かに紅葉する樹木の少ないのは、こちらが大部分が官有林で落葉松や松の多いせいであろう。気候もこちらは温かく、日はほかほかと当って小春日のようである。追分の油屋についたのが三時頃だった。

（昭和十一年／『山路の旅』所収）

初夏の旅

いつも旅には友人を誘い出すのを常としているのだが、近頃はそれが億劫になって、一人で身軽に出かけるのも面白いという気持になった。一人でのんびり、我儘《わがまま》に、休みたい時は休み、急ぎたい時は急ぐ旅の面白さをしみじみ感ずるようになった。第一、友人と出かける時は、天候のことで打ち合せをすることからして苦労だ。自分だけだと何から何までが自由である。雨が降れば、降る時にふさわしいようなやり方をすればよいし、どうにでもなる。五月の終りから六月の初めにかけて二三日の旅をやった時もそうだ。

保福寺《ほふくじ》峠を越そうと思って出掛けた時はそんな気持だった。松本で下車した時は朝の六時頃だった。降りつづいた頃なので、勿論、雨の峠越えをやる積りだったが、夜明け頃から晴れそうな気色になって来た。晴れるときまれば勿怪《もっけ》の幸い、存分に眺望をむさぼってやろう。雨ならば峠の麓で一泊しようと思ったが、晴れるとなると、泊らずにもっと向うまで行こうという気持になった。

保福寺峠は昔は上田から松本まで抜ける重要な街道になっており、人力車が通ったといわれる。英人ウェストンの旅行記を見ると、人力車で通ったようにかいてある。実はこの峠を通る時に、一寸、心配になったことがある。全く人間が通らぬ峠か、さもなければ人通りの激しい峠ならば結構だが、なまなか人が幾らか通る峠などは困るという気がした。というわけは、この峠越しをやったあとで、信濃追分に立ち寄る筈になっており、そこで支払うよう親類の者から頼まれた金を出発の際に預かって来たからだ。何だか重荷を背負っているような気がして、まことに道順が悪いのだったが、どうにも仕様がなかった。人に遇うごとに心配だった。しかし峠で遇ったのは幸い四五人で、麓の人達かさもなければもんぺいをはいた老人達だった。矢張り山は平和だという気がした。

雲がすっかり取れてはいなかったが峠の春はよかった。鶯《うぐいす》やカッコーや時鳥《ほととぎす》の声を飽きるほどきいた。雲がなかったら、御岳、乗鞍岳、浅間山、四阿《あずまや》山などの眺望がさぞいいだろうと思われた。雨の峠越えをすら覚悟していた位だから、雨具なしで通れたことを感謝しなければならない。

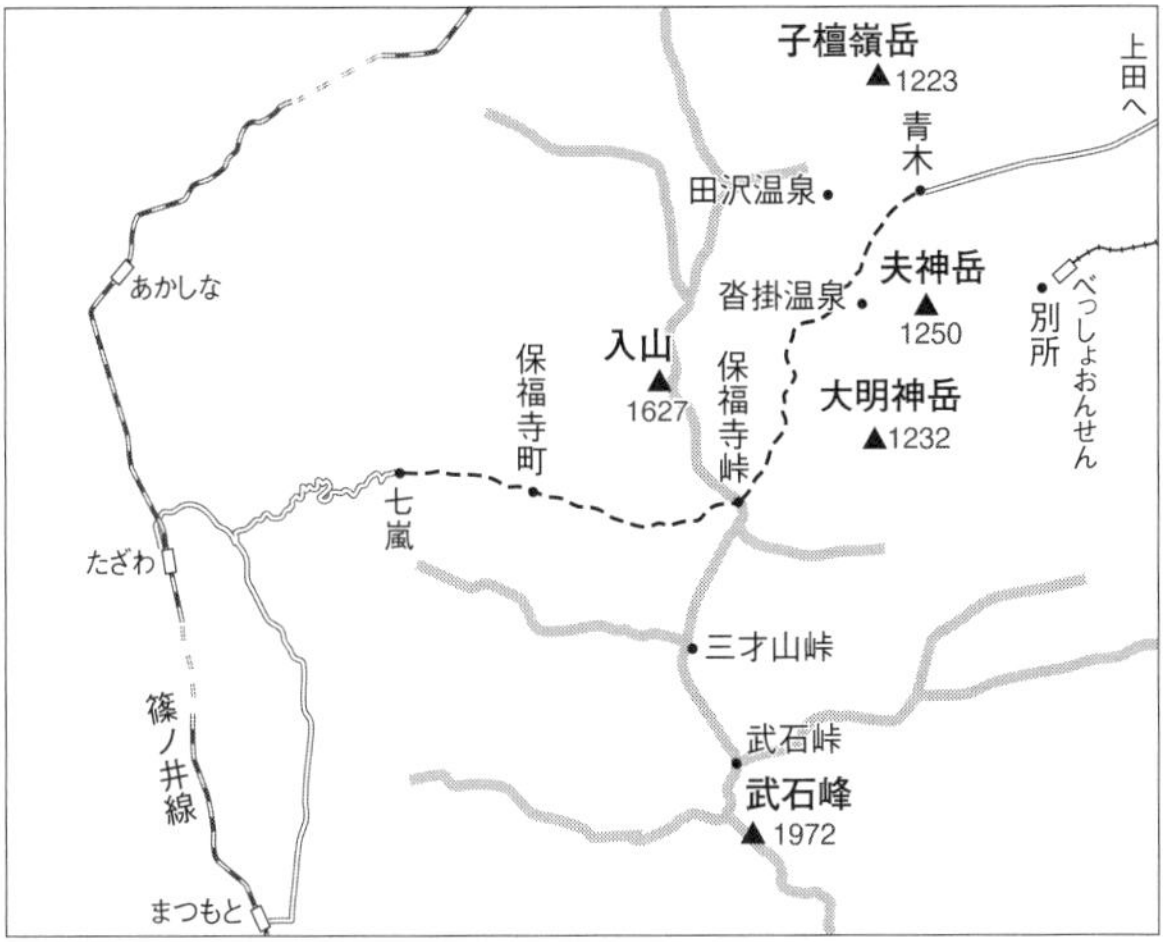

どうしたわけか、最近、こうした歴史的な峠を越えるに一通りでない興味を感ずるようになった。ただ残念なことは頂上から半里ほど松本よりにある茶屋が閉鎖されたことで、何でも営業をしていた老人夫婦が亡くなったからというのだった。人里と人里とを結ぶ道としてのこの峠などは最も峠らしい色々の条件を具《そな》えているものであろう。保福寺町から峠の東側の最初の村青木までは四里足らずで、眺望がよく、道がよく、さりとて山が浅いという感じを与えない。麓に沓掛《くつかけ》や田沢のような温泉部落のあるところもよい。

藤やつつじや小梨の花は綺麗だった。

ことに小梨の花が緑の間から軟風にそよそよ動いている有様はよかった。峠の東側の斜面は山の斜面というよりも牧場というにふさわしい柔か味をもつ。

青木村の部落が山に包まれて前面に展開して来る光景も悪くなかった。山間の部落を遥か上から眺める時には、伝説や、自然と人間との調和や、そこに永らく潜在している詩などを考えさせる。特に峠の上からこうした部落を眺める時にそうだ。

青木から乗合にのって上田に至り、駅につくと間もなく上野行きが来た。いそいで乗るとそれは準急行で信濃追分で停車しないことが分り、あわてて小諸で下りて次の列車を待った。大分、時間があるので、懐古園に入って千曲川を見下したり、牧水の歌碑や藤村の詩碑を見たりして時を過した。信濃追分につき、頼まれた用をはたし、二百年以前の建築そのままの油屋に入った。浅間山もここへ来ると全容がすっかり現れて、裾野は春の真っ盛り、藤やつつじやすずらんが咲き乱れ、カッコーや時鳥が静かな空気をどよもしている。

浅間裾野の三宿といえば軽井沢、沓掛《くつかけ》、追分の三つ、軽井沢はあの通り有名なところになり、沓掛も此頃は大分開けて来たが、追分だけは停車場が出来てからも頽勢をもりかえす力がなく、衰えたままに日を送っているが、それだけ昔ながらの面影が残っているということが出来る。昔の脇本陣油屋にしても、本陣にしても、何れも旧い建物は二百年以上を経過し、外にもそうした旧い建物が二三ある。こうした建物を保存する上にも、ここがも少し発展する必要があるのだが、運命につかれたところはいつも為すことが喰い違って来る。かつて大いに開拓されようとする途端に大震災があり、ことしもそれが大いに有望であったところ、俄に物価騰貴のために色々の建築が延期されることになった。

夜は村の有志たちの訪問をうけ、未だうら寒い裾野の春の一夜を炬燵にもぐりながら語った。

明くれば空は一層、からりと晴れて、浅間は真正面に巨人のように突立っている。カッコーはあたりに聞える。朝飯をすましてから裾野をあちこち歩いて見る。ことしの夏に落成する筈の東京女子大のヒュッテに行って見る。村から約二三町登ると追分学林があり、その内に大きな往来が大洋のうねりのように十文字にはしり、その東端の最も高い一隅にヒュッテが建築されつつある。ここから八ヶ岳や蓼科《たてしな》山を斜めに遠望することが出来る。裾野はつつじの花により点々として飾られ、その間にすずらんの花は人目につかず咲いている。

午後になって村の有志たちに追分の南にある湯川で河魚をとりに行くように誘われた。丁度、道が尾崎行輝氏の家の傍を通るので、誘い出す積りで立ち寄る。すると、是非中へはいれと云われてはいる。家は氏の立案による熔岩を積み上げたもので、寝室は二階、一階は勉強室でもあり、居間でもあり、客間でもあり、炊事室でもある大きな部屋で、真ん中に炉が切ってある。風呂は二十間ほど谷へ下りて井戸の傍にあり、飲料水はそこから汲み上げるのである。

氏はここに一年中住み、子供達も附近の学校に通学するという風な徹底的な生活をしている為めに、非常に健康になったとのことだ。氏は家を建てる前、ここに夏だけテントで暮し、次に山の斜面に穴を掘ってそこで暮して見ようかと思ったところ、清水が湧いた為めに、氏独得の考案になる家をこしらえたという。氏はここで椎茸の人工栽培をやっている。

一緒に湯川へ行った時は、もうはやが大きな箱に一っぱいとれて、田楽焼にされている。河原にテントを敷いて酒をくむ。一行は約十人であるが、肴《さかな》が喰い切れない。日が沈む頃に東京の土産に肴をもらって宿に帰った。

明くれば六月一日、もう夏であるが、村では矢張り炬燵をしている。それでいて夏帽子を被っているのが可笑《おか》しい。十時過ぎの汽車に乗ると、軽井沢で市川源三君がそばの立ち喰いをしているのを見つけてよびかける。軽井沢から先はいい話相手を見出した。碓氷の新緑の美しさ、新緑がよい故に紅葉もよいわけである。新緑の間から藤やつつじが点々として見える。もう横川につくと、水々しい自然にすっかりお別れを告げる。

（昭和十二年六月／『山に入る心』所収）

飛驒から信濃へ

信濃の山から飛驒の山へ、飛驒の山里から信濃の山里への旅を試みてこそ、本当の変化ある山旅をやったと言えよう。この二つの国の入り組んでいるところには、気高い山もあれば、いい渓流もあり、いい峠もある。地図を開いて槍ヶ岳、穂高岳、焼岳、乗鞍岳、御岳などを見、是等の山々を中心としたあたりの山里や峠や渓流などのことを考えて見ると、是等の山々に支配される地方こそ、日本で最も奥行のある、山の眺めが雄大で渓谷が深く、人間と自然とが融合しているところだという気がする。

信濃の自然はもはや世人に知られ過ぎている。都会人は山と言えば信濃の山を考え、信濃の峠や渓谷や山里を殆んど歩き尽した。槍ヶ岳、穂高岳、焼岳、乗鞍岳の信濃側のほんの一部分を除いては殆んど知り尽した。従って夏にこの地方に足を踏み入れる人は、ルックザックを背負う都会人の幾組かに遇わないことを寧《むし》ろ珍らしい現象として感ずるであろう。

しかし飛騨に這入《はい》れば形勢が一変して来る。信濃の自然から飛騨の自然に一歩足を踏み入れると、感じの上からは庭園的な景色から野生的な未開的な自然に入るような気がする。例えば神河内《かみこうち》あたりの景色から平湯温泉や蒲田《がまた》あたりのことを考え、御岳の王滝口や黒沢口あたりから飛騨口のことを考え、乗鞍岳の白骨口や大野川口から野麦や上ヶ洞あたりのことなどを考えると、そうした感じがしみじみ起って来る。そしてこの未開な感じのする飛騨の国にこそ、本当に自然を愛する人達の好むものがあちこちに散らかっているのである。例えば、何処の国にも見られないほど豊富な水の美わしさである。又この水々しい自然と融け合った水々しい柔和な感じを与うる人間である。高山から小坂に沿う方面、小坂から御岳に向う方面、益田《ました》川の上流に向う方面、高山から高原川に沿うて、或は宮川に沿うて、富山に向う方面などを見てもそうである。信濃は山国とはいうものの、また、多くの渓流をもっているとはいうものの、少しく平原に近づくと水に乏しく干からびた感じを与える。しかし飛騨に入ると、どこまでも水々しい感じが蔽うている。高山へ行っても小坂へ行っても、其他の目ぼしい町へ行っても、先ず眼に入るものは、青々として藍をとかしたような流れの色である。どの町も蚊のいない町である。どこへ行っても見えるものは涼しい美わしい流れである。

その感じを最も簡単に味わうには、富山から岐阜に通ずる高山線の汽車に乗って高山か小坂か下呂温泉あたりで下車して町をさ迷って見るとよい。是等は何れも豊かな流れをもら、その流れは是等の町に美わしい緑の色をとかし込み、見廻すあたりの山々も嬉々として緑をたのしんでいる。

飛騨から信濃にかけての趣味多い旅は、高山線に沿う是等の町から国境山脈を経て、信濃に出ずることである。それらの旅の一つは、飛騨の船津から高原川に沿うて蒲田に至り穂高温泉、槍見温泉等を訪ずれ、中尾峠を越え焼岳に登り神河内温泉に至るものであり、二つには高山の町から平湯温泉に至り、そこから更めて乗鞍岳に登り、再び平湯に降りるか或は白骨温泉に降りるかするもので、三つには高山若くは小坂から自動車で益田河畔の浅井に至り、そこから益田川に沿うて野麦峠によじ松本に向うか、それとも木曽の藪原に至るかするもので、四つには小坂から小坂川に沿うて落合に至り、そこから濁川温泉〔濁河《にごりご》温泉〕まで歩き、更に御岳に登り、信濃の王滝口か黒沢口かに降りるものである。是等四つの行程は何れも趣味の深い

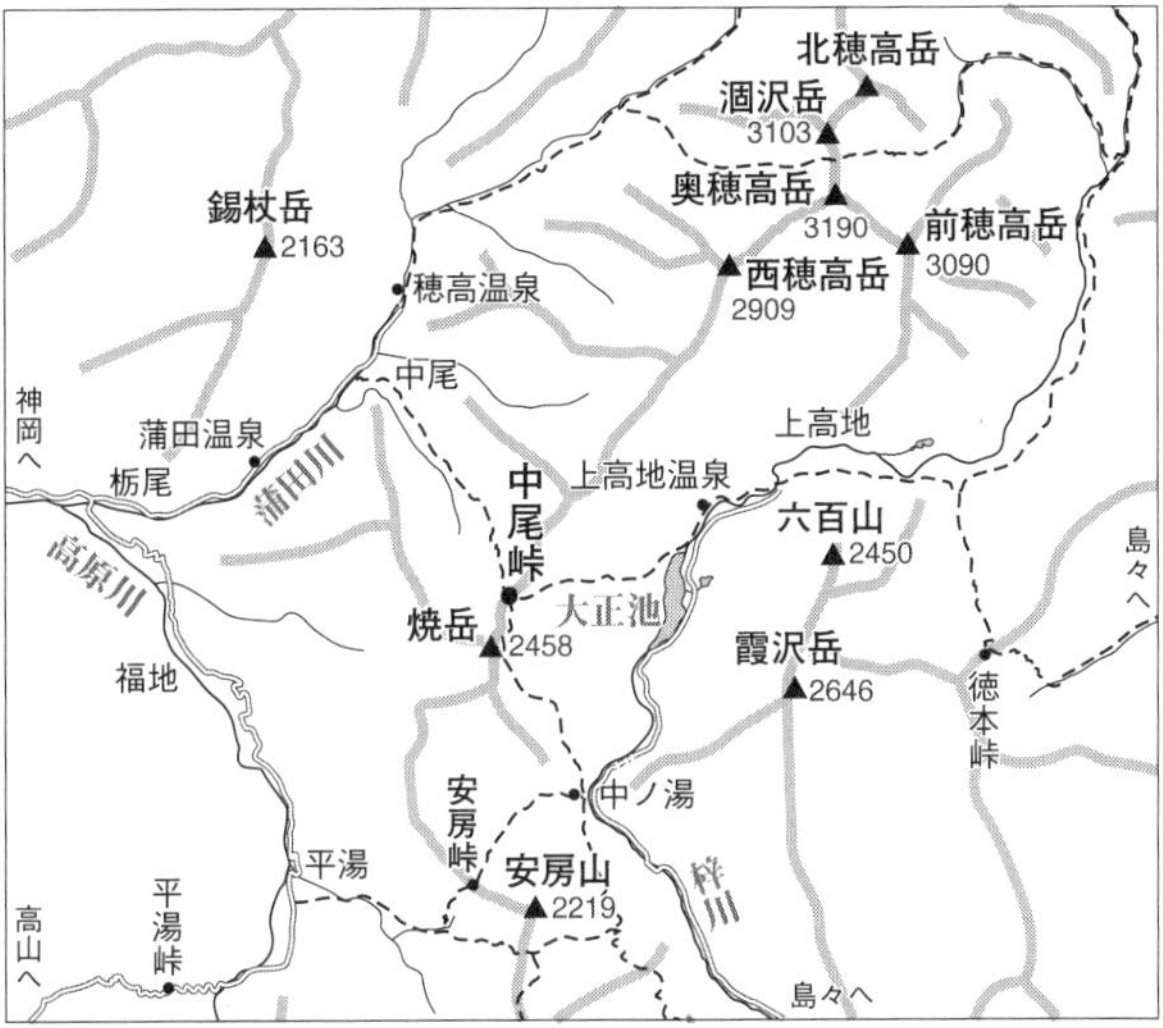

※乗鞍岳、御岳周辺の地図は、「乗鞍岳と益田川」127ページ、「木曽御岳とその周辺」145ページ参照。

もので、たとえその内には御岳や乗鞍岳に登るような登山行程を含んでいるにしても、登山としては寧ろ楽なものに属する。

この内、船津から神河内に至る旅は、今から二十六年以前に試みたことがある。今は船津から平湯まで乗合が通じ、高山線の高山や猪谷からも船津へ乗合が通っているので、実際歩かなければならぬところは、蒲田の少し手前の栃尾からである。船津は以前は富山から高山に向う街道に当っていたが今は汽車が古川を通っているので、富山方面から高原川を溯《さかのぼ》って神河内に向う人は、歩くか或は乗合によるかしなければならない。高原川と宮川との合流点を眺め、双六川と高原川との合流点の水の美わしさに驚異し、蒲田温泉、槍見温泉、穂高温泉等につかる楽しみは、この行程に与えられた特典である。是等は何れも高原川の上流にある幽境の温泉で、何れも人界を離れたところにある。蒲田から中尾を過ぎ中尾峠に登れば、右に焼岳の幽かな噴煙を仰ぐことが出来よう。頂上へは僅かに半里、簡単に往復することが出来る。峠から神河内までは一里、ここから、この渓谷の整然たる幽林と穂高の秀峰とが眺められる。峠を降れば、梓川の藍をとかしたような流れが渓谷の寂寞を破る時鳥《ほととぎす》の声と共に旅客を待っている。

第二の旅の行程の内で、高山から平湯温泉までは、乗合によれば二時間ばかりでついて仕舞う。ここから直ぐに阿房峠〔安房峠〕を越ゆれば三里にして神河内温泉に達することが出来る。しかしここで一泊して、早朝ここから乗鞍岳へ往復するのもよければ、乗鞍岳を越えて白骨温泉や大野川方面へ行くのもよい。平湯温泉は気持のよいところ、湯がよく人情がよく、神河内のようにすばらしい景色をもたない代りに神河内のように景色が余りに綺麗すぎて冷たい感じを与うることもなく、何となく景色に人間味があり、且つ平湯峠や阿房峠のようなよい峠をあたりに控えている。特に阿房峠を越えて梓河畔に出る道は幽邃《ゆうすい》で変化が多い。初めの内は闊葉樹の多い斜面を登るが、やがて低い針葉樹で蔽われた高原状の地帯につき、前面には乗鞍岳に続く黒々とした尾根を仰ぐ。高原状の地帯を横切って尾根に取りつけば間もなく峠の頂上に達する。あたりは黒々とした幽林、それから梓河畔に至れば、左に焼岳の噴煙が仰がれ、前方に穂高岳の残雪が光っている。何となくあたりは物寂しく、真夏も風は颯々《さつさつ》としている。道は下り下ってやがて中ノ湯につき梓河畔に出る。

第三の益田川に沿う旅は、飛騨でも特別に寂しい旅の一つであろう。しかしこれほど優れた渓谷美の味わえる旅も珍らしい。高山から乗合を利用すれば、益田河畔の浅井まで簡単に行くことが出来る。ここから野麦峠の頂上まで九里半、途中にはところどころ村があって宿には不便を感じない。益田川は上ヶ洞に近くなってよくなり、それから二三里の間は絶景つづきである。街道の人通りは少ないが坦々として河に沿うてうねり、見上げる両岸の闊葉樹《かつようじゅ》は緑の色あざやかに、ところどころ萌黄の色を織り込み、御岳と乗鞍岳との麓がやがて益田川の渓谷となって落ち込んでいる裾を、模様のようにうるわしく飾っている。流れは百態を尽し、跳躍し、奔騰し、怒号し、嗚咽《おえつ》する。野麦は飛騨の最後の村、荒涼たる感じのする高いところにあって宿もあり、乗鞍岳の頂上へは二里位にして達する事が出来る。（今はなくなった。著者）しかし必らず案内者を要する。ここから一里半の野麦峠の頂上に達すれば、そこには御助け茶屋があって休むことも泊ることも出来る。峠から仰ぐ乗鞍岳の立派な姿は何に譬《たと》えたらよかろうか。黒々とした針葉樹の強そうな感じのする斜面、雄偉な輪郭は、山を知らないものにも憧憬、渇仰の気持を起させずには措《お》かない。

峠から信濃に這入れば柔かい牧場的な景色が始まり、やがて寄合渡《よりあいど》に来ると道は二つに分れて、右すれば境峠を越え、小木曽の村を経てお六櫛で名高い藪原に達し、左すれば奈川渡で神河内から松本に通ずる往来と合するが、その手前一里ほどは優れた渓谷美をもっている。

第四は小坂から御岳を経て信州に達する山の旅である。小坂は水々しい山の町、小坂川と益田川とが町はずれで合流し、町は高低ある山の側面を占めて対岸の青々とした高い斜面を仰ぎ、脚底には益田川の清流青く白く乱岩を噛んで走る光景を見下す。ここから御岳への途中の落合迄二里半の間自動車を通ずる。そこで流れが二つに分れ、流れに架する釣橋の手前に宿屋や茶屋があって、御客をよんでいる。ここから十町にして一合目が始まり、御岳頂上までかれこれ六里半、色々の意味に於て絶景つづきである。闊葉樹林の美わしい椹谷を渡り少しく登れば、原八町の高原に出で、それから伐木のあとむごたらしい山の側面を過ぎると、あと濁河《にごりご》温泉まで三里ほどの間は斧を入れぬ大森林、亭々として聳ゆる大木の姿は、粛然として神の山の感じを抱かせる。温泉に至るまでの間にところどころ滝がある。特に材木ノ滝というのが壮観で、幽林を越えて遥か彼方の渓谷に轟々の音を立てている。

濁河温泉の附近にも秀麗な滝がある。温泉宿は幽林中の一軒家、温泉なみなみとして一夜の休養を取るには好適の場所である。ここから更に一里ほど幽林を分けて登れば、眼界豁然と開けて、御岳の支峰あちこちに残雪を頂いて天に沖する光景が見られる。五ノ池を過ぎ三ノ池を左に見て、やがて賽の河原を横切ると二ノ池の小屋につき、それを過ぎ登れば御岳の頂上に達する。五ノ池から上は霧ふかい時には細心の注意をしないと、賽の河原附近で路を踏み迷う恐れがある。頂上から信濃に降る道が二つあって、一つは王滝口に出で、もう一つは黒沢口に出づる。何れも木曽福島へと乗合が通っているが、鞍馬橋の景色を味わい、上松《あげまつ》に出て寝覚の床を見ようと思う人は、王滝口に出づる方がよい。

以上に述べた四つは何れも飛騨より信濃への旅の趣味多い行程である。山としての乗鞍岳、御岳、峠としての野麦峠、阿房峠、中尾峠、谷としての益田川、高原川、梓川、何れも優れたもの、是等を味わいつつ行く悠々たる旅は、同じ山の旅の内でも最も面白いものである。しかし斯《こ》うした旅の間で最も気持よく感ぜられるのは、飛騨の山奥の人達の素朴的な人情である。水々しいそこの自然と融け合っている物柔かい人間的情味である。

（昭和十二年／『山路の旅』所収）

街道雑記

昔の人達が日本の自然をどういう風に見たか、旅をやった昔の人達が叙述している部落や街道はどんなものかを見ようと思う人には、昔の街道的な名残が幾らかあるところを歩くのが最も興味深い。そうしたものが今は殆んどなくなりつつあるが、その面影の残っているところがないとは言えない。東海道で言って見れば、品川から神奈川までの間にも、そうした面影の残っているところがある。例えば品川から旧東海道に沿うて鈴ヶ森の刑場まで、また六郷川の手前の左二三町ばかり、橋を渡ってから右の狭い通りに沿うて川崎の町を抜けて行くところなどそれである。斯《こ》うしたところには、今でも茅葺の家がところどころに見られ、安宿の存在なども昔を偲ばせるものがある。

東海道は余り知らないが、中山道の方は、その昔関所のあった横川から坂本、碓《うす》氷峠《い》、和田峠、塩尻峠と次から次へと歩きもし、自動車をも利用して通って見たが、こちらは山深いが故に、山好きな人に取っては、東海道よりは面白いように想像される。

碓氷峠の手前にある、追分節に唄われた坂本の宿は、汽車が碓氷のトンネルに這《は》入《い》る頃に下に見えるが、汽車にはぐれた為めに寂しい山間の一村となって残っている。牧水の歌に、

秋かぜや碓氷のふもと荒れ寂びし坂本の宿の糸繰の唄

というのがある。碓氷峠は道が荒れて草深くなっているが、紅葉や若葉の季節にはさぞかし美わしい彩どりを見せるだろうと思われるほど闊葉樹《かつようじゅ》が多い。峠の頂上から関東平野や妙義山を眺め、峠町の権現におろがみ、半里ほど降れば軽井沢に達する。

浅間の三宿といえば、軽井沢、沓掛《くつかけ》、追分であるが、軽井沢はあのように新しい避暑地としてよみがえり、沓掛も昔の宿としての面影はないが、追分にはその面影が多分に残っている。ここは三宿の内でも最も栄え殷賑《いんしん》を極めたと言われているが、今や僅かに四十戸あまりの部落となって残っている。浅間の裾野に沿う大道にぽつ

りぽつり昔ながらの建物が残り、中には土蔵と屋敷跡だけが残っているところもある。是等は何れも信州追分節に歌われているところに限りなき哀愁を感ぜしめる。しかし明治天皇が御巡幸の際に御泊り遊ばされた本陣もあり、その他、油屋、永楽屋、すみや、ほていや、上州屋等の屋号をもつ昔の宿屋、追分節で名高い桝形《ますがた》の茶屋なども残って居り、それ等は何れも江戸時代のものと言われる。村の西端には北国街道と中山道との分岐点があって、色々の歌を彫った石や、地蔵や、常夜灯や、観音などが見られる。そこに立って眺めると北には浅間山の噴烟が寂しく流れ、東には離《はなれ》山につづく尾根が北にのび、西には八ヶ岳から蓼科《たてしな》山につづく山嶺が聳立《しょうりつ》している。

中山道は上和田から下諏訪まで特別な味をもっている。上和田には本陣がなくなっているが、脇本陣の翠川や長井などが昔のままにあり、何れも大した宏壮なものである。ここは美ヶ原への登り口でもあるが、ここから中山道に沿い和田峠を越えて見るのも面白い。私は嘗《かつ》て美ヶ原を越えてここに降り長井旅館に一夜を送ったことがある。百人以上も泊められそうな宏壮な建物に同勢三人泊って、華やかだった中山道の昔をしのび無量の感慨に耽った。しかし斯うした不経済な建物が、日に一人か二人しかない御客を目当にいつまで続くことだろうか疑問に思った。

和田峠は東海道、中山道を通じて最も高い峠、頂上は五千尺以上もあろう。昔、汽車のなかった時代には京大阪へ旅する人は往復の内一度はここを通らなければならなかったので、当時の殷賑は想いやられる。汽車が通るようになってから衰えるようになったが、それでもこの道は中央線と信越線とをつなぐ大動脈であるが故に、歩行者が大分あった。今でも人通りや貨物の往復は相当あるにはあるが、何れも自動車によるようになったため、峠に散在する部落はなくなり、家々は立腐りになっている。東の方から登り始めてからふりかえると浅間山が見え、途中には白樺が多い。やがて東餅屋に来る。ここで乗合が暫らく休憩し、茶屋に力餅を売っている。附近には氷のような清水が湧いている。茶屋の向う側には一軒の宿屋が立腐れになっているのが哀れ深い。峠の頂上を過ぎて西餅屋に行けば山の斜面に四五軒の廃屋があるばかりで、どこにも人影はない。樋橋の近くに水戸浪士の墓がある。和田峠に就いては貝原篤信の「岐蘇路記《きそじのき》」や大田南畝の「壬戌紀行《じんじゅつ》」などを見ると面白い。特に後者には中山道の当時の光景がまざまざと描かれている。

ことしの夏にもこの峠を通って、下諏訪の亀屋に泊ったが、ここは嘗《かつ》ての本陣だったときいて嬉しく思った。上段の間も見せてもらった。

塩尻の町から塩尻峠までも面白い。町から峠まで二里あまりもあろうか。大門、塩尻と街道に長々と続く古風な家の姿は忘れられない。旧道はゆるい登りであるが、新道はそれと交叉して一層ゆるくうねっている。私の歩いた時は秋だったが。柿沢という山間の部落の清楚な感じは特別だった。峠路の落葉松の赤茶けた黄葉の間から中部山岳のあざやかな新雪が斑々《はんはん》として冴えていた。峠の頂上のすぐ手前二三町のところに昔の本陣らしい家が一軒寂しく立っていた。標高は低いが、如何にも親しみのある峠で、眺望が極めてよく、諏訪湖を眼下に見下し、富士山を遠望する光景は又となくいい。峠上で焼鳥を売っているのも如何にも峠の秋らしい。

北国街道は余りよく知らないが、今年の夏、一寸、柏原へ行ってきた。私は以前ここへ二度ばかり行ったことがある。その頃はただ野尻湖のことばかりしか頭になかったが、昨年だか、ここが街道趣味の最も豊かなところであることをきいた。それは八月二十日過ぎの暑いさなかだった。私は柏原の停車場から北国街道に沿うて右に折れた。柏原の、最もよいところはそこから諏訪神社までである。村の大道の真中には松の並木があって、両側の家は多くは茅葺の屋根で、がらんとして大きく、村の真中頃の右側には、中村屋と云う旅館があって、明治天皇が御巡幸の際に御休憩遊ばされたところと云われて居る。その丁度、左には黒塀の大きな家があって、可なり荒れているが、それは前田家の本陣だったそうである。も少し行くと、左に一茶終焉の土蔵や一茶の小祠などがある。大体において何から何まで昔ながらの街道的面影をもち、郷里として持ちたいような気のするところと思った。

上州から越後に通ずる三国峠を中心とする三国街道も面白いと思った。この街道も昔は栄えたものらしい。しかし汽車が出来るようになってから、特に汽車が清水トンネルを経て湯沢に通ずるようになってからは、すっかり人通りがなくなった。それでも後閑《ごかん》から法師温泉まで温泉の多いために相当の賑わいを呈しているが、その昔賑やかだった長井から浅貝を経て向うは、気の毒なほど閑散である。最も哀れを感じさせるのは浅貝の部落で、海抜三千尺ほどの高原状の地帯に十軒ほどの大きな家が立っている。家は傾むきかけているのが多く、壁も落ちている。宿は三軒ほどあって、その内一軒は本陣であるが、これも慶応何年かの三国峠の戦争に焼き払われてから、建て直されたものと言われている。三国峠の上州側の長井の部落には、その昔には多くの立派な宿があり、特にそこの本陣の建物はすばらしいものと言われていたが、昨年行った時には、もう既に売られて無くなっているのを発見した。買手は東京の人という話だったが、今どこに立っているだろうか。私は浅貝から三国峠を経て長井に至るまでの山路から見た上越の山々の翠緑の美わしく豊富なのに見とれ、優れた秋色を想像しながら通った。

どこを通っても昔の宿場と言われる部落は荒れている。荒れた宿場に昔を偲ぶということも、結局は滅びなければならない過去の文化の一形態によって昔を偲ぶに過ぎない。つまり今更どうにもならず、新しい時代に簡単に処して行くことの出来ない遺物によって昔をあこがれているに過ぎない。従って斯うしたものの保存を希《ねが》うことは矛盾しているかも知れない。しかし、われわれは斯うしたものの現存によって、しばらく古典時代に生きるような気持にさせられる。そのような場所は日本の交通が内地にのみ限られ、汽車が無かった際には、重大な役目を演じ、特に峠の麓の宿場は港の如き役目をもっていた。ところが汽車及びそれに次いで自動車が発達するにつれ、街道の旅館、茶屋は全く素通りされ、無用の長物となるに至った。是等の営業者に取っては、そうなることは、一つの町に取って停車場の廃止或は移転と同じものを意味したであろう。

従ってどこの街道へ行っても、その宿場が特別に恵まれた場所でない限り、本陣とか脇本陣とかいうものは壁が落ち、塀が破れて修繕も出来ないのが普通の運命らしい。しかし私は今年の春、信州の松本から保福寺峠を越えて上田へ歩いた時、保福寺町に一つの例外を見出した。私はそこの本陣の立派なのに驚いた。この家は信州でも特別の物持ちというのだから無理もない。

私は斯うしたものが、もう僅かの年月の間にこの地上から姿を消すだろうことを考えて、今の内になるべく、昔ながらの街道を歩いて、それを出来うる限り多く見、そこに一夜を送って見たいと思っている。未だ木曽路には、それが十分残っていることをきいて、そこへ眼を向けつつある。

（昭和十二年／『山路の旅』所収）

紅葉随筆

自分の眼が肥えた為めか、それとも此頃の紅葉が気候の関係上そうなったのか分らないが、最近、紅葉の美わしさに驚嘆するようなことは、一二の場合を除いては、殆んどなくなった。従って紅葉を語る場合には、多くは可なり遠い以前の想い出ばなしになって仕舞う。

桜や桃の名所、或は紅葉の名所などは、日本に於ては殆んど伝統的なものとなって、そこでなければならないように思われて来た。従って紅葉のよいところといえば、東京附近では日光、箱根、塩原、碓氷《うすい》峠ということになり、他は余り顧みられなかった。しかしそうしている内に、登山家達があちらこちら歩いて意外なところに意外な紅葉を見出すようになり、それが段々に吹聴され、追々に認められるようになった。紅葉美は到るところに見出されつつある。桜や桃とはことなり、春や夏に於て新緑の鮮やかなところは、どこでも紅葉が鮮やかであると想像することが出来よう。

私自身の経験からいえば、本当に紅葉が美わしいと思った最初の場所は奥秩父だった。それは忘れもせぬ明治四十二年十月の半ば過ぎのこと、今から二十七年以前のことになる。秩父の三峰から栃本に至る頃から紅葉のよいことに気が附きはじめた。しかし本当にそれがいいと思ったのは秩父から信州へと通ずる十文字峠を越える時だった。この旅は紅葉を見るためではなかったが、紅葉を見るためにもこの旅の意義あることを感じた。深林の中から見えかくれする荒川の赤沢、股ノ沢、真《しん》ノ沢、滝川谷の渓谷には、あふれるばかりの紅葉が峠から俯瞰《ふかん》され、その間から白霧を吹く幾多の滝さえも遠見された。又、荒川の反対側の中津川も渓谷の底が見えぬほどに紅葉で充たされているのに驚嘆した。

峠から信州について、千曲川の最上流にある梓山に二泊して甲武信《こぶし》岳に登り、金《きん》峰《ぷ》山を越えた時には一層驚いた。甲武信岳や金峰山に登る目的でやって来て、実はそれらの山よりも梓山附近の紅葉の美わしいのにすっかり魅せられて仕舞ったのである。勿論、梓山附近には十文字峠で見た荒川の渓谷ほどには紅葉の分量は見られなかったが、どこへ行ってもすき透るように鮮やかな紅葉があった。そして特にここの秋のよさは、高原の中に立っている白樺や落葉松の黄葉と、高原を取り囲む山々の斜面の雑然として紛乱せる紅葉が一里あまりもある戦場ヶ原へ今にもなだれ落ちようとする美わしさとが、相俟《あいま》って形作るものだった。それが梓山から甲武信岳へ行く途中の高原にも、また、川端下《かわはげ》の部落から金峰山に登る途中の高原にも等しく見られた。

金峰山を越えて黒平《くろべら》に降りるところにも同じような鮮やかな紅葉があった。それは金峰山の麓の闊葉《かつよう》樹林が彩どられたものだった。

しかし惜しいことには、大正十五年に再び私が梓山や十文字峠を訪ずれた時、梓山の闊葉樹林がすっかり採伐され、戦場ヶ原には炭焼のかまどが点々として、烟が原に低迷しているのを見た。そして荒川の紅葉も量に於て遥かに減じていた。黒平の紅葉は今はどうなっているか知らないが、願わくは昔のように美わしかれと祈っている。

次に紅葉のよいのに驚いたのは、鬼怒川の上流の紅葉、特に栗山郷のそれだった。私は塩原から会津街道に出で、そこから湯西川温泉に至り、更に近道を通って川俣につき、今市に抜けて帰った。この辺はどことということなく、村落のあるところ、渓流のあるところ、紅葉ならざるはないという感があった。塩原から這入った私は、塩原よりも遥かにここの紅葉のよいことを感じた。秩父の紅葉が寧《むし》ろ人里を離れ、無人の渓谷にその美をほしいままに発揮しているのと異なり、ここでは渓谷が細かく分れ、人里そのものが紅葉の美わしさに充ちていた。

日光の紅葉は美しいに相違ないが、量としてはそんなに多い方ではない。ただ日光の自然のよさが此処の紅葉のよさを引立てているように思われる。中禅寺湖畔の山々の紅葉、湯元の紅葉が、ここで最も見るべきものである。

碓氷峠の紅葉は、紅葉する闊葉樹が割合に狭い範囲に密集しているが為めに、峠の頂上から眺める美わしさは、塩原や日光にも優っている。私はここへ三度ばかり行って見たが、最初に行った時が最もよく、二度目、三度目にはそれほどにも思わなかった。

最近に行って紅葉のよいと思ったところが一二箇所ある。一つは大菩薩峠から眺めた日川《につかわ》の渓谷のそれで、も一つは上州の須川の渓谷にある湯ノ平温泉附近のそれだった。日川の渓谷を大菩薩峠の頂上から眺めると、先ず眼に入るものは、新しく雪を頂いた富士の秀麗な姿である。次にその下にこの渓谷の赫々《かくかく》として燃ゆるような紅葉が蜿蜒《えんえん》として前方にうねっていることを見出す。全くその壮麗さは人目を奪うものがある。しかし心配なのは、この紅葉する闊葉樹林は今尚お存在するだろうかということだ。

須川の湯ノ平温泉附近の紅葉は昨年見たばかりなので、今でもその光景がまざまざと面《ま》のあたりに浮ぶような気がする。大体に於て上州は紅葉のよいところ、渓の細かく分れたところでも、高原地帯でも、それが美しい。昨年の秋、私は中之条から沢渡《さわたり》温泉に至り、そこから暮坂牧場に至り、湯ノ平温泉に抜け、沓掛《くつかけ》へ出て帰った。紅葉の美わしさは沢渡温泉を過ぎてから始まった。暮坂牧場にかかる前の二里あまりの間には突兀《とっこつ》とした山が幾つもあって、黒木とまじわる闊葉樹の紅葉が目覚めるように鮮やかで、吾妻川と上沢渡川との分水嶺を形作る山々の紅葉もよく、牧場の秋色も秋らしい寂しさをもって、雑然たる彩どりに燃えていた。丁度、牧場の終る頃、私は、突然、前面に大きな渓谷の現われるのを見た。夕暗が迫って来た。そこには畑から引上げようとする人がいた。きくと、それは須川で河向うに見える立派な部落は小雨《こさめ》という名だった。牧水の歌に、

おもはぬに村ありて名のやさしかる小雨の里といふにぞありける

というのがあるが、私もそこへ出たのだった。私はその日通って来た中之条、沢渡温泉、暮坂峠、暮坂牧場、小雨という地名の野趣があって而《しか》も音楽的な響きのするのを感ずると共に、自然その物や色彩までも音楽的な感じのするような気がした。私はその時、暗をついて長野原まで行く積りであったが、どこかその辺で泊って見たいという気持になり、そこから半里足らずで湯ノ平温泉のあることを知り、小雨の部落を過ぎ其処に到着した。

明くる朝、私はあたりを見て驚いた。温泉のあり場は須川のほとりにある可なりな広場で、周囲の山々は突兀《とっこつ》としているが、それをかこむ闊葉樹は、目も覚めるように壮麗に紅葉して、須川の渓流は見やる限り紅葉で蔽われた山の間をはてしなくうねっている。真夜中頃から雪が降って山々は白く薄化粧され、紅葉は愈々《いよいよ》あざやかに、山間の雲行頗《すこ》ぶる急がしく、時には降り時には晴れて、太陽はこのあざやかな彩どりの高原や渓谷を間歇的に照らしていた。私は近年これほどの彩色うるわしい光景を見たことがなかった。

私はここから方向を変えて、沼尾を経て草津に向うことにした。雪は吹雪となって、雑然とした彩どりの雑木林にさざめき、紅葉ははらはら渓谷の深潭《しんたん》に落ちた。

草津についた頃は、雪は積りそうだったが、沓掛《くつかけ》に通う乗合の出る時分からはれて、やがて太陽が出た。吾妻《あがつま》川に近づくにつれ、浅間山や白根山が新雪に蔽われ、紅葉に彩どられた高原が初雪により薄化粧されている光景は、ぱっと大きく展開されて来た。斯《こ》うした中を私は恍惚としながら沓掛まで乗った。

本当に紅葉をたのしむ人から見れば、紅葉が美わしいと思われる年はそう多くはない。年によって色彩があまり鮮やかでない年があり、又、紅葉がよくても、十月下旬あたりは東京附近は概して天気がよくないから容易に出掛けられない。新緑は比較的永続するが、紅葉の生命は短かい。しかし前にも述べた通り、闊葉樹が多く、新緑の美わしいところは紅葉も従ってよろしいことに大体定っている。山が浅くて松や杉の多い峰、或は深くても檜、栂等の針葉樹の多い山には紅葉のいいことは期待されない。残念なことは、塩原、日光、碓氷峠などのように天下に認められた紅葉の名所では闊葉樹林は保護されるが、その他の場所では紅葉がいいと思って二度目に行って見ると、闊葉樹林が採伐されてなくなっていることがある。私が最初に紅葉の美わしさに驚嘆した信州の梓山などそれである。

闊葉樹が多いために紅葉のよいことが期待される土地は多くある。先ず信濃ならば、神河内《かみこうち》の渓谷、高瀬川の渓谷、飛騨ならば、益田《ました》川の渓谷、御岳の裏の椹《さわら》谷の渓谷、神通《じんずう》川の上流である蒲田《がまた》川の左俣など何れも紅葉が美わしいに相違ない。神河内は紅葉がいいだろうと想像し、色々の人にすすめもするが、私自身は、秋、行ったことがない。阿房峠〔安房峠〕から平湯温泉、平湯峠にかけての紅葉のよさは忘られないと言う人もいる。そうだろうと思う。東京附近でも多摩川の上流、特に丹波山《たばやま》村から奥の紅葉がよく、武州御岳の七代《ななよ》の滝附近から大岳山に至る途中の紅葉もよかろうと想像される。また、箱根は仙石の温泉あたりがいい。

紅葉のいいのは単に深山ばかりではない。山里の紅葉も風情がある。渓谷が細かく分れて、五六軒の部落をあちこちにもっている渓谷の秋ほど美わしいものはない。そう言えば、山国の秋は、どこでもいいということになって来る。鬼怒川の部落とか上州の山間の部落とか、また、飛騨、信濃、越後に這入れば、どんなによいところがあるか知れない。そういうところには小さいながらも渓谷があって、小さい深《しん》潭《たん》、激湍《げきたん》をもち、傍らの鮮やかな紅葉が夕日にあかあかと輝いている風情は何とも言えない。

紅葉のよいのは、楓や漆のように真紅な紅葉のみの為めではなく、濃淡の彩どりが雑然として、しかもこの彩どりがそれ自身に於てすき透っているところにある。斯うしたものは矢張り山の斜面に於てのみ見られる。つまり大きな闊葉樹林に於て見られる。私が最初に秩父へ這入った時の紅葉はそれだった。

新緑の美わしさが云々《うんぬん》されるようになったのは最近のことである。紅葉の美が云々されるのは昔からである。それは無理もないことだ。青葉はどちらかといえば木の葉の常態であり、割合に永続性をもっているので、人は割合にそれに対して無関心である。青葉にならぬ前の新緑は紅葉と同じく生命は短かく綺麗であるが、それの鑑賞は繊細な眼を要し大衆的ではない。これに反して青葉から紅葉にうつる階段が大きいだけに、人目に立つ程度も大きい。その意味に於て紅葉の美は何としても大衆的である。紅葉の美のない欧洲に於て、それがあったら何んなにこそ騒がれることだろうか。もう一つ紅葉の美には、やがて散って行こうとするものの最後を飾っているという感じがあり、それを惜むことに落花を惜むと同じ感じがある。そこには一種東洋独特な感情がある。斯うしたもの凡《すべ》てがわれわれをして紅葉を好くようにさせる。

(昭和十二年/『山路の旅』所収)

木曽路を行きて

街道歩きに興味をもってから、特に中山道に特別の趣致を見出してから、可なり永くなる。横川から坂本、碓氷峠《うすい》を歩いたのも十数年の昔だった。軽井沢、沓掛《くつかけ》、追分、それから小田井《おたい》、岩村田、望月、上和田、塩尻と次から次へと歩きもし、乗合をも利用して見た。この秋になってから、愈々《いよいよ》、木曽路に足を踏み入れ、先ず《ま》洗馬《せ》あたりから始めようという気になった。

斯《こ》うした旅は、街道それ自身の面白さによって鼓吹されもしたが、一つは十返舎一九の「膝栗毛」、貝原篤信の「岐蘇路記《きそじのき》」、大田蜀山の「壬戌紀行《じんじゅつ》」、近くは幸田露伴の「枕頭山水」、藤村の「夜明け前」などによって、一層、刺戟された結果でもある。洗馬から中津川までは、特に「枕頭山水」の内の「酔興記《すいきょうき》」によって興味をもたせられ、又、中津川から馬籠《まごめ》、妻籠《つまご》、蘭《あららぎ》、清内路《せいないじ》峠、飯田等は「夜明け前」によって行って見る気持にさせられた。

露伴の「酔興記」と「風流仏」とを合せて読めば頗《すこぶ》る興味がある。「酔興記」の現われたのが明治二十二年で、「風流仏」よりは半年余り早い。それは露伴が実際に木曽の旅をして見聞したありの儘《まま》を表現したもので、「風流仏」はそれにより暗示された創作であると見ることが出来よう。

「酔興記」の木曽路のことを書いたところで、先ず興味をひくところは、洗馬に立寄った時のことを叙述したところにある。

「昼飯せんと然るべき家を索《もと》めつつ行きしも、意に満つるもの無かりければ、少しく心急ぎて、如何なる家にでもあれ飛び込みて一杯飲まんと猶見廻はしつつ行くに、路の右列のいと大きくて又いと荒れたる家の店頭の大囲炉裏にて何か煮るらん盛んに火を焚きをなし居たり、(店頭にて大囲炉裏《いろり》ありて冬は盛んに火を焚き客を待つこと岐蘇の旅宿の習ひなり）少しは既に木曽慣れたれば草鞋《わらじ》のまゝ炉の中に踏み込みて、大分美味そうなものを煮て居るね、何でもよいから暖かいもので飯を食はして貰ひたいと云へば、鮮やかなる血色したる年増の炉に対ひ居たるが、我が唐突に入り込みしに驚きたる顔しながら急に鍋を取り下して隠すが如く奥の方へ持ち行く途端、奥の方より齢は十四か五なるべし、額のびやかにして鼻筋通り、菩薩眉、菩薩眼したる少女の面は桜色の美はしきが小さき朱唇を今や動かして何か物言はんとしつゝ出で来りしに出で会ひて、年増は小声に何をか耳語《ささや》きつ彼鍋を渡せば、少女は無言にて上品なる顔を我が方に向け星眸一転して羞《はじらい》を含みつ、直に鍋を提げて奥の方へ入りけるが、うしろ姿もすらりとして黒き布子をこそ着たれ襟のあたりは画になんど見るが如く清げに、黒き地へ赤く翻《こぼ》れ梅やうのものゝ染められたるメリンスの帯まで貴く見えたり、思はず我は茫然として其後少時は年増の女に何を云はれしやら何を云ひしやらも分らざりしが、草鞋のさきを火に焦がして足の指の熱くなりしに驚きて見れば、剝げたる膳の早や我が側に据ゑられたるに、又驚きて箸をとれば、あれまだ盛つてはござりませぬと云ふ、怪まれやしけんと少し羞ぢておとなしく待つ中、小さき鍋の蓋取りて盛りて来るるを見れば雑炊にて、成程さきに御飯が冷えて居りまするが雑炊にしてあげませうと云はれしに、ウゝと答へしやうの気持す。」

次に奈良井や須原に泊り、須原でそこの名物花漬のことを次のように叙述している。

「花漬とて種々の花を小さく平たき箱の中に排列し、玄冬素雪の今猶《なお》枝頭に在って

乗鞍岳
3026
鉢盛山
2447
梓川
篠ノ井線
塩尻
洗馬
野麦峠
奈川
益田川
木曽川
贄川
中央本線
辰野
奈良井
鳥居峠
藪原
経ヶ岳
2296
西野川
伊那電鉄
権兵衛峠
中央本線
木曽福島
伊那町
木曽駒ヶ岳
2956
王滝川
上松
天竜川
空木岳
2864
赤穂
須原
南駒ヶ岳
2841
木曽川
摺古木山
2169
三留野
南木曽
伊那大島
妻籠
坂下
蘭
蘭川
馬籠
清内路峠
飯田
中津川
天竜川
神坂峠
昼神
駒場
恵那山
園原
2191
阿知川
天竜峡

開けるが如く妍芳《けんほう》の美を保たしめたるを売りに来る女あり、さても風流なる商売かなと賞して二箱三箱購ひ求めぬ。」

「風流仏」には、須原の花漬を売るお辰という女が取扱われているが、誰でも「酔興記」と「風流仏」とを合せ読んだ人ならば、必ず「風流仏」のお辰のモデルとなった女性は、洗馬で見たという美わしい乙女と須原の花漬売りとを結びつけたものであることに気附くだろう。明治三十九年九月十九日春陽堂から発行された「唾《だ》玉集《ぎょくしゅう》」の中に「自作の由来」と題した露伴の談話には、彼は須原の花漬の風情のあることを述べ、それを売る乙女を「風流仏」につかって見ただけだと言って、洗馬で見た女性のことについては少しも述べていないが、是等両《ふた》つの作品を読んだ者には、両者が作者の想像により自然に結び合わされたものと考えられるのは止むを得ない。

私が昭和十二年の秋に試みた中山道あるきをこの洗馬、即ち露伴が十四五歳の美わしい乙女を見たという洗馬から始めようと考えたのは、あながちその美わしい、今生きているとすれば、多分六十七八歳だろうと思われるおばあさんが住んでいた家を偲ぶためばかりでもなかった。私が今迄に歩いた中山道は、信越線の横川から中央線の塩尻までなので、丁度、洗馬あたりから始めるのが都合がよかったからでもある。ところが愈々《いよいよ》出発しようと云う一週間前の十月の二十二三日頃、西尾実君から洗馬が最近の大火ですっかり焼けて仕舞い、昔の面影がないときいて俄かに考えが変り、洗馬から奈良井までを他日に譲ることにして、先ず奈良井で下車し、そこから鳥居峠の旧道を辿り、藪原の米屋に一泊し、翌日は須原に途中下車して中津川に至り、徒歩で馬籠や妻籠を通り、蘭で一泊し、次の日には清内路峠を越えて飯田に至り、序《つい》でに天竜峡を見ようという案になった。斯《こ》うして一つは木曽路の紅葉を鑑賞すると共に、好きな街道や峠の昔をしのび、合せて古典に歌われた昔と今とを比べて見ようという物好きな考えで出掛けた。

午前八時新宿発の汽車は最も便利な汽車なので、それで出掛けた。塩尻で名古屋行きに乗換えたのが一時過ぎ、奈良井で下車したのは二時過ぎだった。駅前から旧中山道について行った。この駅でも多くの中山道の古駅のように、本陣も脇本陣もとくの昔になくなって、今までは越後屋と徳利屋とが宿屋営業をやっていたが、徳利屋もことしから廃業したとのことである。これは露伴が「酔興記」の中に泊ったと書いてある宿で、停車場から行くと左手にある古めかしい家だが、以前には高遠藩主から二十人扶持《ぶち》を貰っていた家柄だと言われている。左には奈良井川が村と平行して流れ、右は鳥居峠につづく峰つづきで、紅葉の美わしさは目覚めるようだった。

鳥居峠の上下一里半を過ぎると藪原に達する。峠の名は御岳の遥拝所があるところから来たもので、古来、幾多の有名なる人々が通り且つ古戦場でもある。紅葉がよく眺望がよく、焼鳥も甘《うま》い。さわさわと紅葉をふんで行くにつれ、落葉がはらはらと頭にふりかかる風情は、ここからでは一寸味われない。奈良井方面の旧道は崩れ落ちて通れないが、峠の頂上から藪原方面には旧道が依然として残っている。惜しいことに峠の茶屋がもうなくなっている。昔の人達はここを悠々と宿駕《しゆくかご》にのって行ったものと見える。十返舎一九の「木曽街道膝栗毛」には、

「やがて鳥居峠にさしかかりける時、宿駕のせまきに大のをとこ打のりてゆくを見て、

旅人はさぞ窮屈におもふらん乗たる駕の鳥居峠は」

とある。

藪原はお六櫛で有名なところ、ここでは木曽川が未だ大して大きくはない。ここ

も明治になってから大火があったために、所謂《いわゆる》五木（檜、椹、ねず、あすひ、高野槇）で建てた堂々たる家などは殆んどなくなった。また、本陣も脇本陣もなぐなっているが、米屋という古い宿だけは相変らず営業をつづけている。大田蜀山の「壬戌紀行」に次のような一節がある。

「藪原の駅にいたれば、駅舎のさまにぎはゝし、お六櫛、あらゝぎの箸ひさぐもの多し。此所より諸国につたふと云ふ。こよひは米屋何がしの家にやどりぬ、あるじまめやかなるものにて、何くれと物がたれり。」

米屋にはこれで三度とまったが、おかみさんがよく気が附き話ずきで、全くその頃の主人の役を引きうけているような気がする。

木曽路の渓谷のことについては、大田蜀山、貝原篤信いずれもよく書いているが、貝原篤信の書き方は全く実際的で、当時よくこんな事に気が附いたと思う点が多い。例えば福島と上松《あげまつ》との間で木曽川に合する王滝川のことを、本流よりも水量の多いことに注意したのなどは面白い。慥《たし》かに王滝川の方が長さからいっても、水量からいっても、木曽川の本流であり、今迄、木曽川の本流と考えられたものが却って支流と見るべきである。

福島や上松方面は以前にはよく歩いたので、今度は汽車の中から見て通った。上松から寝覚の床にはいる入口の左に越前屋という蕎麦屋があるが、有名な家で「膝栗毛」にも出ている。

「それより寝覚の建場に至る。此ところ蕎麦切の名物なり。中にも越前屋というに娘のあるを見て、

　名物のそばきりよりも旅人は娘に鼻毛のばしやすらむ」

この越前屋という家は、代々、美人が生れるという伝説のある家だそうで、初めてそのことをきいた頃も、世にも稀な美わしい娘があり、川上貞奴一座がそこへ行った時、一座の者がすっかり感心したという噂をきいた。

須原で途中下車した。駅の前に花漬を売る店がある。七十幾歳かの老人がそれを箱につめて売っている。二つ三つ頼む。箱につめるに三十分以上もかかるときいて、その間に町を散歩した。この町も明治二十幾年かに焼けて、昔の面影がなくなったと言われる。昔の本陣のあったところには今は床屋があり、脇本陣の跡は酒屋さんになっている。宿は住吉屋という古い宿が一軒で、外に旧家と言われた桜屋久兵衛という家はあるが今は廃業している。町の中に流れがあって、何となく古駅の面影

をもっている。駅前にかえると花漬が箱につまっている。花は四季の花で、つみとった儘《まま》の姿をもち、特別の排置によって入れられ、刺繍のように綺麗で、たべるには惜い気のするものである。

三留野《みどの》から先は汽車が木曽川の沿岸を走り、中山道はここから中津川までの間、すっかり鉄道から離れている。しかし三留野から先の木曽川は汽車から見たところ、中々優れているような気がする。

中津川で下車して逆に旧中山道に向おうとして、交番で道をきいても分らない。そこらに立っている老人にきいてやっと分った。中津川から妻籠まで四里は汽車とは全く縁がなく、中山道の寂れた面影が最も多く残っていると言われるが、全くそうだと思った。この間は自動車も人力車も自転車も通らない街道で、丸石がごろごろし、高低が多く歩行に困難を感じた。特に中津川から馬籠までの二里の間は歩きにくいと思った。それでも嘗《かつ》ては賑わった往来らしく十返舎一九も大田蜀山も貝原篤信も此処を通った記録を残している。右に恵那山が大きく聳《そび》え、寂れた街道の面影には何となく行人の涙をそそるものがある。中津川から一里の落合は昔の宿場であるが、少しく離れて停車場があるので相応に賑わい、本陣が建てかわって左に堂々と立っている。ここから馬籠まで一里強、途中に十曲《じつきよく》峠がある。道はさして細くはないが、石がごろごろして歩きにくく中山道でも最も辺鄙《へんぴ》な感じのするところである。貝原篤信の「岐蘇路記」によれば「馬籠より美濃国落合へ一里、馬籠の民家二十七八軒許《ばかり》。わずかなるいやしき町なり」とあり、大田蜀山の「壬戌紀行」にも「坂を上りて曲りて馬籠の駅あり。駅舎のさまひなびたり」とあるところを見ると、昔から駅としてあまり栄えたところではないらしい。しかし同じ「岐蘇路記」に中津川が二百戸、落合九十戸、追分八十戸とあるところを見ると、この時代から幕末にかけてどの駅も家数が多くなったものらしく、追分が幕末には五百戸もあったと言われているところから考えて、馬籠あたりも幕末あたりには戸数二三百戸位はあったのではないかと思われる。

　馬籠で藤村の息子さんに会って、すっかり郷土にしたしみ農業にいそしんでいられるのを見て愉快に思った。馬籠から妻籠まで二里の間は殆んど山道と言ってよい位に道が細く、而《しか》も幽林に蔽われ、一寸街道の名にふさわしからぬ感じがしたので、若《も》しかすると道を間違えたのではないかと思ってきくと、慥かに中山道に間違いないが、この道は近い内に廃道になることに決し、今新しい自動車道路をこしらえているということだった。私は来てよかったと思った。

飯田へ越す清内路峠の方へ向うためには、妻籠の手前十町ほどで蘭川に沿う大道を行けばよいのであるが、一寸妻籠まで行って見た。蘭は実によい村だと思った。蘭川の清流が脚下を流れ、村は山腹の大道に沿うて点々と二百戸許りあり、対岸の山の紅葉は今が丁度見頃で、燃ゆるように綺麗だった。きくところによれば人間も素朴だとのことである。ここの小学校ほど自然にめぐまれた、美わしい景色を眼下に支配しているところはないと思った。

武田耕雲斎の一行〔水戸天狗党〕が和田峠の戦いで可なりの痛手を負い、飯田から清内路峠を越えて此処で一夜を明かした時のことを覚えている老人が二人ほどいるそうであるが、一行がここへ来た時には肩車で来た負傷者も可なり居たそうで、ここを去る時に、村の人達の好意に報ゆる金がないからと、戦死者の槍や刀を御礼に置いて行ったが、ここの人達は後難を恐れてそれを蘭川に捨てて仕舞ったと言われている。

ここから清内路へかけて男女とも容貌が秀麗で、大体に於て顔が面長であるという噂をきいていたので、ここでそのことを質《ただ》すと、この先一里あまりのところにある漆畑へ行けばもっと綺麗で上品だということだったので、そこを通った時、特に注意して見た。しかし不幸にしてその日は雨のために外にいる人が少なかったが、遇った人達は慥かに上品だという感じがした。この村は明治の初年に近江の南端から移住して来たのだそうで、三十戸ほどあり、木地を作るのが生業だと言われている。村から間もなく清内路峠への登りが始まる。峠路は森々とした槻の幽林、如何にも奥ゆかしい峠の風貌をもっている。ところどころ黒木の間に闊葉樹が紅葉を散らしていた。

上清内路、下清内路ともに美わしい村だった。紅葉の美わしい点から言えば、蘭よりも一層、よかった。下清内路村の青年たちが「清路」という雑誌を出し、十一月号の原稿を五名の編輯員の名によって募集する張紙が往来に出ているなど、如何にも美わしき自然により、美わしき村の名称により鼓吹されている有様が窺われた。

昼神《ひるがみ》という村で乗合にのり駒場に行き、そこで乗り換えて飯田に向い、その日の内に天竜峡に往復して飯田に泊った。その夜は幸い雨が止んで飯田の銀座通りを散歩して見た。本屋をひやかさんが為めだった。四五軒ほどある書店のどこにも新刊の雑誌はあるが、哲学、文学に関する新刊は極めて少なく、寧ろないと言った方が適当で、多少あるものは大衆小説、他は古本だった。これが、近年、上諏訪あたりの傾向でもある。

夜が明けて見ると、飯田市は世にも稀れな眺望に恵まれた町であることを見出した。長姫《おさひめ》神社の境内に立って眺める駒ヶ岳山脈の雄大さ、町が賑やかで而もどこかに落着を見せていた。山間の町は平原の町とことなり、落着があり伝統をもち民謡をもち、何かしら奥ゆかしいものをもっている。そうした意味で私は飛騨の高山、もっと小さくなると信濃の大町、木曽福島、飛騨の小坂などが好きである。今度、飯田へ来て見て好きな町が一つ殖えたことを喜んだ。

（昭和十二年／『山路の旅』所収）

紅葉の旅

信州路の秋は天高く冴えている。見やる行手の山々の斜面に高くかかっていたうすい暁の霧がとけかかっている。峠はねじれたようになって東から西に長く延び、山々の斜面の皺《しわ》は扇のひだのようになって谷へ落ちこんでいる。一つひとつの皺はやがて一つずつの流れを迸出《へいしゅつ》させるのだが、それはここからは見えない。ただ左の谷間に渓流の音が奥深くに響いている。峠がやがて左へ続く大きな山脈を生み出していることが考えられる。しかし進むにつれ、右の渓谷を距てて彼方にも山また山が聳《そび》えている。峠路は右か左か、どちらへうねって行くか分らない。ただ見える山も見える山も見渡す限り悉《ことごと》く紅葉して、壮麗眼をとどろかすように目覚ましい。東京を出る時には、紅葉が少しく遅すぎやしないかを恐れたが、丁度、時節がよかった。真紅なもの、公孫樹《いちょう》のような卵黄色のもの、赤茶けたもの、灰色じみたもの、是等が雑然とまじり合って、大きな紅葉の王国を出現している。風がたまたま吹くと、たよりない音がして、往来に木の葉が舞い落ちる。足を引きずるように運べば、さわさわ音がして落葉が道の左右に散る。どこを見ても人影がない。道は山側について一うねりする毎に眺めが変って来る。やがて右の渓谷を脚下に見下すところで、峠から右の山々につづく窪みに一きわ高い山が一つ見えて、峰頭が白粉をふりかけたように光っている。雪である。中部山岳の一角らしい。時々思い出したように行く手に風がからから鳴って黄葉はさわさわ音たてて落つる。風が止んで森閑とした幽寂に還る。耳を立てると、空気が何か奥深いところに一つのささやきをもっているような気がする。それは晩春や真夏のそれとは異なり、もっと鋭どい金属的なものであり、落着のなかにも悲しい鋭どさをもっている。

時々、空気を切るような神経的な鳥の声が聞える。それに頓着なく流れの音が絶えず左右の渓谷に奥深く聞える。

峠道が左右に見える山脈の何れに折れて行くのかと思ったが、それは右の低い方に、さっき白雪を頂いた尖峰の見えた窪みに出た。ここが峠の頂上である。着茣蓙《きござ》を敷いて一服する。降って行こうとする方面の谷が未だ見えないが、谷の向う側が連嶂《れんしょう》を作っているのが見られる。しかしそれは未だ大分、遠い。峠の頂上附近には黒木が多いが、紅葉している樹林へはもう幾らもない。前に白粉《おしろい》をふりかけたように見えた山は、遥かに信州から飛驒へかけて国境山脈の一峰であることが分った。ここへ来ると、もっと白い山が右の方に見える。

少しく下れば道のほとりに水が湧いている。も少し下ると、闊葉《かつよう》樹林の紅葉が又も目ざましくなって来る。道のほとりに桶が据えられて清水をたたえたところがある。落葉が二つ三つ浮んでいる。水が氷のように冷たい。秋とはいえ、歩けば、矢張り汗が出る。特に信州路の秋のそぞろ寒いことを考え厚着して来たので意外に暑い。

麓から峠の頂上まで四時間もかかって辿りついたので、降り路も相当ありそうだ。降りこむ谷底にも流れの音は聞えるが、それは未だ可なり遠いらしい。峠路の落葉を踏む音にも秋の旅の特別の快感がある。こちら側の闊葉樹林も中々多い。ことによると向う側よりも多いかも知れない。時々、樹林の一角を何か異様な響きがする。じっと立ちどまると、静かな木立の一隅にさながら気がふれたように木の葉が舞っている。気まぐれな空気の仕業だ。朴の木の落葉が目立って大きい。道端に湧く清水が道を横切って流れているところには、切れた草鞋《わらじ》が捨ててある。時折、人間が通るらしい。

峠道が大分ゆるやかになって来た。うねりが大きくなって、左右に大きく走っている。少しく明るくなって来た。白樺の林が現われて来た。ところどころ木の切られた斜面に炭を焼いている人が見える。村への里程をきく。もう一里だという。山の斜面に植林のあるのが目につく。主に落葉松、なごやかに黄葉している。畑が見えて来た。人が黙々として働いている。しかし下の方には子供の声が聞える。

家がぽつりと一軒見え、右には流れが遥か下に見える。子供の声がしたのはここの子供だった。彼等は珍らしそうに私の顔を見ている。宿があるかときけば、もう五六町先の橋を越すところにあるという。山腹を一寸うねるところに家が連続的に現われて来た。左の山の斜面からささやかな流れが、次から次へと右の渓流に落ちこんでいる。対岸の紅葉は、樹木があまり切られていないだけに美わしい。ところどころ植林のために黒木が交っているのを除けば、一面が美わしい彩どりに包まれている。

村は相当に大きく店屋も交っている。大道は西の方へ流れに沿うて進んでいるが、北の方へと上流にも進んでいることが分る。流れに沿うこの往来の交通は頻繁だが、今越えて来た峠を通ずる交通は幽《かす》からしい。流れの大きいことを見ると上流が未だ五六里はありそうだ。

十月の下旬である。もう日は暮れかかろうとしている。夕方になれば山村が賑やかになって来る。それは人間が家に帰って来る声である。鍬《くわ》を洗って家に這入る声である。子供達が外から家に這入《はい》る声である。ところどころ道のほとりに孤立して目も覚めるような紅葉が見られる。教えられた宿は村の真中頃、橋を越えると間もなく渓流のほとりにある。山の斜面から落ちて来る流れが、ここで滝のように大きな音をたてて道を横切り下の渓流へ落ち込む。

宿は山村にはありがちのものだが、私の外にも御客があるらしく、親しく名をよんでいるところを見ると、行商人ででもあるのだろうか。

風呂を浴びて部屋に帰り、窓から渓流を眺むれば、流れはここで脚底遥かによどみをなし、往来を横切って落ち込む流れが一寸した滝になっているらしいが、その姿はここからは見えない。夕暗を通じて対岸の灯がところどころ見える。対岸にも人家が少しはあるらしく、下流の方に釣橋が見える。

今度の旅も一人旅だ。斯《こ》うして一人旅をしながら山村の宿に落着く気持も格別である。特に秋の旅にはそれが最もふさわしいように思われる。今日通ったようなはっきりした峠路を歩くには別に協議をする道連れを要することもない。特に秋の旅は青葉の旅とは異なっている。落葉を踏む音も、時々森閑とした空気を破る鳥の声も、心を内へとそそる。それだけ何を見ても求心的になる。山村の宿に這入って、御茶をのみながら、流れの音に耳をたてつつ、今日歩いた道程を思う気持も、一人旅でなければ味わうことの出来ないものだ。

何といっても秀逸なのは峠道の紅葉だった。左の渓谷に向う斜面の複雑な、次から次と聳えて来る峰を蔽う雑然とした色彩の集まりがもたらす感じは、一寸外では見られぬものだった。峠の頂上を越えてから、頭上を蔽う紅葉が風にさざめきつつ雨のように降って来た落葉の美わしさも格別だった。それは塩原や箱根の紅葉とは異なっている。塩原や箱根の紅葉は自然の美しさと相俟《あいま》って優れているには相違ない。しかしそれは何としてもここの紅葉と比べると箱庭的である。このような大きなスケールと野生的なものをもっていない。ここを通る旅客は、ここの紅葉の美観が余りにも大きいので、却って眼に這入らないかも知れない。しかし斯うした世間に喧伝されない地方の紅葉は、樹木が切られて仕舞えば、それきりなくなって仕舞うのが常だ。そう考えると、来てよかったという考えが何時も紅葉のよいところを見る度に起って来る。

山村の光景もいい。山村のよさとも自然のよさとも調和することに於て、特別の美わしさがある。その点に於てこの山村のよさは殆んど典型的と言っていい程のものである。渓流の左側に、山側に沿うてぽつりぽつりと立っている鄙《ひな》びた茅葺の家、それらは何れも小綺麗に手が這入って、その如何にも有福らしい様子は、一寸これほど深い山間には珍らしい。あたりには勿論、水田はないが、畑、山仕事、色々の細工物、炭焼、山は深いが、割合に谷にゆとりがあって、奥にも山村のあることが、この村をして平和で且つ有福ならしめているらしい。

秋の美は峠や渓流に於てこそ発揮されていると言えよう。従って秋の旅のよさは殆んど斯うしたところを行くことにある。日本の旅をよいものにさせるのもそれだ。斯うした自然と人間との調和しているところでは、山村は自然を引立て、自然は、又、山村の美わしさを引立てている。紅葉の間に立っている茶褐色の屋根は、自然の間から自然的にもり上って来たかのような気がする。

明日はも一つ峠を越さなければ汽車のあるところへは出られない。峠を越さずに、流れを追うてそこへ行くには、未だ二日もかかりそうだ。この流れのいいのも、ここから下流一里ほどだと言われている。矢張り一里半ほど行って峠を左に越す近道の方が面白そうである。精々歩いて六里、あとは乗合を利用すればよい。

夜がふけるにつれ、あたりが森閑として、聞えるものは渓流の音と、橋の下を流れる激流の音とである。

（昭和十二年／「落葉の旅」として『山路の旅』所収）

新緑の山里

いつも同じことながら、新緑を迎える感じは新しい。われわれが生きていることの感謝は新緑を見る時にあふれて来る。一年の内で一番いい時は、結局、桜が咲いて散って、新緑を迎える頃と、それがやがて散る前に美わしく染め出される紅葉の頃とであろう。それは花やかな青年時代と、その時代がやがて結実して、一つのものが円熟して出来上る初老時代にも比較されよう。

子供の頃から新緑を眺めながらも、それを美わしいと思ったのは、東京へ来て関東の新緑を眺めてからだ。関東の新緑というよりは、関東の山の新緑を眺めてからである。そしてその眼を転じて郷里の北国の新緑を眺めると、等しくそこにも新しい生々としたものが見出されるが、どちらかといえば、関東地方の新緑の方が、よりあざやかであるように思われる。

新緑の美わしさを探るには、必らずしも深山幽谷に這入る必要はない。そうした方面の新緑を眺めるには、六七月の頃を待たなければならない。四五月頃の春らしい新緑を味わんが為めには、東京附近の山々か、精々遠くて秩父あたりを歩くにこしたことはないと思う。

新緑の美わしさと言えば、すぐに大量の新緑が高山の斜面を蔽うているようなところを想像したくなる。その光景は確かに中部山岳あたりに夏見られるものであるが、そうした壮大な、一種の壮美を感じさせるものよりも、もっと春らしい、なごやかな、些細なものにも生命が目覚める美わしさは、もっと山里に近いところに発揮されるのが普通だ。

私はこれまで、度々、山に登り峠を越え渓谷を辿って新緑を探って来たが、新緑を見る眼に一つの劃期的《かっきてき》な飛躍を与えた時が、その間にあったことを今でもよく覚えている。そしてそれ以後、私の春というものに対する感じが俄かに深まったような気がする。それは深山でもなければ幽谷でもない。時季は明治四十二〔一九〇九〕年の五月のことで、甲武の国境を縦走しつつ甲州の山村へ降りた時だった。

私はその時甲武国境を景信《かげのぶ》山から三頭《みとう》山まで縦走し、三頭山の手前から甲州側に降り、鶴川から小菅川の渓谷に出で、やがて多摩川から秩父の雲取山に登ったのであるが、甲武国境を降りた時に初めて春の山村の美しさに見とれた。勿論、それは自然それ自身が特別に綺麗だったというよりも、私の見る眼が異なって来たということに外ならなかったと思う。

国境から降りる峠道には、つつじが満開していた。村では藤やつつじが咲き乱れ、新緑のあざやかな間から爽やかな流れの音がして、村の娘達が赤いたすきをかけて流れに米を磨いだり鍋を洗ったりしていた。鶯《うぐいす》が鳴き時鳥《ほととぎす》が谷の静けさを破っていた。

そこから鶴峠を越えて多摩川の本流に行くまで、私は斯《こ》うした景色を到る処に眺め、流れの間に乱立する巌《いわお》に咲くつつじ、若葉の間に、所々、見事に咲いた山桜にみとれた。山里の春のうるわしさ、目覚める自然界の忙がしさ、人間の美わしさに、初めて新緑の旅の趣味豊かなことを知り、そうした感じは山里に近い山に見出されるという考えになった。

大体、新緑の綺麗さを作るものは色彩であり、そうした色彩の鮮やかさや新緑の色合の濃淡が花の綺麗さと織りなす配合の美わしさであるが、それは谷が細かに分れているところか、峠の長さが精々一二里位のところか、或は牧場的なごやかさをもつ山の斜面などに、最もよく現われる。そうした景色は日本に最もよく見出され、殆んど日本的と言ってよいものである。

私は嘗《かつ》て丹沢山に登った時、そういうところを相模に見出したのを意外に思ったが、それは意外とした私の誤りで、却って相模のように山が余り高くなく、遠くから見れば平地のようで、行って見ると案外谷が細かく分れているところにこそ、それが最もよく見出されるのである。

それをしみじみと感じたのは、与瀬から丹沢の麓の上野田村〔現相模原市緑区青根〕に行く四里の途中だった。上野田に行くには上野原からするのが順序だということを聞いたが、それにも拘わらず私は与瀬から這入った。四里とはいっているが、もっと遠いような気がした。というわけは可なり急いで五時間半を費やしたから。

途中には桜や李《すもも》が咲き乱れ、岩つつじ、山吹が道端を彩どり、山村の水車はのどかにめぐり、見やるかなたには炭焼の煙がなごやかに上っていた。四里の道は乗合や馬車を通ずるようなものではなく、精々、人力や自転車を通ずる程度で、時にはそれが山径《やまみち》のように細く、峠は大きくないが数多く、私は幾度も道をきき、方向を誤っていたのに気がついて戻った。時とすれば狭い谷間をうねり、時には高原的な広場に出た。広場には麦が青く菜の花は黄色く、なごやかな春の情趣が漂っていた。小船村〔現相模原市緑区牧野小舟〕に達する手前の高原的な情趣、道志川の手前の趣きある尾根など特別にいいような気がした。

よく京都や奈良の新緑の頃のよさを説く人がある。私はまだそれを知らないが、恐らくは地勢から見て、山や谷から判断してきっとそうだろうと思う。関東地方でそれに似たのは、私の知っている方面では斯うした相模の山村、甲州の鶴川に沿う山村、東京府下の秋川や多摩川の渓谷にある村々、或は秩父に接する方面ではなかろうかと思う。そして其の意味から言って、一眸万頃《いちぼうばんけい》といった武蔵野の春よりも、山あり谷あり、峠ありといった風な低山地方に入り乱れる春の光景はより見物である。

嘗《かつ》て私は武州御岳から上養沢《かみようざわ》、木和田平等を経て、落合から五日市まで歩いて見たことがある。ここを流れる渓流はあの七代《ななよ》の滝から来るもので、意外に水量は多いが、村里を過ぎる時に水車を廻わし、爽やかな渓谷美をもっているのに驚き、奈良や京都あたりに見出される渓谷の美わしさは、斯ういうものではなかろうかと思った。

（昭和十三年／『山路の旅』所収）

鶴川より多摩川へ

五月の半ば頃、多年通って見たいと思っていた甲州の鶴川と小菅《こすげ》川とを系統的に歩いて見た。鶴川には度々の縁をもっているが、いつも歩き方が断片的なので、もっと系統的に見たいという希望を年来抱いて来た。そもそもそうした考えを起すに至った初めに溯《さかのぼ》って見ると、明治四十二年五月の半ば過ぎ、木暮〔理太郎〕君と一緒に高尾山から多摩川のほとりに屹立している三頭《みとう》山まで縦走し、降って雲取山に登ろうと企てた時にきざしていると言ってよい。その時、甲武の国境尾根に一泊して、三頭山にかかったが、途中で大夕立に遭って鶴川渓谷の西原《さいはら》村に降りて仕舞った。初めて見たこの村ほど私の眼に美わしく映じた山村はない。水の清さ、つつじや藤の美わしさ！　村の若い女達が美わしい流れに嬉々として洗濯したり、鍋を洗ったりしている光景なども、私には典型的に美わしく楽しそうに見えた。私等は三頭山を断念して、そこから大羽根峠や鶴峠を越えて小菅川の源流に出で、流れの真中に突立つ岩に咲くつつじや山側に咲く山桜の花に恍惚としながら、雨に濡れつつ多摩川の合流点まで行き、川野で泊り、翌日、そこから雲取山に登った。

その時の想い出が余りによかったので、私は昭和八年五月に小菅川を溯って大菩薩峠を越え、同じ十一月に甲州塩山から柳沢峠を越え、丹波山《たばやま》村を通って小菅村に至って泊り、翌日、鶴峠を越えて西原に至り、そこから甲武国境山脈を横切り数馬村を通って帰京した。この二度の旅で私は、小菅川も鶴川の渓谷も昔よりすっかり悪くなり、流れが減じ、昔ほどには潤いがなくなっていることに気が附いた。最初にここを通ったのは、私が登山を始めた頃のことなので、私の眼が肥えた為めに、見劣りがするに至ったのであろうか、それとも、渓谷それ自体に変化があったのであろうか。私はもう一度そこを通って見たいと思った。そして最初に通ったと同じように、五月の半ば頃に出掛けたのである。

五月の十五日に新宿六時過ぎ発の汽車を立川で待ち合わせるために、阿佐ヶ谷から汽車に乗った。汽車に乗った時、私は客車が乗客で充満しているのに驚いた。座席のないのは未だしも、立っていることも容易でなかった。汽車がとまる毎にお客の減るのを待ったが、一向に減りそうもなく、到頭、上野原まで立った。

六ツ石山
1479
氷川
小丹波
小河内鉱泉
青梅へ
御岳山
鴨沢
小河内村
多摩川
口
御前山
1405
大岳山
1267
川野
峠沢
日指
小菅川
白沢
数馬峠
馬頭刈山
884
三頭山
1528
北秋川
鶴峠
三頭大滝
数馬
本宿
浅間嶺
長作
時坂
秋川
五日市へ
大羽根峠
人里
934
原
西原村
南秋川
檜原村
猪丸
生藤山
991
鶴川
権現山
1311
陣馬山
857
扇山
1138
とりさわ
さるはし
うえのはら
桂川

上野原では駅前から町まで乗合自動車が通っているので、大変、便利になった。乗合を降りて、なるべくこの旅行の道程を短時間でやって仕舞おうと思って自動車に掛合うと、やっとここから一里までしか行かないとのことだったが、それでも頼むことにした。運転手は私に「旦那、ここから先は、徐州攻撃〔日中戦争の昭和十三年四~六月、当時の山東省での戦い〕をやるようなもんですよ」と笑って出掛けた。徐州攻撃が始まろうとする頃だった。町を離れて鶴川の橋を渡る時、富士山の一角が左に現われて真白に見えた。ここから鶴川に沿う道は頗《すこぶ》る悪い。時々下り込む道が細くなって右は恐ろしい断崖、左は絶壁、おまけに道は迂回している。一寸運転を誤ればあっと思う間もなく河に落ちそうである。成る程これでは危ないと思った。

自動車を降りるところから道普請が続いて、往来にはところせまき迄に石がごろごろしている。そこを小車に材木をのせて汗みどろになって来る人達に度々遇う。やがて斯《こ》ういうところから離れて、天地渾然たる春色の境地にはいる。見渡す渓谷の村々のなごやかさ! 鶴川のかなたに聳ゆる山々の翠緑のあざやかさ! あの一番上に聳ゆる山々は甲武国境、あれこそ、今から二十八九年前に私等が多大の希望をもって、丁度、五月の半ば頃、和服に股引《ももひき》という異様な風体で縦走をつづけたところだった。

一人旅の気楽さ、足がはかどって、いつの間にか猪丸《いまり》の村を対岸に眺め、十一時に西原の村の入口についた。西原といっても入口から奥まで二里余りもあるときくが、それでも午前中にここへ来たと思うと有難い。これでは今日中に小河内に着けそうだという気がする。道のほとりに茶屋があるので休みながら汽車弁を食べた。色々話をしている内に、茶屋の婆さんの「そうですよ」の「よ」が馬鹿に強くひびくのに気が附く。このお婆さんばかりかと思っていると、あとで道をきいた女の人も同様に「よ」の強いことを発見した。

西原村の原はその昔友人と一緒に国境尾根から夕立のため降り込んだ村、少しく道からそれているが、わざわざ行って見る。そこには慥《たしか》かに昔通った儘《まま》の面影があり、村の女達が嬉々として洗濯をしたり鍋を洗ったりしていた流れがある。昭和八年の秋に通った時ほどには流れが涸れても見えないが矢張り二十七八年以前から見ると、水量が減じて貧弱になっているような気がする。進んで行くと飯尾の村がある。ここもその昔通ったところ、当時、唯一つの往来であった大羽根峠は今でも旧道となって残り右の方へ別れている。このあたりの春は小じんまりしてなごやかに、つつじや藤の花が美わしく、鶯の声が頻《しき》りとしている。道を左に取って新道を行けば、日は暖かく草いきれがし、草の中から山かがしが道を横切って走る。

長作《ながさく》の村についた。ここはもう西原ではなく、小菅村に属する。村を離れると、鶴川の流れが小さくなって、一人の子供が流れの中に石を積んで遊んでいる。峠の頂上までの距離をきけば、

「これをずっと行くとナ、炭焼がある。峠はそこからすぐだ。もう半里もない」

と丁寧に教えて呉れる。炭焼小屋の手前に清水が湧いているのを飲んで頂上にいそぐ。二時半に頂上についた。ここへ来ると流石に前面には秩父から多摩川の上流にかけての山々が重畳《ちようじよう》し、春は山々の隅々にも行き渉って、山膚は藍色に緑に、点々としてところどころ赤いのは山つつじ、下るにつれて渓間には到るところ紫の藤の花が優美に垂れている。時鳥《ほととぎす》や雉子《きじ》の声はきこえぬが、鶯《うぐいす》の声はあちこちにしている。

峠を少しく降れば、小菅川の流れがそろそろ始まる。小菅川の流れはここから始まるものと大菩薩峠から来るものとがやがて合流し、それが更に川野附近に於て多摩川に這入っている。嘗《かつ》て友人と雨の中を流れに沿うて下った時、流れの中に岩が

点々と突立ち、つつじがそれを飾っていた光景は、どこにも見られない。三十年に近い星霜は、斯《か》くも山水の面影に変化をもたらしたのだろうか。その際に見た鬱蒼として茂っていた右岸の闊葉樹《かつようじゅ》は、切られてすっかり無くなり、ところどころ崩壊の跡すらあるのは、恐らく樹木伐採の結果、斜面が落ちたのであろう。そして美わしい岩を埋め、流れを変化せしめるに至ったのであろう。

小菅川の小学校は依然としてあるが、大きな桜の木はなくなり、小さな桜が植えてある。白沢から谷が狭まり、渓谷の美が発揮される。もうここから多摩川との合流点へは一里というが、久し振りで歩いたせいか、中々遠く思われた。やがて前面に多摩川に沿う大道が白く見え、本流の水面には藤の花が美わしく垂れている光景は、三十年の昔に変らない。小菅川の渓谷も鶴川のそれも最初に通った時ほど美わしいとは思わないが、昭和八年に通った時よりは、大分見直したような気がする。

本流の木橋を渡って登れば大道につき、道が俄《にわ》かによくなり、川野の部落は近い。ここは近年に焼けて建て変ったとかで立派になり、以前にはなかった綺麗な宿屋も出来ている。是等は何れも貯水池のために無くなるのかと思うと惜しいような気がする。

上野原の駅からかれこれ二里近く乗物を利用したにしても、もう八里歩いたので、足に肉刺《まめ》がいっぱい出来たらしく、これ以上は痛くて歩けそうにもない。どこかの電話で小河内《おごうち》鉱泉から自動車をよんで貰おうと思ってきけば、も少し先へ行くと交番がある。そこで頼むがよかろうと言われて、痛い足を引きずりながら行った。多摩川の本流に来て見ると矢張りここの渓谷のよいのに気が附く。流れの色、岩の膚の美わしさが、樹木の色合と一緒になって形作る配合の美は、幾たび見ても飽きない。これが東京府下だと思うと、全く帝都の近くに斯くも立派な自然のあるのに驚き、これがやがて水底深くもぐるのかと思うと、惜しみても余りあるような気がする。

交番は右手の流れのほとりにあって、景勝の地を占めている。往来で健康そうな美わしい女の人が水を汲んでいたのがお巡りさんの細君で、御茶を出して呉れる。自動車の来る間腰かけながらお巡さんから色々の話をきいた。

ここは東京より余程涼しく、盛夏に蚊帳《かや》の要るのは十日間に過ぎぬことや、東京府下ではあるが、ここから北の方、多摩川と日原川との中間にある百五十戸ばかりある部落では、毎年熊が二三匹とれることなどを話してくれる。東京府下で熊がとれるとは面白いと思った。やがて自動車は小河内鉱泉から迎えに来る。迎えに来て料金五十銭とは安いと思った。鶴本に這入る。お客は殆んどなく頗《すこぶ》る閑散であるが、ラジオの音の騒しいのには流石《さすが》に都に近いという感がした。

今日は久し振りに歩き過ぎたせいか、疲れ過ぎて眠られない。夜中に往来を大声で歌って歩く人の声がする。きけば貯水池の工事に六百人の人間が這入っているということだった。

真夜中に川瀬の音に混って梟《ふくろう》の声がしている。

（昭和十三年／『山路の旅』所収）

多摩川より秋川へ

小河内《おごうち》の鶴本で一夜を送った私は、朝早くから目を覚まして、二階から渓谷を暫らく見やった。渓流、岩、樹木、岸を飾るつつじや藤などが渾然として作っている多摩川渓谷は、いつ来て見ても変らぬ美わしい渓谷だった。これが近き将来に於て貯水池の底になるのだと思うと、そしてこれが恐らく私に取って見収めになるだろうと思うと、無量の感慨が胸に起って来るのを感ずる。初めて雲取山に登った時この方、今までに私がこの渓谷を歩いた旅のかずかずが、閃めきのように頭を通って行くことを覚えた。

出掛けたのが七時を一寸過ぎていた。昨日一日を上野原からここまで歩きつづけた足は、肉刺《まめ》でいっぱいになっていたので、ここから直ぐに自動車で帰りたい気にもなったが、この旅をやる前から秋川の渓谷へ迂回して、数馬の山崎のお婆さんに久し振りで会って見たいと考えて居たので、いやでもそこへ廻ることに決した。

小河内鉱泉から数馬へ廻るには、半道〔半里、約二キロ〕足らず多摩川を上流へ戻らなければならない。鉱泉部落を過ぎ、次の部落の真中から左に折れ、多摩川に架する橋を渡って登れば、とっつきの村は岫沢《くきざわ》で、次いで日指《ひさし》の村が現われる。ここまで小河内鉱泉から一里近くも登ったような気がする。村はずれに大きな材木が道の傍に積んであるのに腰かけていると、上の方から材木を引きずって来る若い人二三人に遇う。ここから三頭《みとう》山の肩を通る数馬峠〔鞘口峠〕までは一里で、数馬までは二里あるという。ここから木馬道が続いて歩くのが一通ならず苦しい。少しく登れば左に加茂神社がある。木馬道がなくなってやがて小屋があらわれ水がある。そこから登りが俄かに急になって、斜面を殆んど一直線に行っている。沢の音がしなくなり、遥かに瀬の音らしく聞えるのは風の音である。

数馬峠についたのが九時過ぎ、御前山から三頭山へとつづく道はここを走っている。峠は樹木鬱蒼として眺望がなく、特に数馬方面から三頭山へかけて暗い。数馬に向って幽林の落葉を踏んで行くとやがて流れが始まる。大分降って明るくなったと思う頃、右へ分れ道があって「三頭の大滝これより九町」と書いてある。急ぐ旅ではあるが、以前にこの滝の正体を突きつめなかったことを想い起し、今度こそはと思って右に折れた。植林した山の側面を少し行くと、道はくるりと廻ってやがて闊葉樹林に入り、鮮やかな緑の色は見あぐる山の側面をあますところなく蔽うている。道は大体に於て少しずつ登っている。見やる彼方に流れの音が聞え、窪みになって密林に蔽われている。何かありそうな気がする。やがて窪みを降れば、果して滝が足下に掛っている。見下すと、それは十丈もあろうかと思われる。しかし道は依然として上に通じているので、少しく登れば、又滝らしいものがある。七十五丈というのは、斯《こ》うした切れ切れのものを合せて言うのであろうか。私は今日中に帰京しなければならないのと、足が参っていることを考えて、ここで帰った。扨《さて》は、併しあとで聞くと、も少しく登れば、最も大きいのが見られるとのことだった。又々、残念なことをしたと思った。しかし大正九年四月に流れを登って仰いだのは抑《そもそ》も何であったろうか。それはこの滝を下から見上げたのであろうか。分らない。その時、私の這入った沢も今ははっきり覚えていない。ただいつ見ても秋川の上流の奥深い感じは、到底、世の常の渓流とは比べものにならない。

滝から戻って小河内道に達した時には、もう十時を大分過ぎていた。急いで数馬めがけて進むと、人家がぽつぽつ見えて来る。ここは数馬の内の大平で、恐らくは東京府下の最も奥深い村、家を見ても女の服装を見ても、子供達が東京の人と見て丁寧に道端に立って御辞儀をする有様を見ても、府下とは思われない感じがする。数馬の山崎へと急いだが、どこだったかよく分らない。あちこち聞きながら行く途中に、この山里とは不調和ないかめしい家構えをした家が一軒ある。あとできくと、神官の家だった。

山崎旅館をやっと見つけてはいると、丁度、これから養蚕に取りかかろうとして、大掃除を終えたばかりのところだった。久闊を叙して腰をかけ、丁度、十一時なので昼食をたのみ、昔、山登りを始めた頃、ここへ来た話などをした。私はお婆さんに東京ではお婆さんのことを山に生れた人らしくないと言っているが、態度や言葉つきからして慥《たし》かにそう感ぜられると言ったところ、お婆さんはにこやかな落着いた口調で、小河内の岫沢の農家からここに嫁入したことを話し、今でも時々里へ行く時には、あの数馬峠を越えて行くと言っていた。飯を喰い終ってしばらく休み、十二時過ぎに出掛けると主人は「御送りしましょう」と言って、辞退する私のルックザックを無理に肩にしてついて来た。

明治四十四年に初めてここへ来た時、八王子から歩きはじめて、本宿から浅間尾根に這入り、時坂に野宿したことを想い起し、今度は是非そこを通って見たいと思った。それを行けば本宿まで三里半秋川に沿うて下るよりも一里半は近いと言われる。宿を出て半里足らずで左に登り始める。この道にも初めの一里ほどの間には人家がぽつりぽつり立っている。その昔、この道が賑やかであった頃には大抵の荷物はここを馬で運び、人家は当時の名残りのものだそうであるが、今は全く不便なところになっている。しかし眺望はすばらしく雄大で、甲州との国境山脈は大きなカーブをなして三頭山につづき、最近には、その上を立派な徒歩道路が出来たとのことである。ここからは三頭山の頭が三つに分れて見え、如何にもこの山の名がそこから来ていることを感ぜしめる。

その昔にきいた時鳥《ほととぎす》は聞えないが、鶯《うぐいす》の声があちこちに聞え、道の両側がつつじで壁のようになっているところがある。やがて尾根に出る頃、左に御前、大岳の雄大な尾根が見えて来る。道のほとりに炭焼小屋があるのを過ぎて少しく行くと浅間の祠がある。そこで山崎の主人と別れた。そこまで数馬から二里はあろう。間もなく広場にかかる。ここは一寸、高原的なところで、海抜は三千尺以上もありそう。間も立木はなく斜面は北に向い、雪のある時にはいいスキー場になりそうな気がする。

ここを横切って一つの峠が南秋川から北秋川に通じている。

広場を過ぎると、道は下りになって草が深くなる。大分下ったと思う頃、右にさやかな流れがある。この尾根で初めて見た水だ。心ゆくほど飲む。道が悪く石がごろごろしているところを暫らく行けば、右に一軒の農家がある。ここは、その昔、荷置場だったそうで、家は古いが割合にしっかりしている。休ませて貰おうかと思っていると、三十ほどの婦人が奥から出て来て「御休みなさい」と声をかける。囲炉裏のほとりに腰かける。お茶に漬物を出して呉れる。ここは北秋川の小岩村に属するそうで、子供が二人毎日、山坂を降って学校へ通っているとのことである。府下に今でもこんなに不便なところがあるのかと驚く。

ここから時坂へ十町ほどで、そこには小祠が立っている。私が嘗て八王子から歩いて、野宿しながら時鳥の声をきいたのはここだった。やがて道は急に下りになって、坂の途中から人家がぽつぽつ現われて来る。

本宿に着いたのが四時頃、南秋川の橋を渡ってから、自動車を五日市から頼もうとしたが、道普請のため、十里木まで一里半ほど歩かなければと言われて、痛い足を引きずりながら歩いた。道は取りひろめられて五間幅になり、やがては本宿から五日市まで乗合を通ずることになるとのことである。
秋川の流れはいつ見ても美わしい。

（昭和十三年／『山路の旅』所収）

※地図は「鶴川より秋川へ」２３５ページ参照。

渓流を想う

流れを豊かにもつ山を追慕する切なる心を感ずるのは、私ばかりだろうか。流れに乏しい火山に向う旅などは、大凡《おおよそ》私に取って魅力のないものだ。流れを追い、峠を越え、山頂に向うことが、登山者に取って魅力あるものであり、山旅の魅力はそこにあるとさえ言いうると思う。段々、年をとるにつれ、この傾向が際立って来るように思われる。私が飛騨の山水が好きになるのも、一つはそこに原因するように考える。

斯《こ》うした傾向は初めからあったが、それが特別に刺戟されるに至ったのは、木曽の御岳の飛騨口を歩いてからと断言することが出来る。御岳のよいことを特別に感じたのは、王滝口から登って黒沢口に降りた時ではない。それは普通の登山の感じのもたらすものと、余り異なるところがなかった。初めて飛騨口に降り、嶽ノ湯〔濁河温泉《にごりご》〕を過ぎ、益田《ました》川の上ケ洞〔現高山市高根町〕に抜けた時が、本当にそうした感じを抱かせられた時だった。更に最近になって、王滝川を溯《さかのぼ》り滝越の部落に至り、途中、王滝川の絶景を心ゆくほど眺め、又、飛騨の小坂町へ抜ける途中の幽林や渓流を眺めた時、益々、その感じを深めるに至った。一つの山から幾多の豊富な流れが派出され、その流れに幾つかの大きな滝がかかっている有様を見ると、その山のもつ複雑さ、偉大さの与うる感じは、たとえるに物もないような気がする。

そして御岳のもつ流れが、槍ヶ岳や立山などの流れの雪から出ているとは異なり、あの森林から出て、滴一滴と集まったものが大きくなったのだと思うと、王滝川を生み出し、椹谷《さわらだに》を生ずるに至った大自然の工作の大きいことを思い、思わずこの神の山の偉大さを讃えずにはいられない。

そう考えると、日本では御岳のように大きい複雑な山は見当らないような気がする。それにも拘わらず、今日登山家と言われる人達にして、この山に対して払っている注意が不十分であるように思うというわけは、この山は昔からよく開け、登山者の多いことも、富士山に次ぐと言われているにも拘らず、多くの人の登るのは、信州では王滝口と黒沢口とに、飛騨方面では高山口と小坂口とに局限され、王滝川を溯って見ようとする人や、椹谷を通って見ようとする人は滅多にないのみか、試みようとする人も極めて少ないように思われるからだ。

全く王滝川を溯って滝越まで行ったことのある人、又は飛騨口の道を小坂町から御岳に登ったことのある人は、驚異をもってこの山のもつ奥行の深さを考うることと思う。滝越の村は王滝の村から鉄道線路伝いに三里あり、全くの幽谷にある孤村であるが、そこから王滝川の水源まで未だ十里あると伝えられ、確かなことが分らず、又、小坂町から御岳に登る際には、幾多の滝に出くわすが、特に濁河〔濁河川〕の奥にかかっている材木ノ滝を見て、この渓谷を溯って御岳に登ることが如何に興味深いことだろうかを思わせる。

こんな風に流れに興味をもつようになってから、益田川に沿う方面の旅や、小坂町の水々しい光景や、小坂町から御岳の一合目である落合あたりの光景が無暗と好きになって来た。そして私の眼が飛騨の山水に今迄よりもより多く向き始めたのは、そうした流れが他よりも多く存すると考えるからだった。

山と水、それが、段々、流れと峠、流れと街道とに拡張されて行った。そして又、流れと山村とに拡張されつつある。私が日本の主な街道を辿って見たい気になったのもこの動機が幾らか手伝っている。しかし東海道は平地を行くことが余りに多いのと、流れに縁が少ないのとで、余り気が進まなかったが、中山道は山中を行くことが多いので、それに興味をもつようになったのも、私としては無理がない。

そうした意味に於て、私は横川から美濃の中津川までの大部分を歩いて見た。この間で私の興味を最も多くそそったのは、横川から碓氷峠を越えて軽井沢、沓掛《くつかけ》、追分、小田井《おたい》、岩村田、望月に至る間、上和田から和田峠を越えて下諏訪、塩尻に至る間、それから鳥居峠を越えて中津川に至る間などだった。木曽路の内でも汽車の通っていない妻籠《つまご》から馬籠《まごめ》に至るまでの間は特に興味が深かった。昨年の秋、私はここを歩き、妻籠から蘭《あららぎ》村を経て清内路峠を越え、上清内路、下清内路を通った時に感じたスリルが未だに残っているように思う。これは勿論、中山道の一部ではなく、寧ろそこから派出された街道に属するが、ここの山の美わしさ、峠の幽趣、流れの清く潤おいの多いのに驚いた。

斯うした旅をして私は、時々、附近の高山によじ、又、山間の思いがけない清楚な町、例えば、飯田、中津川、小坂というようなところや、又渓流にのぞむ山村のささやかな宿などに流れの音をききながら、一夜を送ることにこよなき興味を感じている。私は斯ういう旅をする毎に、自分は矢張り日本人であり、嘗てわれわれの先人がやった旅と同じものに対する憧憬が、私の体内をめぐる血の中にもあることを感じている。われわれの先人は山を一つの自然として感じ、大地に自然のまま現われるものの一切に対して畏敬し、好愛して来た。その点に於て私達も先人と軌を一にしている。私達は欧洲登山家たちの考えを多く取り入れはしたが、自然に対する根本観念に於て、彼等と一致しない点があり、それは初めから一致しがたいものであり、又、今後も一致することの出来ないものであると思う。

斯うして、流れを辿りつつ登り、流れに沿うて峠を越え、流れに沿うて街道を行く旅が好きになるにつけ、初めて流れに沿うて旅をした時のことを想い、それが私に取って潜在的に流れをいつくしむ動機になったことを想い起す。それは初めて私が二人の兄と一緒に富山から飛騨の高山まで神通川《じんずう》に沿うて旅をした時のことで、私が未だ登山に目覚めない頃のことだった。私が丁度高等学校を卒業して間もない八月の頃で、私はその年の六月に経験した悲しみを抱きつつ、二人の兄に連れられながら歩いたのだった。私は逝きて帰らぬ美わしい流れが、遥かの脚底に、泡立ちつつ山峡に隠れて行くのを眺めて、逝く者は遂に帰らないことを考え、熱い涙をそそいだ。そして私は峠から麓の流れを見る毎に、流れが山峡にかくれて行くのを見る毎に、又、流れが幾度か行きつ戻りつ、渦巻きつつ、やがては去って仕舞うのを見た時、私はそれに人生の果敢ない有様を浮べて、ふりかえりふりかえりつつ歩いた。

その年の九月に東京に来て、三年の学生生活を送った間、私は山には登らなかったが、渓流をなつかしむ心は絶えることがなかった。それは自然をなつかしむ心の底流として潜在していた。そして学生生活を終えてから、登山が狂熱のように私を支配し、人生の凡てが私に登山として映じた時も、私は流れをなつかしむ心を何時ももっていた。私の登山はいつも感傷的なものをもっていたことをよく自覚していたが、私はそれをどうすることも出来なかった。私は寧ろそれを繰り返し、それを深め寧ろそれに神を認めた。従って私の登山は大凡《おおよそ》、科学的精神とは縁の少ないものだった。或る意味に於て私は最も不完全なる登山者だった。

私はいくら山に登っても、如何に壮美を見せつけられても、それによりいやされない一種のやるせない感傷を抱いて来た。私は背後から夕日を浴びつつ自からの影をのがれようとする人間のように、前へ前へと山に登り流れを求めて来た。斯うした態度をもって、今迄にやって来た旅の何と悲しみの多いものだったろうか。しかし何とそれは不思議な魅力をもって次から次へと私を引きつけて来たことだろうか。

あの英国の自然詩人ワーヅワースは、最も平和な沈静な詩人として多くの人に考えられている。平和なる自然に、素朴的な平和な人間の心を浮べる詩人として考えられている。しかし事実は必らずしもそうではなかった。彼は彼自身の暴れ狂う心、彼自身の悲劇的な気持をも自然の上にも浮べた。彼の初期の詩から晩年までの詩を年代的に読んで行くと、それがはっきりと認められる。彼の歴史を知り、彼の精神の変化を知る者には、彼の自然の見方は決して一様ではなかったことが、当然の経路として考えられる。

私は自分の登山の経路を顧みて、嘗て登山により自己の統一を夢み、それがなしとげられたかの如くに感ずることもあった。しかしそれは束の間に過ぎなかった。そして私の山旅は意外にも主観的な自分というものと切って離すことの出来ないものであることを今更のように痛感している。又、私の山旅はどこまでも渓流を追わなければならないように、執拗に、渓流につきまとわれていることを感じている。私はどこまでも流れをいつくしみ、流れを追うて峠を越え、山頂によじ、素朴的な山村に分け入らなければならない。いつまでそれが私を引きずる旅であろうか。

（昭和十三年／『山路の旅』所収）

中山道と山

日本の二大街道である東海道と中山道との存在の意義は分るが、江戸と西京とを往復するのに、どうして行きは東海道を、帰りは中山道を遠廻りしなければならなかったのかという愚問を発して、信州追分の脇本陣油屋の主人に笑われたことがある。そうしなければならぬ程に人通りが多く、泊るにも泊れなかったのである。幕末から明治初年にかけての中山道の出来事を活き字引のように知っていたこの主人とよく炬燵《こたつ》に這入って、武田耕雲斎だの、長岡戦争だの、河井継之助だのの話をきいたのは、主人が七十八歳から八十歳あたりの頃で、亡くなったのは八十七歳の時、昭和七年二月のことだった。

中山道が参観交代《さんきんこうたい》の廃止にならぬ前にどんなに賑やかであったかを、度々、聞かされたが、全く想像以上のものであったらしい。明治になってこの街道が大分寂しくなっても、尚お追分の宿から江戸の万世橋まで駅馬車が通い、人力車の出来た頃には百二十台も追分にあったとは嘘のような本当だ。それはともあれ、私が油屋の老人から中山道の話をきいている内に、この街道に段々関心をもつようになった。一つはこの道が東海道とは異なり、街道とはいうものの、面白い峠をもち幾多の渓谷に沿い、時にはよい登山の足場ともなっているからだ。それで、この街道の面白そうなところを横川から始めて次々に通り、到頭、美濃の中津川まで行った。

その昔、関所があったという横川から半里あまり行くと坂本の宿がある。ここは追分節にも唄われ、昔は賑わったところだが今は汽車から離れて百戸余りの寂しい村となっている。家の構造は昔のままで、それが新しい商売屋に利用されている。

坂本から碓氷《うすい》峠の旧道に這入れば、人通りが殆んどなく、ところどころ草が深い。昔は坂本と峠町との間に部落があったと言われているが、今では跡形もない。いつかもマラソンの連中がここを通って蛇に悩まされたと何かに書いてあったが、或はそうかも知れない。幸い私が通った時は、涼しい雨の日だったので、そんなこともなかった。翠緑が鮮やかで、秋の紅葉の頃にはさぞと思われるようなところを度々通る。途中に霧積温泉に這入る別れ道がある。碓氷峠の頂上には碓氷神社があって、前には神官の家が立ち並び、峠町と言っている。ここは日本武尊が「吾妻はや」と宣《のたも》うたということになっているが、その碓氷峠は本当は上田から吾妻川《あがつま》の渓谷に越える鳥居峠だという説もあるようだ。

峠の頂上には立派な見晴台があって、そこから関東平野や妙義山一帯の山々を眺めるのがよろしい。私は嘗《かつ》て峠町の神官の家に一泊したことがある。這入った時は夕方で、座敷の中に霧がさ迷い、時鳥《ほととぎす》の声が谷間に二声三声聞えたのもよかった。

峠から軽井沢町までは半里位、坂本からは三里ほどのものだろう。軽井沢から沓掛《くつかけ》を経て追分に達する二里の間、道は浅間の高原地帯を走るが、途中の村々には何となく寂しい面影が漂い、その昔は賑やかだったと聞くだけに、それだけ物哀れに感ぜられる。

追分から三十町の御代田《みよた》から半里にして小田井《おたい》の宿場に達し、五里にして望月の宿場がある。ここは一寸風情のある村で、京都を小さくしたようなところだ。昔は望月の駒という和歌にうたわれた駒を産した。ここから蓼科《たてしな》山の麓の春日鉱泉まで乗合を利用し、そこから早朝出発すれば蓼科山に往復することが出来る。望月から御牧ヶ原を通って小諸に達することも出来る。かれこれ三里はあろう。

望月から五里にして上和田に達する。ここには幕府時代からの有名な宿が二軒ばかり残って、その頃の殷賑《いんしん》を偲ばせる。此村から美ヶ原に入り更に入山辺を経て松本に達することも出来る。美ヶ原は海抜六千尺の高原、大きさから言っても、美わしさから言っても日本で最も優れた高原の内に数えられる。

上和田から下諏訪温泉まで五里半はあろう。途中、和田峠がある。海抜五千尺以上、日本の街道の内で最も高い峠である。峠にかかる前に左に這入れば男女蔵《おめぐら》という部落があり、そこから霧ヶ峰の高原に通じ、更に上諏訪に達することも出来る。霧ヶ峰は高さの点に於て稍々《やや》美ヶ原に劣るが、美わしさに於て略々《ほぼ》匹敵する。

和田峠にかかる手前にも色々の部落があって、その昔を偲ばせるような宿が所々に残っている。峠にかかれば、幽林ものふりたる奥ゆかしさはないが、白樺や楢が多い。坂をぐるぐる登って行く間にふりかえると、浅間山が見えて来る。東餅屋には一軒の茶屋があって、そのうしろで湧き出たばかりの冷たい水を飲むことが出来る。茶屋の前に一軒の宿屋が閉じたまま立腐れ同様になっているのは哀れ深い。

峠の頂上は今はトンネルになり、それを出るところに小屋があって、秋には焼鳥を売っていることがある。霧ヶ峰の高原に入る道がここから左の方へ分れ、途中、鷲ヶ峰の秀峰があたりを圧している。峠から下諏訪の方へ少し下れば、一本松というところがあり、昔は追剝の出没したところとして昔語りとなっている。西餅屋に至れば、そこは昔は相当に人家があったらしく、落葉松の斜面に廃屋となっている家が数軒立っている。峠には、昔、人家のあった場所の名がところどころ残り、ある場所では家も残っているが東餅屋の茶屋に人間のいるのを除いては、下諏訪に大分近くなるまでは、どこにも人間がいない。ただ、所々、墓石がその昔の街道の名残をとどめている。

峠には闊葉樹《かつようじゅ》が多く、従って春や秋の色彩の美わしさが尋常でなく、加うるに、途中、飲料水が多く、坂も急でなく、乗合も利用出来るので、徒歩旅行にはもって来いである。西餅屋から少しく下って、樋橋《とよはし》というところがある。幕末の頃、武田耕雲斎一行の水戸浪士と諏訪の高島藩との戦争のあったところ、今は浪士の墓が道のほとりに寂しく立っている

下諏訪は温泉地、亀屋旅館という本陣が昔ながらに残り、附近には諏訪神社があり、欅の森の亭々として聳えている有様は見るからに神々しい。

下諏訪から塩尻へは三里、途中、塩尻峠がある。峠の頂上から諏訪湖が下に見え、富士山の雄姿が大きく彼方に聳えている。ここも秋には焼鳥の名所と伝っている。

ここから塩尻まで行く途中、旧道と新道とが交叉しつつ走っているが、旧道は近く急でなく、ところどころ昔めいた村があるので趣致がある。雪を戴いた中部山岳が落葉松の切れ目から見える。柿沢という村の山村らしい風情もよく、塩尻、大門とつづく家並みも昔めいて面白い。ここから少しく離れて桔梗《ききよう》ヶ原まで行って、昔の古戦場が今や葡萄園となっているのを見るのも興味がある。

塩尻から奈良井までは歩いたことがないので、略するとして、奈良井から歩きはじめると、間もなく鳥居峠にかかる。又、ここから奈良井川に沿うて信州駒ヶ岳に達する道もある。鳥居峠の旧道は今は崩れて、峠の頂上までは新道を歩かねばならない。秋ならば落葉が道に敷いて紅葉がふりかかる。頂上から藪原までは旧道を辿ることが出来る。途中、御岳の遥拝所があって、白雪を戴く御岳を遠望することが出来る。

藪原はお六櫛の産地、ここから中山道は木曽川に沿うて走るが、それとは反対に木曽川の上流にすすめば一里にして小木曽女《おぎそめ》で名高い小木曽に達し、更にすすむと境峠に至り、松本にも、飛騨にも行くことが出来る。木曽川に沿うて中山道を下り気味に宮ノ越、福島とすすむにつれ、流れは大きくなり、渓谷の美が増して来る。

福島からは木曽御岳に登ることが出来、又、北方へ深く這入れば、幽林を分けつつ信州の最も未開な部落に達する。福島と上松との間に桟橋《かけはし》の名所がある。ここに芭蕉の句碑があって、

桟《かけはし》やいのちをからむつたかつら

と彫っている。右から王滝川の流れが注いでいるのが目に附く。これは木曽川の本当の水源、その源流は御岳の西から出て、蜿蜒《えんえん》として大森林の間を過ぎ、平家の落人の部落と称せられる滝越を経て来る。しばらく行くと上松《あげまつ》につく。附近には寝覚の床の名所があり、又、ここから御岳にも木曽駒ヶ岳にも登ることが出来る。

上松から三里にして須原に至る。花漬の名所。露伴の「風流仏」の背景になったところ、町は一寸古風な感じのするところである。三留野《みどの》から汽車は木曽川に沿うて進み、中山道は流れから離れて妻籠《つまご》、馬籠《まごめ》、落合、中津川へと山間を走っている。妻籠は可なり賑やかなところ、ここのお六という女が初めてお六櫛を作ったと言われる。ここから蘭《あららぎ》川に沿うて上り、清内路峠か大平《おおだいら》峠かを越えて飯田に達する道がある。蘭川は木曽川の支流であるが美わしい流れである。妻籠から馬籠まで二里の間は人通りが少なく道は崩れ細り、馬籠峠に近くなって森林が深い。馬籠は島

崎藤村の郷里、あけはなしの山間の村、寧ろ山の斜面の村と言った方が適切だ。恵那山が南方にいかめしく聳えている。「夜明け前」にはこのあたりが背景となっている。馬籠から丸石のごろごろした十曲《じっきょく》峠を辿って一里行けば落合に達する。ここは可なり人家の多い村で、恵那山はここから登るのが一番近い。中津川はここから更に一里、道は大体に於て田圃の中を恵那山を左に仰ぎつつ進む。

中津川は山間にあるが珍らしく近代的な立派な町で、日本の山を世界に紹介した英国人ウェストンが岐阜から人力や馬車を利用してここまで来て恵那山に登った明治二十七年頃の記事を読むと、全く隔世の感が深い。

（昭和十三年／『山路の旅』所収）

※地図は、追分周辺は「信濃追分と追分節」59ページ、和田峠周辺は「美ヶ原と霧ヶ峰」17ページ、木曽周辺は「木曽路を行きて」209ページ参照。

神坂峠と兼好法師の庵跡

「万葉集」の二十巻に神人部子忍男《かむとべのこおしを》の作として、
千早ぶる神のみさかにぬさまつりいはふいのちはおもちちがため
という歌が這入っている。又、「家持集」の内に、
その原の山をいくかと歎くまに君もわが身も盛すぎゆく
というのがある。その他、平安朝の坂上是則の歌に、
園原やふせやに生ふる帚木《ははきぎ》のありとは見えてあはぬ君かな
又、藤原家隆の歌に、
園原や行きては迷ふ帚木のよそめばかりの知るべだになし
「後拾遺集」の能因法師の歌に、
白雲の上より見ゆる足引の山の高根やみさかなるらむ
などがある。

是等の歌は信州の神坂《みさか》峠や園原を歌ったものである。神坂峠は信州の飯田から駒場を過ぎ、中山道の神坂村に越す峠で、日本武尊が御通りになったということになって居り、その中山道近くに兼好法師が庵をかまえたと云う伝説的な跡があり、最近には峠の頂上附近の富士見台の高原は、眺望のいいので有名になっている。昨秋私が清内路峠を越えた時、そのことを途中できいた。又、園原はこの峠の東南約二里の麓にある途中の村で帚木や木賊《とくさ》で有名で、平安朝の歌人、文学者によってひろく喧伝された。私のことしの夏の旅は、神坂峠を中心として、そのあたりの街道や山を歩くことだった。

七月二十日の夜行で新宿を出た時の雑沓は、名状出来ないものだった。乗客は何れも登山者で、棚に乗っている大きいふくれかえったルックサックを見るのも暑苦しい気がする。私の近くには登山姿の女学生がずらりと並んでいる。目黒高等女学校の生徒だそうで、先生に引率されて神河内《かみこうち》から中房温泉の方へ山越えする予定だといっている。

いつも斯《こ》うした夜行でのお定まりの寝られぬ一夜をへて、八ヶ岳の裾野にかかる頃に夜があけた。八ヶ岳の峻嶺がはっきりと見えたと思う間もなく濃霧があたりをとざして、汽車はけたたましい音をたてて信州路を下って行った。霧がはれると、諏訪の湖水が暁の空気にさやかに浮んで見える。辰野で電車に乗換えてから睡気が頻りと襲うて、時々、右隣りのお客にぶつかっては迷惑をかけた。

飯田で下車して休むひまもなく、乗合で駒場に向い、そこで更に乗換えて昼神に向った。昼神から歩きはじめた。空は晴れて日はかんかん照りつける。少し行くと、道は左右に分れて左に園原口とかいてある。音にきく園原はもう始まるかという気がする。入口に近く鶴巻の淵と云う景勝の地があったが、今は水力電気の工事のためになくなったと書いてある。道は本谷川に沿うて走り、流れの音はするが、青葉に遮ぎられて、その姿を見ることが出来ない。見やるかなたの緑にけぶる山また山は、いくぞの青葉を積み重ねた山々なのだろう。遥かの山崖に見える寂しい家は目指す園原のそれだろうか。やがて五六軒の家が道端に現われて来た。横川という。ここは昔旅客の足しげかったところだそうで、今でも宿や茶屋がある。ここで昼飯をたべた。

神坂峠に入る道はここから右へ細く登っている。音にきく園原の部落はぽつりぽつりと現われて来る。水田がある。水車がなごやかに廻っている。道が細いので、

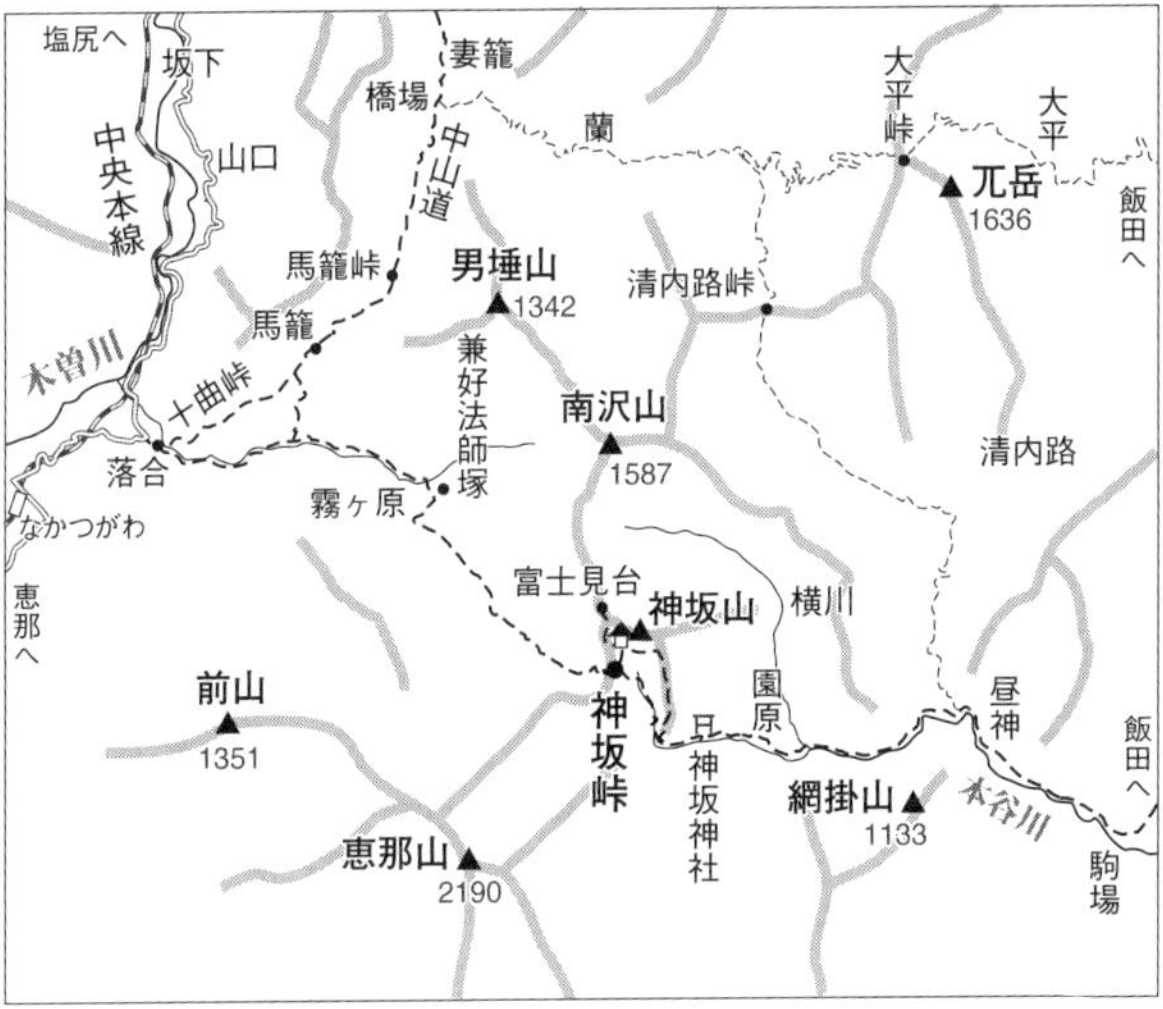

若《も》しや間違っていやしないかと、左手のポストのかかっている家できけば、囲炉裏の傍に集まっている人達は、「休んでお茶でもお上りなすって」と親切に言って呉れるので、暑さに弱りきっている私は、いい機会と思って腰かけた。

お茶をのみながらここで見た約三時間の山村生活は中々面白い。その間に戦争の話やら、駒場で見て来た映画の話やらが出た。しばらくすると山から二十ほどの丸々とした青年が、「おっかーを連れて来たよ」と這入って来る。富士見台の世話人の息子が母親をつれて休養に降りて来たのだった。

次に毛布を売る商人がやって来た。「二枚つづきで五十銭の毛布がある。一つ買わんか、この冬には毛布はもうなくなるで。」「そんな安い物は当世にあるかい。」「一つ見てお呉れ。」やがて出された五十銭の毛布は丸でタオルのような小さいもの、てんで問題にならず、外は四円か五円のものばかり、到頭、五円のものを五十銭ばかり負けて売り、凱歌を奏して引きあげた。次に売薬行商人がやって来た。散々、薬の効能を並べて薬を数種置いて行った。斯うした光景を見ていると、もう三時半頃になって、幾らか涼しくなったので出掛けた。

細い村道を登って行くと、次から次と家が現われて来る。村はずれに来た頃、道の右に石碑が立っている。伝教大師が神坂峠を通る旅客の為めに作った広拯院《こうじょういん》の跡だと云う。又、左には源仲正の歌が石に彫ってある。

木賊かる園原山の木の間よりみがかれ出づる秋の夜の月

外にも、途中、あまたの歌が道のほとりの古色蒼然たる石に彫られてある。やがて日本武尊を祀った神坂神社が右に現われる。境内は森々とした幽林にとりまかれ、入口には尊の腰掛石がある。又、埴科《はにしな》郡神人部子忍男の

千早ぶる神のみ坂にぬさまつりいはふいのちはおもちちがため
と彫った石が境内の一隅に立っている。

丁度、ここで、木曽の三留野《みどの》の青年学校の学生三十人ほどが、三人の先生に引率されて富士見台へ行く途中休んでいるのに会い、一緒に行った。園原から一里ほど歩いたと思うところで道が二つに分れ、左の旧道は壊れて通れぬから右を行くようにと注意書がしてある。右は笹原の水の無いところを上って行くので中々暑い。そろそろ針葉樹が現われて来た。空模様が少しく怪しくなって遠雷の音がする。段々、高山的な面影が現われて来る。道は山側をぐるりと廻ってやがて峠の最高点を過ぎると下りになる。暗い針葉樹林の間に馬がいる。牧場である。柵を越えると小屋があって、「万岳荘」の名がついている。這入ると、もう先着のお客が十五六名いる。一緒に来た青年学校の一行は、もっと上の小屋に登って行った。小屋の前面には一寸恰好のいい峰が聳《そび》えている。三ヶ峰と云うのだそうである。

小屋には囲炉裏の部屋と合せて部屋が三つあり、あるじは先程休んだ家の婿《むこ》で、二十歳ばかりの青年はその子供だそうである。売店があって色々のものを売っているが何より有難いのは、流れ出たばかりの清水をうけたコンクリートの風呂のあることだった。ここは千六百米突《メートル》に近く、夕方は膚寒い感じがしたが、夜は割合に温かく、借りた毛布で可なりよく眠られた。

明くると天気が一層よく、同宿の青年達は早くから富士見台へ出掛ける。私は、今日、峠を神坂村へと降り、馬籠《まごめ》を廻って中津川まで行けばよいので、ここから八町の富士見台までお伴しようという主人の手のすくのを待って、七時に出掛けた。清水の湧く沢を斜めに登って尾根に出れば、あたりは一帯の牧場的な高原で、風は冷たく、そよろと吹いている。大きな円丘が三つばかり飛び飛びに聳えて、一番遠くにあるのが最も高い。そこには細かい人の姿が点々として見える。行って見ると、昨日道連れになった青年団の一行である。牧場的な高原は下の方にも見える。眺望は大きく、殆んど真北に槍ヶ岳と穂高岳とが屹立《きつりつ》し、その右に常念山脈が見える。左には笠ヶ岳の一角が覗き、遥かに加賀の白山が大きく白く大空に浮んで見える。御岳と乗鞍岳とが近くに聳え、木曽駒ヶ岳から南駒ヶ岳につづく山々、赤石山系の山々は蜿蜒《えんえん》として真近にうずまいている。南西に近く聳ゆるは恵那山、黒々として大きく、道さえあれば、無造作に登れそうな気がする。しかし、富士見台の名にも拘わらず富士山が見えそうもない。小屋のあるじにそのことをきくと、「富士が見たい（フジミタイ）という意味でしょう」と笑う。

小屋はこの頂上の直ぐ下にも一つあって、昨日一緒に登った青年学校の人達の泊ったところだが、水の便は万岳荘ほどによくない。

ここで小屋のあるじと別れて神坂村の方へ下りて行った。道は廻りまわって、旧神坂峠の頂上に出る。そこから間もなく道は檜の林に這入る。この下りは園原口とは異なり、道がひとうねりする毎に清水が流れ、休憩のためのベンチが置いてある。森々とした昔ながらの幽林を降って行くのには、神代ながらの峠道を辿るような感じがある。道の左に風穴が二三ある。のぞくと、この暑さにもふるえるように寒い。木ノ葉清水と名のつく清水の流れているところがある。氷のような清水が滾々《こんこん》と道端に湧出している。ここから伐採が始まってレールが敷かれ、ところどころ官舎が建てられてある。

やがて道は二つに分れ、右は川並、味噌野に通じ、左は霧原に通ずるとかいてある。昨夜泊った小屋で、兼好法師の庵跡へは、右の道を行くようにと教えられたような気がして、右を行った。大分、下りた頃、二人の樵夫《きこり》らしい人にあって、兼好法師の庵の跡はときけば、この下の村のとっつきで聞くようにと教えて呉れた。

幽林を抜け切る頃、俄かに明るくなって人家がぽつぽつ見え始める。兼好の庵の跡はすぐここを右折して、丘の上の家の前を更に右に折れ、二町ほど登ればあると聞いて登って行く。村の最も東端の島崎某の家の前を通り一町ほど進めば、果して兼好法師塚と云う石が数百年も経たと思われる大木の根の上にあり、めぐりに三本の杉が立っている。一間ほど前にも経塚という石がある。しばらく低徊《ていかい》してあたりの地勢を見ると、ここは海抜二千五百尺ほどあり、庵を結ぶには屈強の場所で、大きな渓谷の一角を占め、而《しか》も眺望が頗る大きく、南に恵那山の秀峰を仰ぎ、西は霧原の高原に対している。

帰ろうと思って、再び島崎某の家の前を通ると、主婦らしき人が暑さに喘《あえ》いでいる私を見て「お掛けなさい」と言って呉れる。有難いと思って、ルックサックをおろし、前に流れる清水をのんで休んだ。この婦人の話によれば、兼好法師の庵の跡は、あの碑のところから更に一二町奥のところにあって、今は竹藪になっているとのことで、頼んで案内して貰った。なるほど碑から二町ほどのところに清水の流れているところがあり、それを境として竹藪がある。婦人は竹藪の間には、「おこぎ」という草が一面に生えていると言って、取って見せたが、これは一寸芹に似た草で、野生ではなく、誰かここに住んだ人の植えたのがこんなに繁殖したに相違ないと言われていると語っていた。ここでは三月十五日にはいつも兼好法師の霊をまつるために御酒を献げる習慣があり、兼好が訛って猿猴《えんこう》となり、今ではこの場所のことを猿屋敷と言っているそうである。帰ろうとする時、前面に一峰が聳えているに気が附いた。笠置山と云うのだそうであるが、この名称も兼好に何かの関係をもつものではないかと思われた。

「吉野拾遺」の内に兼好法師の言葉として次の節がある。

「われ一とせ木曽の御さかのあたりにさすらへ侍りし時、山のたたずまひ、川のきよき流れに、心とまり侍りしかば、ここにぞおもひとどまりぬべき所にこそ侍《はべ》れとて、

　　思ひたつ木曽のあさぎぬ浅くのみ染めてやむべき袖の色かは

と詠じて、庵を引結びて、しばし侍らひしに、国のかみの鷹狩に、人あまた具し給うて、山ふかき庵のほとりまでいましまして、かりし給ふさまの浅ましく、堪《た》へがたかりければ、

　　ここもまたうき世なりけりよそながら思ひしままの山里もがな

となが め捨てゝ出で侍りき。」

「吉野拾遺」に現われたこの兼好の話が、本当に彼のものとして信ずべくんば、正にここが彼の庵を結ぶにふさわしいところだったろうと思われる。今日の中山道が未だ出来ない頃、木曽から神坂峠を通って往来が頻繁に行われたことは、当時の物語や歌によっても明らかである。奈良時代や平安時代にかけて斯《か》くも園原や神坂峠が歌枕になっていることを考えると、兼好がここへ来たことも別に不思議とは思われない。最近に川並の隣村の細野で、開墾の際に五輪塔が掘り出されたと言われる。そこは昔から伝教大師が寺院を作ったと云う伝説のあるところだそうである。とにかく兼好法師の庵の跡はこのあたりでは疑うべからざる事実として広く信ぜられている。

島崎方から出ると、もう正午過ぎだった。今日は殊の外暑く、眼が眩みそうである。どこかに休んで、序《つい》でに昼飯にありつきたいと思ったが、中々見つかりそうもない。大分、行くと、道の左に大きな荒物屋があって、家の人達が裸で御飯をたべている。這入って御飯を頼めば主人は、「麦飯だから駄目ですよ」と言って断わったが、私は麦飯の方が却って有難いと言って、やっと昼飯にありついた。

しばらく休んでから出掛けると、間もなく右に馬籠《まごめ》へ行く道が分れている。馬籠はここから一里と云われ、日蔭のない道に日が遠慮なく照りつける。干からびた山側をうねりうねり上り下りして行くと、道はやがて中山道に出て、右には昨秋通った馬籠があらわれる。とっつきの左の家は役場で、今日は何かあるらしく人が集まっている。道はかなり急斜面を行き、丸石がごろごろして歩きにくい。両側にたち並ぶ家は物さびて、古い宿場の面影には何とはなしに胸をうつものがある。郵便局の手前二軒目のところを左に折れて二三町行けば石の階段があり、それを登り、鐘楼を右にして行くと禅寺がある。これぞ藤村の「夜明け前」に可なり大きな役割を演じている永昌寺である。勝手口から案内を乞うと、住職が出て来て、中へ這入って休めと親切に云って呉れたが、私は腰掛けながら冷たい井戸水を貰ってのどをうるおす。寺は如何《いか》にも小じんまりした綺麗な建物、戸障子をはずした部屋部屋の掃除の行きとどいた畳の上を、涼しい風が整然として静かになでて通る。涼風を浴びながら休ませて貰って、寺の歴史やこの山村の勤勉ぶりなどをきく。帰りに島崎家の墓地に案内して貰った。それは寺の入口の石垣の下にあって、「夜明け前」の主人公青山半蔵こと島崎正樹は、明治十九年十一月二十九日歿となっている。それと少しく離れて別に島崎冬子、島崎みどり、孝子、縫子の墓が悲しそうに並んでいる。

寺を辞してから、咋秋訪ずれた島崎楠雄さんの宅に立ち寄った。幸い在宅、日中の暑いさなか二三時間を休ませて貰った。四時頃になってから中津川に向って出発すると、楠雄さんも途中まで行こうと云うことで、一緒に出掛けた。

村から西南の方へ旧中仙道を下って上れば荒町で、諏訪神社が道の左にあり、入口に島崎正樹の碑が堂々と立っている。もう少し進むと、芭蕉の

送られつ送りつ果は木曽の秋

と云う句を美わしい字体で彫った碑が道の左に立っている。農村の話や、街道の推移が生活に及ぼす影響などを語りながら行けば、いつの間にか十曲《じっきょく》峠を過ぎ落合についた。楠雄さんは、ここまで来た序《つい》でに中津川の親戚まで行きたいと一緒に乗合を利用して中津川に向った。中津川の橋力と云う宿がいいということで案内して貰ったが、最近に旅館営業をやめたということが分り、次に十一屋に至り、そこで別れた。

(昭和十三年/『山路の旅』所収)

街道遊記

七月末に信州追分へ来てから、もうかれこれ二十日余りになる。よその暑いことを考えると、一寸ここを離れる気にはなれない。しかし、八月二十日頃になると、もう信州は秋である。せめて半日を割いてそよ風に吹かれながら乗合を利用したり歩いたりして、街道を尋ねて見ようという気になる。二十日の午後追分から岩村田《いわむらだ》方面に向う三反田《さんたんだ》行きの乗合に乗った。

追分から次の宿場小田井《おたい》までは一里半、その間に省線の御代田《みよた》駅があって、追分から三十町と言っている。そこまで四五百尺ほどの下りになるが、その間は浅間の裾野を行く街道の内で、最も落葉松の姿のすらりとして美わしいところである。裾野が、段々、開発されるにつれ、草花も、追々、なくなるが、尾花、女郎花《おみなえし》、松虫車、甘草《かんぞう》等が最も荒されずに美わしく咲き乱れるのも、ここらしく思われる。

御代田から小田井の宿場までは殆んど町つづきと言ってよい位、家がつづいている。それでも小田井に来ると、俄かに様子が変って、古めかしい家の構造が眼につく。道はすっかり浅間の裾を離れるが、浅間の姿が追分あたりで眺めるより却って雄偉に見える。

小田井から岩村田までは一里、岩村田はこのあたりでの賑やかな町ではあるが、流石に昔の面影があって古めかしい家も残っている。町をはずれると右に中学校があり、左に相生松がある。この松は赤松と黒松とが一本になって成長したもので、このあたりの名木に数えられている。道の左右には稲波が風にうごいて涼しく、北国街道とは異り、砂煙をあげて走るトラックもなく、前面には蓼科山の斜面が優美にのんびり裾を引き、八ヶ岳の左には秩父や上州の山々が覗いている。

岩村田から塩名田《しおなだ》までの一里半の道は、坦々として水田や畑の間を行き、大分、山とは遠ざかる。間には中佐都《なかさと》の村があって、道の端を流れが走っているのも涼しそうな感じを与える。

塩名田は千曲川にのぞむ賑やかな宿場で、昔の家がその儘《まま》、飲食店に利用され、料理屋の多いのが眼に立つ。千曲川に架する橋に立って眺めると、流れは清く、山が青く、子供等は嬉々として流れに泳いでいる。

八幡《やわた》の宿はここから半里あまり、ゆるい斜面の左右に昔めいた家が、狭い通りにより合って立っている。塩名田の陽気な明るい感じとは異なり、ここは何となく陰惨な感じがする。

八幡から山にかかり峠を越え一里にして望月の宿に達する。ここは村と言っているが、このあたりでは岩村田に次ぐ大きな宿場で、村というよりも町に近い。周囲は山で、村はずれを川が流れている。何となく落着いた感じのするところで、昔から名馬を産するので名高く、歌にも歌われている。今より十数年以前の八月の或日、私は小諸から下駄ばきで御牧ヶ原を横切って暑いさなかにここへ到着したのを覚えている。

私はここで中山道と別れて省線の田中駅行きの乗合に乗った。道は鹿曲《かくま》川に沿うて走り、普通に望月街道と言っている。やがて乗合は千曲川を横切り、信越線に沿うて田中駅に達した。私はここへわざわざ来たのは、田中駅と大屋駅との間に介在する本海野《もとうんの》が見たかったからである。ここは北国街道の宿場で、このあたりで最も宿場の面影をもつと言われる。

田中で本海野方面の乗合に乗換えた。村の入口で下りる。白鳥神社の前で千曲川が道のほとりに現われる。本海野の宿場は長く続いて、無くなるかと思うと、又、現われて来る。村の真中に形式だけの細い溝があり、それがところどころ崩れ、縁に柳が植えてある。屋根は茅葺が多く、本陣も脇本陣も残っている。中山道とことなり、時々、トラックが砂煙をあげて走って行くのがうるさい。本海野の終るところは大屋駅に近い。

大屋駅について駅前で空腹を充たし、時間があるので、すぐ附近の千曲川の橋に立って流れを見た。千曲川もここではすっかり水量が多くなり、流れが急で、嬉々として泳ぐ子供達の姿も見えない。

汽車にのって追分に向うと、小諸を出る頃から浅間がすっかり雲に蔽われて、裾野には夕立がしている。追分につくと、雨は止んだが、寒い風が吹いている。

僅か半日で見ただけでも中山道と北国街道の宿場の相違が幾らか見出されるような気がした。北国街道には茅葺の家が多く、中山道には板屋根の多いことなどもその一つであろう。昨年見た柏原の宿でも、ことし見た本海野にしても、通りを広くし、その真中に並木を植えるとか、流れを通すとかいうことも、北国街道にあって、中山道には珍らしいもののように思われる。日本の五街道といえば、東海道、中山道、日光街道、甲州街道、奥羽街道で、北国街道は這入っていないが、中山道筋には事実に於て大々名がなく、大きな都会がなかったに反し、北国方面には大々名が多く都会も多いために、昔から、事実、北国街道を通行する人間が中山道を通行する人間よりも多かったとは、追分の古老達の言うところである。此頃でも中山道を歩く時には何となくのんびりした気持になれるが、北国街道を歩く時には、絶えずトラックやその他色々の貨物運搬の自動車を警戒するようにさせられるのは、北国街道筋に都会が多いせいであろう。

（昭和十三年／『山路の旅』所収）

※地図は「信濃追分と追分節」59ページ参照。

追分高原

浅間山をとりまく高原が幾つもある内で、追分高原だけは一風変っている。高原といえば高原に相違ないが、それは殆んど一面に落葉松に蔽われている。そこへ行く人は、美ヶ原のような、又、蓼科《たてしな》牧場のような、原の表面が花で彩られた牧場的なものをあこがれて行ったら、きっと失望するに相違ない。追分高原のいいところはそうしたところにあるのではなく、所謂《いわゆる》高原といった風な茫漠としたものをもちながらも、その間に懐古的な情趣の豊かな地点をあちこちにもっているというところにあると言えよう。

信越線の汽車を軽井沢、沓掛《くつかけ》と進んで、信濃追分で下車すると、停車場のすぐほとりに、停車場には珍らしい大きな谷が浅間山に向って開いている。この谷を右に見て二町ほど登れば、前面に八ヶ岳から蓼科山につづく尾根が聳《そび》え、その裾に佐久平が緑にけぶっているのが眺められる。鉄道線路の向うには八風山から閼伽《あか》流山につづく低い尾根が長く曳き、その左に牧場的な高原を距てて奇嶂《きしょう》な山々が聳立《しょうりつ》している。

もうここから追分高原に這入る。林の間の鳥の声を耳にしながら十町ほど進めば中山道に出て、左折すると追分の村が現われて来る。

村は高原の一角にあるが、眺められる山は、ただ八ヶ岳、蓼科山、浅間山、八風山、離《はなれ》山等に過ぎないと思う人があれば、それは誤りである。村の西端からも浅間神社の横の丘からも、中部山岳が注意深い眼によって眺められる。

追分高原を見ようと思う人は、村から北方へ一里半ほど幽林を分けて、血ノ滝、血ノ池まで歩く方がよい。血ノ滝附近には広場があり、草花が咲き乱れている。それを横切って左の方へ五六町進めば坐禅窟があって、中には坐禅霊神や西国三十三番の観音が祀ってある。血ノ滝附近はつつじの名所で、初夏の頃にはここが一面に赤くなるのが村からも眺められる。

村から血ノ滝まで行く間にそれと交互して三つほどの環状道路が幽林の間を走っている。最後のものを右へ辿れば草津温泉に通ずる。斯《こ》うした道をさまよい歩くことにより、追分高原が最もよく味われよう。幽林の間には草花が咲き乱れ、五月末に鈴蘭が香り、つつじが点々として咲く。八月末から十月初めにかけて初茸《はつたけ》がとれ、十月半ば頃には一面に霜降りという茸が生えて来る。鳥の声も賑やかで、五月にはカッコーや時鳥《ほととぎす》の声が幽林に反響する。

しかし追分高原に独特な懐古的情趣は、斯《こ》うした幽林の間よりも、主に中山道に沿うて或は中山道よりも低い方に存在すると言える。

追分という名称は、この村の西端に中山道と北国街道との二街道が分岐しているところから来ている。今その分岐点の広場へ行って見ると、色々のものが見出される。一番前にあるものは、「東、二世安楽、追分町」と彫った石であり、その右には北国街道と刻まれ、左には中山道と彫ってある。次に狂歌師森羅亭万象の、

世の中はありのままにぞ霰ふるかしましとだに心とめねば

という歌を彫った石が立っている。

この歌の次にあるものは常夜灯で、面白いことは、これには「これより左伊勢」とあることで、昔の人達の頭が中々雄大だという感じを抱かせる。次に地蔵仏が安置されてあるが、これは明治十一年明治天皇御巡幸の際に村の泉洞寺という禅寺に移され、昨年更めてここに置かれたものである。広場の北寄りの一隅に人目につか

ず一つの石が転っていて、それをよく注意すると、
　更科は右み吉野は左にて月と花とを追分の里
という歌が彫ってある。最後に広場の西に観音の像が立っている。
この広場と対して北国街道をさしはさんで、浅間の裾野にはその昔、牢獄があって、偽官軍の連中が幕末に獄門にさらされたと言われる。
私が追分に行きはじめてから、かれこれ二十年、夏の大部分はいつもここで暮しているが、今迄はただ幽林の間にさまようのが主な仕事で、精々、目につく建物の歴史を古老からきく程度に止めていたが、今年、この村に色々興味ある地名のあることを偶然のことからして聞く機会をもった。例えば「笑い坂」、「唄う坂」、「吉野坂」などがそれである。是等は何れも追分の盛時を物語るものである。
「笑い坂」とは追分の分岐点から中山道を御代田《みよた》の方へと四五町行くところにある坂の名で、その昔、追分が浅間の裾野の歓楽境として栄えた頃、中山道を喘ぎながら登って来るお客が、この坂を上る時に、俄かに追分の灯が見えたために、嬉しさのあまり笑ったというところから来ている。又、「唄う坂」は、浅間神社の前あたりの坂を指すもので、これも軽井沢、沓掛方面から来るお客が、ここへ来る時に、

追分の宿場の灯が見えて、思わず唄ったというところから来ているという。

これらは何れも追分の盛時を物語るもので、喜劇的要素を多分にもつものであるが、「吉野坂」はそれとは反対に、ここにあった二百年以前の悲劇を暗示している。それは追分の中央から西によっている禅寺泉洞寺の前から二三町道に沿うて南に下るところにある坂の名で、追分から下って行けば別に坂らしくもないが、下から上って来ると、一寸、坂らしい感じもする。ここを吉野坂と言うのは、今から二百年前に追分のある楼にいた吉野という遊女が、三月十八日の夜、ひそかに楼を抜け出し、すぐこの坂の下の用水で身投げして果てたという伝説から来ている。この遊女は土地の名妓であったと言われている。今でも道の左の雑木林の間に「春貞禅定尼、享保廿卯天三月十八日」と彫った墓を見出すことが出来る。

その他、この土地には備前屋敷という地名がある。そこは備前守某の屋敷跡で、今もその跡が比較的崩されずに残っていると言われるが、私は未だそこへは行って見ない。

他にも村の伝説的な地点が色々ある。中山道に於ても、北国街道に於ても、追分の盛時、多くの生命が奪われたところは、今も尚お古老によって物語られている。

今、小学校のある附近なども、その一つであると言われる。最も浪漫的な伝説は、ここの或る遊女が、楼を遁げ出そうとして、幽林の間の小径を走り、追手のために追いつめられ、遂に化けて石になったという話である。今でもそれが、「化物石」として村の人達に信ぜられている。それは、追分の別荘地帯から停車場に向う近道のほとりに立っている。

この宿場で起った色々の悲劇的な出来事も昔語りとなっている。徳川十二代将軍の頃、三千石の知行取りの高橋道十郎と云う幕臣がこの宿で自殺し、その弟の道寛という人が、

尋ね来て昔を偲ぶたもとにはあきたらねども露ぞ置きかう
とりあえぬ手向とも見よ岩つづら道の行手の折からの花

と詠じた歌が、今も泉洞寺に残っている。又、越後の蒲原生れの梅香という遊女が、夫の仇をここの小野屋という宿屋で取った話も伝えられている。

この宿場へ来て目につくことは、浅間の茫々たる裾野を走る中山道に沿うて、所々に存在する廃墟の多いこと、破れた土蔵だけが立っている光景、寂れ切って今にも手入しなければ崩れて仕舞いそうな建物の多いことなどで、これらは何れも幕

末の盛時に千戸もあったと言われる部落の残骸である。是等の残った家屋を外部から見れば如何にも寂れているが、中へ這入って見ると、意外に立派な部屋などがあって、流石にその昔を偲ばせるものがある。

昨秋にはここの名物であった油屋、盛時には百人の遊女を抱え、専属の芝居小屋まで持ち、九代目団十郎（？）まで招いたといわれる旅館が、附近の失火のために類焼をこうむったが、それでもなお明治天皇が御泊り遊ばされた本陣があり、その他、幕府時代からの有名な永楽屋、桝形《ますがた》ノ茶屋などの建物が寂れながらも残っている。また、泉洞寺の古色蒼然たる建物も昔のままにある。更に又、油屋の芝居小屋で使用された俳優の衣裳も残っている。是等は何れも旧いものではあるが、しかしいつまでこのままに残りうるだろうか。追分節に唄われた桝形ノ茶屋の前面などもぼろぼろになって、手入れをしなければ、恐らくは遠からずしてこの名物も無くなるのではないかと思われる。

是等の建物のなくなる時は、たとえこの土地に新しく別荘の数が殖えて、村が新しくよみがえる時が来ても、恐らく浅間の裾野の名物としての追分が消滅する時であろう。そして軽井沢や沓掛と同じものとなろう。

村の最も古い建築は最近の研究によれば、あの芭蕉の「吹きとばす」云々の俳句を彫った石のある浅間神社で、室町末期の建築らしく、その後、屋根を多少改造したものだろうと言われている。この神社の祀れるものは磐長姫《いわながひめ》で、伝説によれば、父の大山祇神《おおやまつみのかみ》は姉の磐長姫を浅間山に住まわしめ、妹の木花開耶姫《このはなさくやびめ》を富士山に住まわしめ給うたということになっている。

私はここで特に月夜の散策を好む。月が皎々《こうこう》として輝やいている時、私は小学校の前から月見草や萩の咲き乱れた中山道通りを歩き、一里塚を右に眺め、路傍の悲しげなる虫の声をききつつ進む。右には浅間山が月光に浮んでいる。

その昔の「唄う坂」を下る時、右に浅間神社の林が月光に婆娑《ばさ》として揺れている姿を見、やがて昇進橋を渡って追分の村に入る。その昔栄華を誇っていた駅の残骸を照らしている月は天心にあって、冷たいうすもやは高原の表面を軽くとざしている。追分の分岐点に至れば、地蔵と観音とが追分の村に向い黙々として立っている。泉洞寺の森は黒々として、幾百年の歴史と、そこで葬むられた幾多の悲劇や喜劇を経験した人々の夢とを包んで静かに眠っている。

耳をすませば、汽車の軋る音が南に聞えて、その姿が月光をつんざいて進む。それこそ嘗ては盛時を謳われたこの歓楽の境を廃墟の極に陥入れたものなのである。

やがて、あたりは再び静粛にかえって、虫の声のみが路傍にかしましい。

（昭和十三年／『山路の旅』所収）

※地図は「信濃追分と追分節」59ページ参照。

初冬の山村

この頃では、スキーをやりに行くか、汽車で温泉へでも行くかするのが、冬の旅に最もふさわしいことのように考えられるが、スキーもなく、汽車の余り便利でなかった頃の旅好きな人は、雪の中を徒歩しながら永い道中をやった。露伴の「酔《すい》興《きよう》記《き》」を読んで見ると、明治二十二年の正月に草鞋《わらじ》ばきで、信越線の田中駅で下車してから飛驒の高山まで歩いている。そしてその間に和田峠だの鳥居峠だのを越えている。

勿論、冬、徒歩で高山に上ろうとか、高い峠を越そうとかすることは無理なことには相違ないが、しかし、そうした高いところでなく、山間の旅の程度のものならば、徒歩ででも出来るし、その方が却って今でも面白いのではなかろうかと思う。

そういう際にスキーを履こうが履くまいが、それは銘々の勝手であるが、スキーでは雪のあるところはいいとしても、そうでないところは却って荷物になる。いつかも私は正月に信州の丸子町から大門峠を越えて、茅野までスキー旅行をやる積りで出掛けて、雪が少ないために、到頭、スキーを背負いながら歩いて仕舞ったことがある。

＊

そんなことを考えると、僅かの雪なら兵隊靴か草鞋かを履いて歩くのが中々面白い。特に草鞋のいいことを最近感じた。かりに雪が降って一時交通が杜絶することがあっても、しばらく待って居れば必ず通ずるし、北国地方や東北地方ならばいざ知らず、又、六七千尺の峠道ならいざ知らず、そうでないところなら、雪で交通が杜絶するなどいうことは滅多に考えられない。

冬、靴や草鞋で旅をする物好きを笑う人があるかも知れない。しかし、本当に自然を楽しむ人間からいうと、青葉や紅葉の山もいいが、晩秋や初冬にかけての落葉や新雪の旅もいい。落葉の散り敷く山の膚や枯木寒巌《こぼくかんがん》の山容を眺めつつ落葉を踏む旅、新雪に輝く山峰を仰ぎつつやる旅も趣味がある。特に落葉を草鞋ばきで踏みつつ歩く旅の味などは、最も日本的な味わいのするもので、恐らく日本人ならでは分らぬものであろう。そこには幽寂をよろこぶ日本人の趣味を満足させるものがある。

落葉を踏む幽かな響にも何かしら、宇宙的なものを感ずる日本人の象徴的な気持がそれに感じられる。過去の日本文学が割合に紅葉や落葉に対して理解をもったのも、一つにはここに原因があるとも考えられる。

斯《こ》うしたことは、山村から山村への旅に於て最もよく味わわれる。有難いことには、日本のどこへ行っても、山村から渓流を離して考えることが出来ないと共に、峠を除いて考えることも出来ない。どこへ行っても清流があり、山村と山村とをつなぐ峠がある。流れのほとりに散り敷く落葉の美が味わわれ、峠に立てば大きな眺望が得られる。主なる山村には宿屋があって、冬にはもってこいの設備がある。宿は綺麗でなくても、穢《きた》なくなければそれでよい。あわよくば温泉宿がある。

山村の小綺麗な宿ほど気持のよいものはない。それは本当に山村にふさわしいものである。冬になると冬にふさわしい設備があって、地方色をもつものを食べさせる。本当に大地に親しみをもつ人に取って有難いものがここで食べられる。

われわれが旅をして最もほしいものは、決して西洋まがいのホテルでもなければ、堅苦しい響きをもつ旅館でもない。どこまでも柔かい響きと鄙《ひな》びた感じを与える宿屋である。斯うしたものは、山村だの昔の宿場だのに見られる古めかしい屋号をもつ宿屋に見出される。

そうした山村は汽車で素通りした観察によると、どこにも見出されそうにもないと思われるかも知れない。しかし実際に歩いて見ると未だ沢山ある。いや探して見ると到る処にある。

先日箱根へ一寸行って見て感じたが、同じ箱根でも人間のよく行くところへは、多過ぎるほど行っているが、少しくそういうところを離れると、誰も行って居ない。私は板里《いたり》で乗合から降りて、仙石下ノ湯から上ノ湯まで半里あまり歩いて見たが、殆んど人間に会うことがなく、下ノ湯に二三人の滞在者があったきりで、上ノ湯はがら空きだった。

そして下ノ湯から上ノ湯までの間を落葉を踏みながら歩く気持は何とも言えないいいものだった。勿論、ここには優れた渓流があるというわけではなく、いい山村が見られるということもないが、ただあのような賑やかな温泉地帯にも、斯うした静かな昔風な温泉宿があると思うと頼母《たのも》しい。

＊

いい山村といえば、飛騨の山奥あたりが最もよいと誰しも思うであろう。全くそれには異存がない。山村のよいのは、その風体ばかりでなく、山や水や人間や家屋がとけ合って山村らしいものを形作っていなければならない。その点からいうと、飛騨の山村などは一番いいものであろう。しかし飛騨の山奥へ、一寸、這入り込むのは容易でない。近くには東京府下にも、秩父あたりにも、相模にも、上州にもいい山村が沢山ある。信州ならば、一層結構である。

先日も私は木曽の洗馬《せば》から奈良井、それから権平峠《ごんべえ》〔権兵衛峠〕を越えて伊那町に行き、更に高遠町から杖突峠《つえつき》を経て帰って来たが、どこへ行っても、いい山村のあることをしみじみ感じた。帰ってから暫くすると、十一月十一日の日附で画家の茨木猪之吉君が木曽の馬籠《まごめ》から、

「鳥居峠の焼鳥を喰い、宮ノ越から駒ヶ岳の新雪を眺め、須原に泊る、妻籠《つまご》から峠を越えて馬籠に来り、そこで泊って二階から恵那山を眺めた。これから名古屋に向うが、その先は分らぬ。晩秋、初冬の木曽路は先ず天下一品」という通信をよこした。

茨木君のような山岳画家、というよりも山村画家に取って、特に木曽路のよいことは考えられる。風体からして山村の象徴であるかのように見える同君から木曽路

の消息をきくと、一層、木曽路のよさがしみじみと感ぜられて来る。

先日の旅で、信濃路の山村から山村への旅のよいことを感じた。奈良井川に沿うて晩秋の彩どりを尋ねつつ、その昔栄えたと言われる街道に残る鄙《ひな》びた村里が、紅葉に包まれている光景を眺めると、それは宛《さなが》ら大地から根生えた自然それ自身のように見え、ところどころ紅葉を分けて奈良井川に落ちこむ滝は絵のように美わしい。今頃は山々がさぞ落葉に蔽われた山膚の清楚さを示していることであろう。僅かの平地があるところにも二軒三軒の部落がある。奈良井川から離れて落葉を踏む道のほとりにも二三の家があって、大きな闊葉樹《かつようじゅ》が僅かの風のそよぎにも黄葉を散らしていた。

その昔、伊那や高遠から木曽へ米を送った頃に番所があったといわれる番所という村には分校があって、子供達が楽しそうに運動場に遊んでいた。この村から峠道がいくらか急になって、五六町上る頃、又、僅かに四軒から成立つ村がある。ここには出征軍人が二人もあるということをきいた。更に五六町行くと、萱ヶ平という可なり大きな村が、擂鉢のような行手の窪地の渓流のほとりに見えて来る。私は五千尺以上の高度をもつ峠から半里も下りないところに、これ程の人家があるのに驚

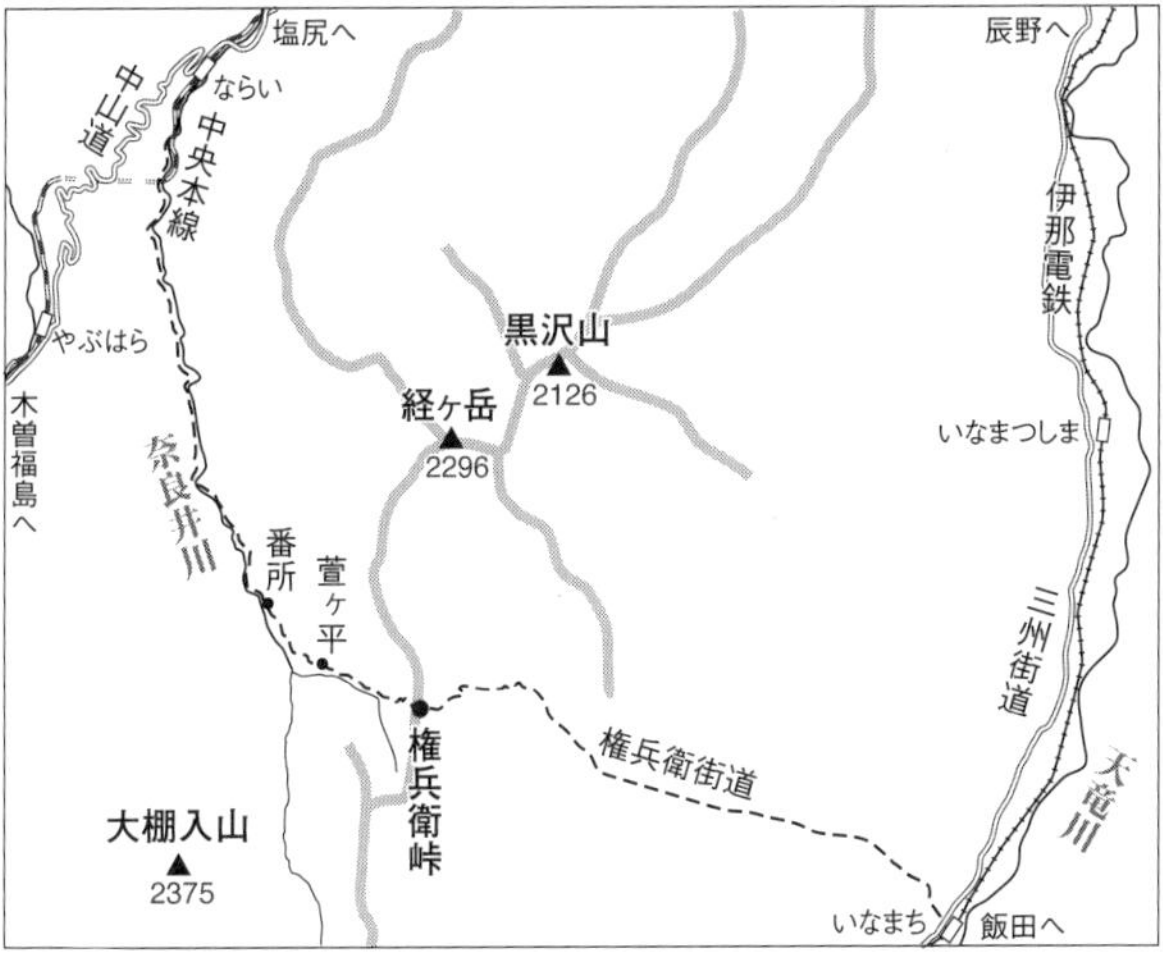

いた。そして遠望したこの村の晩秋の美わしさ！　これは宛《さなが》らあたりの高い山々の紅葉の流れが悉《ことごと》くここへ流れ落ちて、雑然とした秋の彩りが、ここの窪みに堰き止められているかのように思われた。恐らく初冬の頃は是等の色彩がすっかり消え、枯木寒岳もあらわに、奈良井川が冴え渡った渓谷にかん高い響きを立てることと思う。

　峠の頂上はもうここからは近くに見えていた。道は平坦な上りである。私の行った時は曇っていたので眺望はきかなかったが、峠の位置から考えると、冬の天気の冴えている頃の雄大なる眺望は、考えるだけでもぞっとするほどよいような気がした。

峠から伊那町に向うと、山村の様子がすっかり変って来る。木曽に向っている方面の山村がどちらかといえば寒村の感じがあるに反して、こちらは何となく裕福らしく思える。伊那町に通ずる街道から右に水田を距てた向うの丘へと走る往来のほとりには、如何にも豊かそうな山家が点々としてある。斯うしたところは潤いが少なさそうに思えるが、却って紅葉は山腹を赤々と彩どり、暮れて行く秋の彩どりの美わしさを遺憾なく発揮していた。奈良井駅から伊那町まで七里、草鞋ばきで八時間かかったら、途中、可なりゆっくり休む余裕のあることを知った。

＊

私が今までにただ一部分しか歩いて居ないが、全部、歩いて見たらさぞよかろうと思うところが一つある。女街道である。それは中山道の沓掛《くつかけ》駅と信濃追分との真ん中にある借宿《かりやど》村から分れて、上州の本宿までつづいている街道である。これが女街道である。これが女街道と称せられる故は、江戸時代に碓氷峠が女が通るには無理だとあって、女のためにこしらえられたからだそうである。

当時女ばかりでなく町人が多く通ったため、随分、賑わったといわれる。道筋はのであるが、借宿から下発地《しもほっち》、上発地を経て和美峠にかかり、初鳥谷《はつとりや》を通って本宿《もとじゅく》に出るもので、七里ほどと思えば間違いない。本宿には可なりな宿があり、下仁田方面へは乗合が通っているので、少しも不便はない。

この街道は最高地点でも四千尺に達するところがなく、途中には小さい部落がぽつりぽつりと想い出したようにある。私は借宿から馬越《まごい》まで時々出掛けたが、その間だけでも歩いて見る価値が十分にある事を感じた。このあたり一帯は高原で、上発地、下発地の山村にも中々よいところがある。浅間山は中山道から見るよりも、ここから見る方が却って大きくすばらしく見える。新雪に輝く山々の眺望をほしいままにし、点在する山村の風致を味わい、やがて和美峠を越ゆると矢川川の渓谷に這入る。この渓谷にも幾つかの部落があって、何れも山村らしい風情をもつことは想像するに難くない。ここらは一帯に雪の少ないところである。

（昭和十三年／『萌え出づる心』所収）

※和美峠周辺の地図は「神津牧場より荒船不動へ」73ページ参照。

初夏の山路

初夏の山路のよさは、その頃の山路を歩いた人でなければ想像が出来ない。それは平地の四月末の新緑の頃の美わしさなどとは比べものにならぬほどいいものである。

のみならず、山路の色彩の美わしさには、平地では見られないすき透った水々しいものがある。新緑の色が特別に鮮かで、流れが透明である。空気が冷たくすんでいる。

私はことしの早春の頃、上州から信州へと二日の旅をして、未だ芽ばえせぬ渓谷を辿りつつ、山々の斜面を蔽う新緑を想像し、その間を飾るつつじや藤や山梨の花を頭に浮べ、晩春から初夏にかけての渓谷を辿る旅の趣き深いことを考えた。

山村から山村へ、狭くなったり広くなったりする渓谷を歩き、やがて峠を越えて、又もや次の渓谷を訪ずれるという風な旅をやるほど愉快なことはない。そしてその間に偶然の温泉宿でもあれば、それが又、一層の面白さを添える。谷間に鳴く鶯《うぐいす》のまどかな声を耳にし、岸に咲くつつじや藤の花を眺め、清澄な流れの音に心を洗う旅は、永らくかき乱された頭をもとにかえすほどに静かなものである。

谷が狭っている時には、ただ圧倒的に多い両岸の緑や、その間からもれる花の彩どりや、流れが百態をつくす美わしさなどにみとれる。しかしその内に谷が開いて来る。思わぬところに山村が現れて流れのほとりにはささやかな水田や畑が見られる。

斯《こ》うしたものが思わず現われて来ることも、別にいやな気持はしない。寧《むし》ろ斯ういうところにも人間が住み、そこに人間的なものが展開されているところに、面白さが感ぜられる。

そうかと思うと、又々、この谷が狭り合うばかりか、時には、とんでもない方へ曲って行くのも面白い。多摩川の渓谷などのよいところは、そこにあるように思われる。丹波山村《たばやま》と落合との間のように四里近くも両岸の狭り合った人跡のない渓谷があるかと思うと、俄かに谷が開けて、氷川《ひかわ》や丹波山村《たばやま》のような町がかった村があり、山の側面の見上げるような高いところに山があり、畑がある。

どんなによい渓谷でも、いつも同じような景色が続くようでは飽きる。時には峡谷があり、時には会体《えたい》の知れぬ曲りくねりがあり、時には開けたところがあるので、却って面白味がある。

しかしそれだけでも面白さが十分でない。渓谷の本当の面白味は、やがて細り行く流れを眺めながら、道が峠になって、別の渓谷に下って行くところにあると言えよう。

どんな渓流でも、それが上流へ行くとなくなる。従って流れのほとりの山村を通ずる道は、やがてはどこかへ通じなければならない。中部山岳のような大山脈の間では、そうした道は人里のなくなるところで終っているのが多いが、もっと低い山の間では、この道は必らず峠を越えて、別の渓谷に別け入り、今迄とは異った流れのほとりを走り、趣きの変った山村に出ることになっている。

山路の本当のよさは、斯うした峠道にあると言えよう。そこには初夏の美わしさが見られる。東京近くの渓谷でも、例えば多摩川本流の甲州に属するところや、支流の秋川の数馬《かずま》あたりの峠では、初夏の頃は未だ新緑の真盛りである。大菩薩峠や将監《しょうげん》峠や数馬峠などのことを考えて見ると、誰でもそうだとうなずくであろう。

峠の面白さは、一つはその峠道の複雑さによっている。一つの山嶺を電光形に上って電光形に下るような単純なものならば、余り面白いとも言えないが、峠道がどこへ通じ、どこを越すのだろうと考えさせるほどに複雑な地形は、時々、複雑な面白い峠を形作る。そうした峠道の通る尾根は多くの支脈をもち、時には高原状の丘を幾つも生み出す。そして流れもそれにつれて多くの支流をもっている。尾根は鬱然と茂った深林をもち、丘には白樺や岳樺のような闊葉樹《かつようじゅ》がまばらに散在して、時には牧場を形作っている。

初夏の美わしさは初めは闊葉樹林に始まり、やがては落葉せぬ針葉樹に変って行く峠路にも見られるが、闊葉樹で終始する山路にも見られる。そしていつも斯うした山路を美わしくするものは、花の彩どりである。つつじであり、藤であり、風にふらふらなぶられる山梨の花である。

樹木の多い山は、活火山でない限り、豊富な流れを流出させ、それがしばらくすると、轟々たる響きをたてる。そしてそれらの流れの美しさ！　それは網目のように流れてはすき透り、淀んでは青い淵を作り、激しては白い泡沫を飛ばす。それが涯てしなく続いている。

こんなのが、日本の渓谷を溯《さかのぼ》ってから峠路にかかる折に見られる常態である。山村をしばらく離れて、峠路を登りつつ、日の永い初夏の頃、前途を急がぬ悠々とした旅を味わう時には、いつも斯うしたものが眺められる。

こんな気持は余り高くない峠に於て多く味わわれる。この三月の半ば過ぎに通った上州から信州へ矢川川に沿いつつ越す和美峠などもそうだろうと想像される。私が以前に通ったことのある上州の暮坂峠などもそうではなかろうかと思う。

暮坂峠は矢川川などとは大分趣きを異にしているが、秋通って見た紅葉の具合からして、初夏のよさもほぼ想像される。この峠の下の上沢渡《かみさわたり》川は矢川川と同じように、渓流としては小さいものである。そしてどちらかと言えば平凡だと言うことが出来る。しかし流れの左右には奇峰が多く、それらが意外にも美わしい闊葉樹林をもっているので、その欠点を償って余りある。渓谷にはところどころささやかな山村があって、もうなくなるかと思うと、又しても現われて来る。道が登りになって細尾の部落が遥か道の下に見え、左に吾妻《あがつま》川との分水嶺をなす山々が高く聳える頃から、山路が俄然よくなって来る。

上沢渡川は細くつづいて道が暮坂峠にかかる手前でなくなり、間もなく峠の頂上に達する。

ここの峠路のよいところは、寧ろ峠から暮坂牧場にかけてにあると言える。牧場の道のほとりには二三の人家があって、何れも僅かの畑を打って、ささやかな生活を営んでいる。それを過ぎると、左に和らかい牧場的な斜面が現われる。恐らくこの山路でこのあたりが最もよいのではなかろうかと思われる。その美わしさを形作るものは、闊葉樹の生々した初夏の彩どりである。膚の美わしい白樺の幹や葉の色である。

こんなところを一里あまりも進むと、やがて須川の渓谷が開けて来る。峠路が別の渓谷に来たのである。

須川の渓谷は大きい。遥か北方から上州と越後との国境の山々の水を集めて流れる須川は、前の上沢渡川とは格別の相違をもった大きな渓流である。ここへ来ると、向岸に小雨《こさめ》の部落が見える。草津へ通う山路はこの渓流を越えて彼方へと通じ、途中には湯ノ平という珍しい温泉宿もある。

以上に述べた渓谷と比べて器は大き過ぎるが、飛騨の益田《ました》川の渓谷なども、河のほとりに面白い山村をもっている。ここへ這入るのは飛驒の高山からも小坂からも出来るが、渓流をつぶさに味わって見ようと思うなら、小坂町から乗合によって溯られるだけ溯って、それから流れに沿うて歩くのが面白いと思う。

私はこの渓流の美わしいことを今迄に度々書いたが、いくら書いても未だ物足りない気持がする。それは一つはこの渓流を溯ることが、殆んど理想的と言ってよい飛驒の山村を通ることにもなるのでそれが一つの潜在的な感情となって、私をしてこの渓流をよりよく感じさせるのではないかと思う。

最も渓流がよくなるのは、上ヶ洞という山村の手前からである。私が初めてここを通ったのは大正九年の夏、今から十九年前のことであるが、その時のこの渓谷のよさは私が今迄に見たことのないものだった。二度目に通った昭和九年の夏には、最初見た大きな闊葉樹は殆んど伐採されていた。それでもこの渓谷はどこへ出しても耻かしくない一流の渓谷であるという気がした。

恐らく今通ったら、私が二度目に通った頃よりは樹木が大きくなり、益々、幽谷の趣致を高めていることと思う。

ここの渓谷の本当のいいところは、上ヶ洞から三里半上流の野麦の村あたりまでで、流れは豪壮で且つ美わしく、両岸の樹木は大部分闊葉樹からなり、見上げる両側の山の斜面は色彩豊かに、その間をさまざまの花が飾っている。流石にこの渓谷の器の大きいことは、乗鞍岳を水源にもつ流れであることによっても察せられる。

野麦の村を過ぎ、野麦峠にかかると、道は流れから離れて、見あげるように高い乗鞍岳の黒々とした針葉樹林を仰ぐ。この峠から乗鞍岳を仰ぐ眺望のよさ！　一万尺の山を仰ぐ気高さは、山を知らない人間にも、山に対する憧憬を引起さずには措かない。

やがて峠を下ると信州で、奈川の渓流が新しく始まる。

斯うした山村をもつ渓谷から峠へうつる山路は、日本の自然の最も美わしいものの一つである。それは日本のような山国に於ては余りにも多いので、その美しさには、われわれは無神経になっている。斯うした山路の美わしさは、五月から初夏にかけ、又十月に於て最もよく発揮される。しかし初夏に於ては、その最も処女的な美しさが見られると言えよう。

（昭和十四年／『萌え出づる心』所収）

浅間高原と八ヶ岳高原

六月の末つ方、俄かに高原の旅を思い立つ。別にこれという目的はないが、昨年は病人があった為め、何時も夏には行く筈の信州の追分を訪れる機会がなく、ことしは自分は行かれないにしても、家族の行くことを考えると、その前に、色々、打合わせて置かなければならない必要もあったからである。

追分駅に下車した頃は夕方に近かった。ことしは梅雨のないためか、浅間の高原はもうすっかり夏めいて、方々に野ばらの花が白く、菖蒲が白く紫に、林間には時鳥《ほととぎす》やカッコーがあたりの静けさを破っている。

村へ行く道すがら人の居ないあちこちの別荘へ立寄って見る。僅か一年人間が住まなければ斯《こ》んなにも荒れはてるものかと思うほどあたりは荒涼として、雨樋は切れ、家のめぐりには落葉が散り敷き、草が生え、何となく感じがじめじめしている。

村に入って油屋に向う。街道から宿に通ずる道に立てる白樺の幹も葉の色も白くあざやかに、クロヴァーが往来に綺麗に敷きつめているのも嬉しい。

一夏行かないことは私としては珍らしい。私は久し振りの訪問客として取扱われた。

夕方になって、方々を散歩して見る。雨のない初夏でありながら、矢張、高原は涼しく冷々する。裾野の初夏は野ばらやあやめに飾られ、時鳥やカッコーが静かな高原の空気をかき乱している。しかし都会人の姿は未だここには見られない。此頃の追分は冬の眠りから覚めたままの寂しさである。

明けて私は八ヶ岳の裾野へ向った。油屋の主人小川君も中込《なかごみ》に用事があると言って一緒に行く。小諸で佐久鉄道に乗り換える。この鉄道の沿線へ来ると、すっかり田園的気分があふれて来る。水蜜、じゃが芋、ぶどう、桑の畑が青々として、一寸、信越線には見られない賑やかな光景を呈している。初夏の空はおぼろに霞んでいるが、山々の姿をかくすほどではなく、山膚はあざやかな緑に蔽われて、白やうす紫の花さえ見える。

中込で一緒に下車する。もう正午に近い。町の方へ少しく歩いて右に折れるところに鰻屋がある。そこで昼飯を共にする。ここで鰻を食べようとは思わなかったが、意外に甘《うま》い。しばらく話し込む。

小川君はここから町はずれの村に行き、私は汽車で海ノ口に向う。

汽車は千曲川のほとりを暫く走る。宵待草が河原に黄色く咲き、あたりの落葉松の水々しい色が目に立つ。

海ノ口で下車する。ここは今から三十年あまり昔、秩父方面から八ヶ岳に向う時、草鞋《わらじ》ばきで歩いたところ、その頃は一面の水田で、かじかの声のする鄙《ひな》びたところであったが、今は人家が立てこんで、駅の直ぐ近くに温泉宿が二軒もある。海ノ口温泉がそれだ。

和泉館に這入る。二階の一室に通される。宿は背後に山を負い、めぐりは一帯の水田で、窓の下には沼があり、よしきりが葦の間に鳴いている。

御湯に這入る。少しぬるいが、真夏頃には、丁度這入り加減だろうと思われる。

永い病人の介抱に弱ったせいか、二日の旅をやって見ると、ひどく疲労しているような気がして、晩食を終えると、もうねむい。早く床につく。夜半に部屋を間違えて這入る人の音に眼を覚したが、又、眠る。

暁方に、宿の背後の山側の杜からラジオ体操をやっているような声が聞えて眼が

佐久へ
千曲川
なかごみ
兜岩山
1368
佐久甲州街道
小海線
(旧佐久鉄道)
茂来山
1718
四方原山
1632
横岳
2473
こうみ
松原湖
御座山
2112
天狗岳
2646
うみのくち
硫黄岳
2742
男山
1851
天狗山
1882
横岳
板橋
しなのかわかみ
赤岳
2899
千曲川
野辺山原
権現岳
2786
のべやま
美森山
1543
編笠山
2524
国界
飯盛山
1658
横尾山
1818
念場原
きよさと
小川山
2418
大門川
かいおおいずみ
佐久往還
瑞牆山
2230
川俣川
小淵沢へ
金峰山
2595
井出ヶ原

覚める。未だ五時だ。よくきくと梟《ふくろう》の声である。やがてカッコーや時鳥の声が聞える。窓を開けると、よしきりがすぐ下の葦の間に鳴いている。

朝食をすまして駅に向う。

駅の附近から残雪の山が温泉宿の背後の丘の彼方に聳えているのが目につく。八ヶ岳の赤岳と横岳とである。

汽車はいよいよ高原に登ろうと喘ぎ、千曲川は再び見えて来る。

海抜四千四百五十尺の野辺山駅について下車する。ここから甲州街道を歩いて清里駅に向う。

嘗て八ヶ岳裾野の美に憧れ、梓山から板橋を経て、野辺山ヶ原、念場ヶ原、井出ヶ原を歩き、長坂に出て帰ったのは、今を去ること十五六年前のことである。その時、板橋で昼飯をたべ、茫々とした高原の一筋道を辿りつつ、国界の寂しい部落に哀愁の思いを抱かせられたことをまざまざと覚えている。当時歩いたのは現在の鉄道線路からどの方向だったろうか。それよりは幾らか八ヶ岳に近いところだったらしいことは、道を尋ねて見ると明らかである。

教えられた街道を清里駅の方に向えば、未だつつじが咲き、野ばらが高原を白く点々として飾っている。道を除いては高原は足を踏み入れることも出来ないほど矮樹に充ちている。

八ヶ岳よりに煙が一条二条立ち騰《のぼ》っているのは、炭焼のそれだろうか、やっと前の方に馬を曳いて行く人の姿が見える。

やがて鉄道線路を踏み切る。路傍に右三峰、左善光寺という道しるべの石がころがり、傍に馬頭尊がある。以前にはここに道の分岐点があったのだろうか。今はそれらしいものがない。三峰へ行くにも善光寺へ向うにも、一つの道しかない。

右の脚下に大門川が見える。川のほとりに人家が一軒あって、もんぺいを穿いて働いているお婆さんの姿が河原に一つ見える。行商人らしい男にすれ違う。国界はどこかときくと、そんなところは知らないと言う。

国界がどうなっているかは、私が以前から気にしている問題だった。嘗てここを通った時の国界の様を忘れることが出来ない。それは信州と甲州との境にあるささやかな部落で、一軒の宿屋と二三軒の茶屋と外に一軒の百姓家があり、八ヶ岳に登る人達が、時々、御厄介になるところだった。鉄道が出来てから、それがどうなったろうかは、八ヶ岳の裾野を想うたびに、私の頭の中を往来する問題だった。

この街道がその昔、中央線のなかった頃には、善光寺方面に向う人の往来で賑わい、国界はその為めに出来た部落であると言われた。中央線が出来てから衰えたとはいうものの、未だそこに宿屋や茶屋が必要であるほどに荷馬車や行商人の往来があった。当時、こんな人家のない茫々たる高原の宿屋や茶屋の存在が、私には一つの不思議な現象として映じた。

大門橋を渡って暫く行くと、蛙沢橋があり、そこを少しく登れば、左に一人の老人が畑をうっている。国界のことが気になった私は、彼にそのことをきいて見た。

老人は腰をのばして、ここが国界の部落のあったところだと言って道の北にある一軒の荒れ小屋を指した。彼によれば、この小屋が以前の宿屋の立ち腐れとのことである。

そう言われて小屋を覗いて見ると、成る程、間どりだけは慥《たし》かに似ている。小綺麗だと思った宿も立ち腐れになると、斯うも変るものかという気がするほど変りはてている。外の茶屋だの百姓家などはもう無くなったのである。

して見ると、この部落も汽車の為めに消滅したのである。全く山村の運命ほど憐れなものはない。交通機関の変化の前には、一つの山村などの存在は石ころほどの意義ももっていない。それは一つの都会か町であるならば、もっと大きな力をもつかも知れないが、斯うした山村は唯黙々としてこの変化の威力に従うより外に仕方がない。そうした山村は幕末から現代にかけてどの位あっただろうか。しかし何時も忍従的な精神をもつ山村の人達は、黙々としてどこかへ移住し、しつこい努力の後に更生して行く。恐らくここの人達もどこかで更生し、どこかに生を求めていることであろう。

清里の駅はここから半里に近いと教えられて急いだ。以前にはこの街道を貨物自動車が通ったのだそうだが、今は廃道同様になって、橋の朽ちているところもある。大道から清里駅に通ずる往来は泥濘甚だしく、やっとのことで駅についた。

ここは野辺山駅附近とは異なり、相当に賑わい、おそまつながら宿屋もあり茶屋もある。私は汽車を待つ間しばらく茶屋に休んだ。

東京市の水道の貯水池が奥多摩に出来るにつけ、移住を余儀なくされた人達は、この駅の附近に移住し、もう二十幾軒かの部落が出来たそうである。奥多摩から海抜四千尺以上のこの高原に移住して、多年の平和な渓谷を去ったことは、彼等に取って大きな生活の変化でなければならない。しかし又、この数里に跨がる高原に移住することに幾らか前途の希望がある。慥かにこの高原は日本内地に於て顧みられなかった大きな未開墾地である。やがてはここに色々の町の出現する時代が来ないとは言われない。高燥なる高原と清き水とをもつ八ヶ岳高原は、健康地として多くの人に注目されるようになるのも遠くはあるまい。水田も有望だそうである。

丁度、こんな話を茶屋できいている時、馬力を曳いた逞ましい男が下から登って来た。茶屋のあるじは私にその男を指ざして、彼も奥多摩から引越して来た一人だと教える。

駅の附近は未だ都会の四月末頃の気候である。高原の落葉松や白樺の新緑は目も眩ゆいほどにあざやかで、カッコーの声が彼方こなたに聞える。駅の附近には子供達が嬉々として遊んでいる。

私はここから清里の村まで歩いて見ようかとも思ったが、そこまで行くのが容易でなく、そこまで行っても、又、ここへ戻る以外には駅がないときいてあきらめた。汽車は出た。ここから先は、大分、開けている。八ヶ岳の裾野らしい感じを味うには、海ノ口から板橋、野辺山、清里までの間を歩くのが、一番いいように思われる。

八ヶ岳は海ノ口で、一寸、朝の内に姿を現わしたきりで、もう雲にかくれて仕舞った。

（昭和十五年／『青葉の旅・落葉の旅』所収）

尾瀬・檜枝岐・会津駒ヶ岳

上州沼田駅で下車したのは朝の三時過ぎだった。乗合を捉えようと構外に出て見れば、もう満員、乗れない人が二十人ほど駅前にごろごろしている。あとは六時まで待って下さいと会社の方では言っているが、何とかして乗せて貰わなければ日程が狂いそうなので、私たち三人は無理やりに出入口に立った。

ルックに腰を下した切り身動きも出来ない私は、どんなところをどう走っているのか、見ることも出来なかった。終点の古仲《こなか》の先の戸倉へは、沢山の御客があれば行くということになって、到頭そこまで走った。

戸倉では玉城屋で朝食を済まし、序《つい》でに御弁当をこしらえて貰った。

きょうは、ここから富士見峠に出て菖蒲平を歩き、尾瀬ヶ原温泉まで行く予定である。玉城屋から大道を少しく戻って西に這入る。愈々《いよいよ》、ここから尾瀬に向うのである。間もなく未開墾地があって、あたりに白樺が多いのが目に立つ。戸倉スキー場と立札した平坦地がある。仰ぐ彼方には植林ならぬ翠緑の山の斜面が朝日に輝いている。やがて渓流を渡って山毛欅《ぶな》、栃、楢の森々とした幽林に這入る。犬をつれた二十歳あまりの荷を背負った青年が私達に追いつく。富士見峠を越えて東電の小屋まで行くのだそうである。

道は爪先登りに山側に沿うてうねりはじめる。それがいつになっても尽きない。村では富士見峠の小屋まで三時間ほどかかると言っていたが、眠らないで歩いているせいか、中々それどころではない。段々、瀬の音が脚下に聞えて来る。菖蒲平から富士見峠へと東西につづく山脈が、南方の荷鞍山へと大きく黒々と渦を巻いて、その間に硫黄沢が轟々と鳴っている。

峠の茶屋についたのは正午だった。ここで御弁当を食べてから西の方九町のところにある菖蒲平に往復することにして、その間にここで自慢の御汁粉を注文する。

小屋の後方の水の湧いているところから少しく登れば一寸した平坦地に出る。きんこうか、りんどう、こばいけい草が咲き乱れ、樹蔭にはごぜんたちばなが目につく。斯《こ》うした平坦地を二つばかり越すと、茫々たる菖蒲平が前面に現われる。

それは夢にでも現われそうな、幻のように美わしい、そして茫々した涯てしない光景である。遠望すれば六千尺以上もあるこの高原の表面が一面にきんこうかで敷きつめられて、黄金色にぴかぴか閃めくさまは、この世のものとも思われぬほど美わしく気高い。それは眺望をぬきにして単なる高原として見ても並々ならぬ美わしさをもつ。原の中央が周囲よりは幾らか中高になって豊かにふっくりと北方へなだらかに低下して行く曲線美、靄《もや》が一面にそれを蔽いかくすかと思うと、忽《たちま》ちに晴れて原の全容をあらわし、思わぬ近くに至仏山、景鶴《けいづる》山、燧《ひうち》岳等が雄大に仰がれる光景など、流石にこの高原の世に喧伝されること大きいのも無理がないと思わせる。

私達はこの高原を東から南へ、そして西北へと歩き、やがて東に戻って峠の茶屋へ帰った。注文して置いた御汁粉が出来ている。もう尾瀬ヶ原温泉へは二時間あまりの行程に過ぎないときいて、ゆっくり休んで出掛ける。

道は下りになって、段々、樹林が深くなるが、泥濘の筒所も多い。峠を下り切るところに沼尻川がある。尾瀬沼を水源としている。流れを渡ってから森々たる闊葉《かつよう》樹林に入る。それが涯てしもなく続く。林間、熊笹を分けて進めば、再び泥濘に悩む。峠から二時間余りと言われる道も中々思ったより遠く、弥四郎小屋が左に見えてほっと一息つく。樹間から左に遠望されるのが茫々たる尾瀬ヶ原、それは日光き、

田島へ
中門岳
駒ヶ岳
2132
下ノ沢
上ノ沢
大津岐峠
檜枝岐
平ヶ岳
2140
只見川
大杉岳
1921
麒麟手
七入
撫平
三条ノ滝
景鶴山
2001
尾瀬ヶ原温泉
燧ヶ岳
2346
沼田街道
沼山峠
弥四郎小屋
沼尻川
尾瀬沼
長蔵小屋
尾瀬ヶ原
赤安山
2051
黒岩山
2163
三平峠
至仏山
2228
菖蒲平
富士見峠
荷鞍山
2024
鬼怒沼山
2141
鳩待峠
大清水
硫黄沢
片品川
戸倉
沼田へ

すげで表面が黄色く彩られ、ところどころ白樺が林立している。

尾瀬ヶ原温泉についたのは六時に近い。温泉宿とはいうものの小屋に近く、温泉は微温の鉱泉らしい。私達三人のために一部屋が開放される。這入ってくつろげば、東京で毎日九十度〔摂氏三十二・二度〕以上の暑さに喘いだことが、全く夢であったような気がするほど冷々する。

夜行で眠らなかった埋合せに八時過ぎに床につく。御客の夜具を運ぶために廊下が雑沓する音も、隣室の御客の無遠慮な大きな話声も、大して邪魔にもならず、ぐっすり眠って仕舞った。そして六時頃に目が覚めた、雨が降っている。床にいながら三人で相談をする。結局、雨がはれなければ燧岳登山を断念して、三条ノ滝を見てから会津檜枝岐《ひのえまた》に向おうということに落着く。それならば大して急ぐにも当らないと、又々、床にもぐる。

出発は大分遅れた。滝への道は昨日に優る幽林を分けて、降り気味に進んで行く。斯うして約半里ほど行けば、左に鞺々《とうとう》の音が聞えて、果然、滝の一角が見え始め、更に少しく下れば、三条ノ滝の全容が斜めに現われて来る。只見川の全流が三十丈ほどの懸崖をたぎり落ち、見たところ華厳《けごん》の瀑布にも劣らないほどに豪壮である。

ことしは華厳の水が細って見るかげもないというのに、この滝が水の多い時の華厳ほどあるのを考えると、水量が華厳よりも多いと言えるかも知れない。ここから滝壺へ下って行くことも出来る。二人の学生らしい若者が、私達の見ている内にルックをここに置いて降りて行く。

三条ノ滝から二町ほど戻れば、左に檜枝岐への道が分れている。初めは急に登って、あとはだらだら上ったり下ったりする。昨日の泥濘の道に引きかえ、今日は幽林森閑とした中を落葉を踏みながら進む。時々、形も色も落葉のような大きな虫が道にころがっている。斯んなところを可なり行って、俄かに明るい空沢に出る。そこで暫く休んでいると、向うからも二人の兄弟らしい学生が来て休む。幸い檜枝岐から来たのだそうで、そこの宿や其他のことをきいて置く。

道は燧岳の北をまいて進んでいるらしい。闊葉樹林が時々途切れて湿地帯を現出し、きんこうかの敷きつめた一小平原をなし、湿原の一角には、雄大な水芭蕉の群が怪物のように立っている。斯うしたところが、度々、繰返されたあとに橅《ぶな》平が現われる、橅の幽林がひっきりなしに続いて、見渡すあたりはどこ見ても橅ならざるはない。

橅林を抜け切って明るくなったと思うと、突然、人家が見える。七入《なないり》の部落である。路のほとりの家の前には草花などがしおらしく植えてある。間もなく沼田街道に出る。ここから檜枝岐へは一里半、尾瀬沼へは一里半というところである。

これが街道なのかと思うほど貧弱な往来も、檜枝岐の方へ少しく歩いて橋を渡れば、俄かによくなる。人通りが少ないため草は生えているが、道幅は相当に広い。実《み》川の豊富な流れは滔々《とうとう》として道に沿うて走っている。それは袴腰山、赤安山、黒岩山、孫兵衛山など二千米突《メートル》以上の国境山脈の水を集めて来る。

道のほとりにぽつぽつ人家はあるが、寒村の面影が著しい。

愈々、檜枝岐の村が前方に見え始める。誰が見ても、あれがそれに相違ないと思うほど風情のある山村の姿である。実川の流れが渓間にあって、村は雨岸に跨がり、それを絵のような橋がつないでいる。見上げる両岸の山は高く、緑は滴たるように鮮やかに涼しそうである。

橋の手前二三町というところで三十五六歳ほどの女が空車を引いて来る。私達一行を見て、怜悧そうな目附をして車を道の片側の引寄せ、足をとめて丁寧に会釈する。その態度には落着いたつつましやかさがある。成る程、ききしに異らないという感じがする。

村の入口の家が煙草屋で、這入って煙草を求めると、養蚕で忙がしそうにしている若いもんぺいを穿いた綺麗な女がいそいそ出て来る。言葉には訛りがない。この家では蜂蜜も売っている。

大道は橋を渡らずに進む。橋の直ぐ左の崖上に丸屋がある。檜枝岐ではここに泊るようにと東京で教えられて来た宿である。十歳ほどの小さな女子が崖上から私達を見て、「泊まらっせ」と会釈しながら勧誘する。

宿の入口で草鞋《わらじ》を脱ぐと、入れ違いに若主人とおぼしき人が、釣竿をもって実川に急ぐ姿が見られる。二階の二間が私達の為めに開放され、廊下を距てた二間にも数人の滞在客があるらしい。

夕飯には大きな鮨《いわな》が出る。先程、釣竿をもって出掛けた人の獲物がこれだと分る。山村の宿に来て鮨の御馳走に預かるほど嬉しいことはない。米も純粋な日本米である。電灯の下で日記をつけ終ってからつくねんとしていると、静かな渓谷の間に流れの音が涼しく聞えて来る。あすの駒ヶ岳登山の楽しさを想像しながら床につけば、夢は沢から尾根、高原から雪へとかけめぐる。

明くれば、愈々、会津駒ヶ岳に往復しなければならない。出発が何やかやで遅れて九時になって仕舞った。それに急げば五時間で往復出来るときいていたのも、一つは遅れた原因にもなっている。晩にはここの名物のおそばを注文して置く。

七十歳になる宿の主人は登山口まで御送りしましょうと、鎌を手にして先に立つ。駒ヶ岳へは村の端まで大道に沿うて行くので、道々村を見ながら行くことが出来る。戸数が約百ばかり、郵便局があり宿も丸屋の外に二軒もある。星、橘、平野姓を名乗るものが多い。ここが昔から平家の遺族と言われているが、別にそれと確証があるわけではない。家の外見はあまり立派ではないが、中へ這入って見ると、太い材木を使った堅牢なものである。

村は恐らく日本で最も汽車に遠い村の一つではなかろうかと思われる。最も近い日光駅からですら十五里もあり、会津の田島駅からは十六里、上州の沼田からは十八里ある。この内、日光からは一番近いが、山坂が多いので一日で達することが出来ない。沼田からは乗合があって、九里先の古仲まで行き、そこから九里ほど歩くのであるが、途中に峠が二つもあり、その上道が悪いので、一日で着くのが中々困難である。最も便利なのは、会津若松から田島まで汽車で行って、そこから乗合を利用することで、そうすれば歩行六里で達することが出味る。この道は立派な街道なので、時々、橋のところで下車さえすれば、小型自動車なら村まで行くそうである。村を通っている大道はその街道に当っている。

道の両側に板倉のあるのが目に附く。板倉とは土蔵の役をつとめるもので、火事を恐れて母家と離れて建てられ、壁の代りに板が用いられている。墓や地蔵仏が累々として道の両側に立ち、生前、御互いによく知り合っていたと言わんばかりに向き合っているのも哀れ深い。そしてくじゃく草だの、立葵だの、おいらん草だのが、その前にしおらしく植えられてある。

村には牛馬はいず、水田は殆んどなく、稗《ひえ》、麻等の畑が目につく。どの大人も学童も徹底してもんぺいを穿き、男も女も態度が慇懃で、特に女の態度がしとやかで、目元に一種の怜悧な閃めきがある。言語にも優美なところがあり、会津若松あたりの東北弁とも異なり、お隣りの群馬の荒けずりなそれとも異なっている。

村を外れて左から一つの沢が実川に流れこんでいる。この沢は上ノ沢と下ノ沢とが合流したもので、何れも駒ヶ岳から出ずるものである。この沢が実川にそそぐところに早稲田大学生吉野玉雄、西田健両君の遭難碑がある。両君は大正十五年十月十八日、駒ヶ岳で遭難したのであるが、碑には両君を助けんがための村の人達の親切な努力に感謝した言葉が書いてある。当時の遭難の模様を宿の主人から聞いて、私は山が時には如何に恐るべきものであり、いくら注意しても充分ではないことを如実に感じた。

ここから大道と分れ、左の細い小径を登って畑中に出る。そこに働いている優美な編笠姿の二三の女達が、主人とあいさつを交わす。

畑の左にはさっきの沢があって、そこで二つの流れが合流している。右のは下ノ沢、左のは上ノ沢で、二人の学生が遭難したのは下ノ沢の上流である。登山道は下ノ沢の橋を渡ってから二つに分れて、左を行き、更に二分しているのを右に入る。ここから上は迷うところはないが草が深く登山者の足跡が極めて少ないのを、宿の主人は先に立って草を薙いで行く。

山側をぐるりと一めぐりすると、草が俄かに少なくなって、落葉の散り敷く山道がつづいている。

宿の主人はもうこれから上は迷うところがありませんと帰り、私達三人は登って行く。登りは急で、道は橅の幽林を分けてすすむ。樹間から遥かに望見される黒々とした山々は国境の山脈であろう。しかし天気は甚だいいというほどではない。

約一里ほど登ったところに、「これより二十間下れば水あり。」と書いたところがある。降りて飲む。それは氷のように冷たい。再び登って休む。

右には残雪の尾根が樹間から見えて来る。駒ヶ岳につづく連嶺である。闊葉樹林が終って針葉樹が現われ始める。道にはまいづる草、ごぜんたちばな、岩かがみ等が目につく。

針葉樹林が終って俄かに明るくなる。突然、前面に草原が現われる。しゃくなげの咲き残った花がある。仰げば前面には駒ヶ岳の秀麗な峰頭が屹立《きつりつ》して、それまでは高原、残雪の変幻きわまりない斜面がつづき、悠然とした一王国の如き容態が凛々《りり》しく展開される。ここに至って三人は思わず嘆美の声をあげる。

ここから高原状の斜面がつづく。突き当りには残雪があって、あたりからじくじく水が流れている。それを上に廻って右へ斜めに進む。途中は一面の高原、なんきんこざくらが咲き乱れ、ところどころいわいちょうが密集している。花が好きな二人の道づれは、すっかり感傷的な気持になって、それを眺めることに夢中になっている。

もう頂上へは真直ぐに登れば一二町にして達せられる。二人の男が山頂から降りて来る。檜枝岐の人だそうで、山仕事から帰って来たと言っている。あときいたが、是等の人達は箱根さんしょうを捕るのが仕事だそうである。

頂上についたのが二時、急げば三時間で達せられるとのことであったが、私達は五時間を費やした。時刻が遅かったため、日光方面の山を暫く遠望しただけで、他は見る見るすっかり雲に遮られて仕舞った。

ここから中門岳へ行く途中もなんきんこざくらや残雪が多いときいていたので、少しく行って見たが、全く噂の通りだった。時間に余裕があったらそこまで行って見る方が趣き多いことと思われるほど、あたりは公園的である。

初めはここから大津岐峠へ廻り、麟麟手《きりんて》に出て檜枝岐に帰る予定だったが、そうすると時間が大分かかると先程の二人の男からきいたので、再び元の道を戻った。下りは急いだので二時間で村に帰ることが出来た。

注文して置いたおそばは出来ている。宿の娘二人がこしらえたのだそうである。檜枝岐の娘達の嫁入資格の一番大きなものは、おそばを上手にこしらえるにあるのだそうで、嫁入して翌日にはおそばを作る。それが嫁入先の家の気に入る。すると、花嫁としての試験を通過したことになるのだと言われる。二人の娘達のおそばの甘《うま》いこと、それは大したものだった。一寸、他では食べられないほどに甘かった。絶対にうどんは入れないと言っているが、それで斯うも上手に打てるのか知らんと思った。御菜には山椒のてんぷら、わさびなど、何れも甘く且つ気が利いている。

檜枝岐に泊ること二日、ここの山村の気分を満喫して、翌日、尾瀬沼のほとりの長蔵ノ小屋に向った。檜枝岐の白菜、蜂蜜等を土産にしてルックを背負えば、東京を出発した時よりも荷が遥かに重い。

沼田街道を実川に沿うて沼山峠に向う。そしてふりかえりふりかえり、この美わしい山村に別れを惜む。街道といえば立派そうだが、七入から先はすっかり悪くなり、時には畦道の如く細くなり、時には溝のようなところに姿を没している。

やがて沼山峠にかかる。幽邃《ゆうすい》な峠である。渓流を渡り、落葉を踏み、樹林を分ける。森々とした幽林には神代さながらの気分が漂よう。頂上へは近いようで中々遠く、頭が明るくなっては暗くなる。不老の水のところで御弁当を食べる。ここら一帯には針葉樹が深い。

頂上に達すれば、尾瀬沼が眼下に開いて、右には燧岳が高く、すぐ足下には原が真っ平らに展《ひら》いている。

ここへ来ると自然が整然として手を入れたかのような感じがする。峠から左につづく尾根の針葉樹林も整然とした面影をもっている。峠を降りて原に出る。それは一面に日光きすげで黄金色に彩られ、左に八丁湯への別れ道がある。長蔵ノ小屋は尾瀬沼のほとりにあって、幽林の一角を占め、あたりには幾多の学生達のテントが張られてある。学生達は野営の用意に忙がしい。

私達三人は六畳の部屋に通された。先客が一人ある。暫くしてから三人の学生が割り込む。合せて七人である。長蔵ノ小屋とは名のみ、立派な旅館で、女学生の団体もあり、廊下は騒然として足音が騒がしい。

夕方に湖畔に出て見る。夕日は彼岸に落ちて燧岳の影は湖水に大きくうつり、湖畔には草の葉末を動かす微風だもなく、日は蒼然として暮れて行く。

もう明日は東京に帰らなければならない。あす早く起きて出発しなければ、一日の内に東京へ帰れそうもない。私はいつもになく家のことが気になり出した。

明くれば天気、空模様は私達が尾瀬ヶ原温泉から檜枝岐へ行った日を境として、日一日と少しずつよくなりつつある。

ここから一里半向うの大清水から乗合が今朝出るときいて、朝食を大急ぎにすます。七人は三方に別れる。一人の先客は檜枝岐へ、三人の学生は燧岳へ、そして私達は三平峠へ。

一六〇〇米突の高度をもつ尾瀬沼から一七六二米突の三平峠の頂上までは大した登りではない。峠の頂上から前面に富士の秀峰が突兀《とつこつ》として仰がれる。

頂上から下にはところどころ清水が湧いている。大清水の茶屋からは坦々とした大道が始まっている。ただし今日は乗合が来ないときいて落胆する。斯う急いだのも、実はそれを捉えんが為めだった。この暑さにこれから三里先の古仲まで歩くのが並大抵ではない。でも道がよく片品川の渓谷も悪くない。私は連れの二人に、自分の若い頃の旅の話をして、当時、街道に売っていた飴だの団子だのの甘《うま》かったことを言うと、その話をきいたら腹が減って動けなくなったとこぼす。それでその話を止めると、その甘そうな団子の話をもう一度きかせて呉れとねだる。時々、片品川の奥から走って来る空の貨物自動車を捉えて、古仲の方へ走る若い登山者達がある。私達もそれをやろうと気がつくと、今度は中々来ない。

戸倉で玉城屋に這入って昼飯をたべる。ここから古仲まで二十八町、急いでつけば乗合はルックをもちこんだ御客でいっぱい、何れも座席を一人前以上も取っているが、誰も私達三人の為めに席をあけて呉れるものはない。愈々、出発となって女車掌が這入って座席を整理して三人を坐らせて呉れる。この旅で最も不愉快に思ったのは、変幻常なき乗合の態度であり、この不愉快な中にも気持よく感じたのはこの女車掌で、行きにも帰りにも同乗したが、如何なる乗客にも不平等な快感や不快感を与えまいと並々ならぬ努力を払って、車内の座席を整理するのが見られた。

(昭和十五年／『青葉の旅・落葉の旅』所収)

清津峡

この秋になってから清津峡を見て、ここが今迄に見た渓谷のうちの最も優れたものの一つであるばかりでなく、これほど優れた渓谷がこんなにも簡単に行けるのが珍らしいという気がした。

清津峡とは一体どこかと尋ねる人があるかも知れない。そうした人にこの渓谷の概念を一通り説明して置く方がいいように思われる。

清津川は上州、信州、越後の国境にある佐武流山、白砂山、上ノ間山など二千米《メートル》突以上の山々から出る流れを集め、蜿蜒《えんえん》として曲りくねり、南から北へ、そして東へ、やがて北へ、最後に信濃川に合流する。それは純粋に越後に属する河である。

神楽峰から苗場山にうつる途中で、この渓谷が山や深林を分け、どこまでも飽き足らぬかのように、上流へ上流へともぐりつづけている有様を見る人は、誰でも一種不可思議な怪物が何かを求めて無人の境をかき分けている姿を聯想《れんそう》せずにはいられないであろう。

苗場山から清津川に降りて赤湯の原始的な温泉に辿りつき、それから元橋の部落に出るあたりの渓谷も勿論いい。しかし最近に清津峡と称して登山者の人気を集めているところは、もっと下流にある。つまり越後湯沢から三国街道を辿って二里先きの八木沢に出て、そこから清津川に沿うて三里ほど降り、小出《こいで》温泉に出づる途中を言うのである。

普通にこの峡谷を見る人は、上越線の夜行にのり越後湯沢で下車し、八木沢まで二里歩くか、或は乗合を利用するかして、それから清津峡を小出温泉まで歩き、そこで一泊し、健脚の人はそこで泊らずに更に十二峠を越えてその日の内に石打駅まで歩き夜行で東京に帰る。小出温泉から石打までは二里半と言っている。

本当の順序から言えば、そうするのが流れを下ることになるので、最初に石打から小出温泉へ行って清津峡を遡《さかの》ぼるのが順コースであるが、小出温泉に泊るのが早すぎるし、そうかと言って、清津峡を通るのには可なりの時間を要するのにも拘らず、それが終るところに小出温泉に匹敵するほどの宿がない。無理しても湯沢温泉まで歩かなければならない。特別に健脚の人はいざ知らず、そうでない人には、まことに時間の按配が都合が悪い。そこで多くの人は越後湯沢から這入ることになる。

　私も時間の都合上、逆コースとは知りつつ越後湯沢から這入った。

　上越線の夜行に乗ったが、谷川岳に登ろうという連中の為めに一睡も取ることが出来なかった。全く登山客やスキー客の不遠慮が他の乗客の迷惑になるということをよくきかされるが、これほどとは思わなかった。私も度々、夜行で山に行くが、この連中ほど悪質なのを見たことはない。彼等は山の話をするのでなく、話題は全く山とは無関係で、山に深い関心をもっているわけではなく、ほんの流行にうかれる連中らしく、それでいて帽子を見ると、何れも

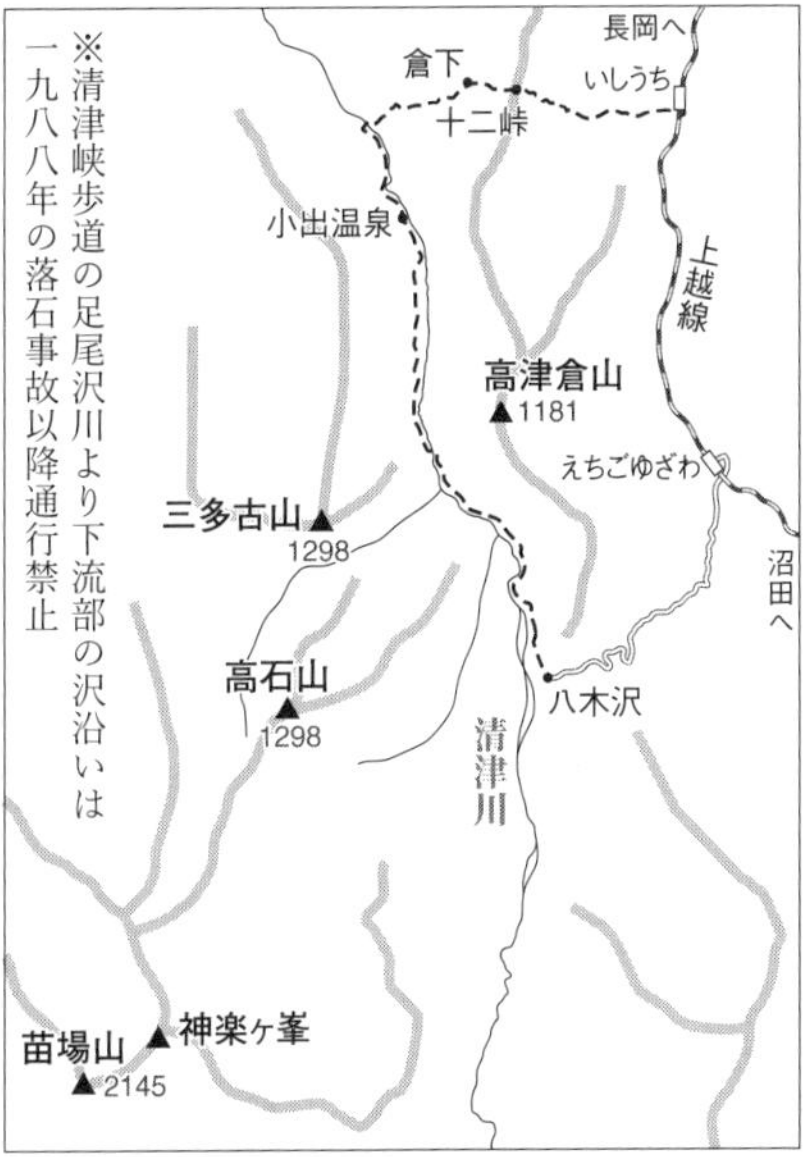

大学生であるのに驚かされる。

湯沢についたのは朝の五時半頃、乗合には大分余裕がある。駅附近の温泉宿で湯につかったり御飯をたべたりする。

乗合の出たのが九時頃、それに乗って八木沢についた。ここは曽《かつ》て苗場山に登った時通ったので、忘れられぬところである。

三国街道から折れて右に這入る。しばらくは畑の間を行く。それを抜けると闊葉《かつよう》樹林が現われ俄《にわ》かに幽谷らしい気分があたりを支配して来る。渓谷が迫って流は澄み、両岸の樹木は斧を入れた跡がなく、節理整然とした岩盤を蔽うている。愈々、清津峡が始まったという気がする。

二人の中学生と一緒になる。彼等は高石の吊橋まで往復するのだそうである。流れは、段々、よくなる。しかし水量が非常に多いということはない。流れは寧《むし》ろ静かにどこまでも澄み切っている。

河原で焚火をしている学生数人が、土地の人と話をしているのに遇《あ》う。何れも知っている連中である。小出温泉に泊る予定で、時間に余裕があるので、舞茸を取ったと言って、私にも分けて呉れる。足の弱い私が一足先に行く。

流れはぐるりと左に曲って、両岸が絶壁をなして迫り、深潭《しんたん》藍の如く、それが数町に亘って続いている。ここで吊橋を渡らねばならない。高石の吊橋がこれである。小さい文字でむささび橋と書いてある。橋の手前に一寸した広場がある。正午に近いが昼飯は橋を渡ってから食べることにして、渡ろうとすれば、橋向うからも十数人の団体がやって来て渡ろうとしている。渡り終るのを待つ。

吊橋の踏板がなくなっているところがあるため、一人ずつ渡り終るのを待つのに中々時間がかかる。向うが終ってからこちらも一人ずつ渡る。吊橋の途中から下の深淵をのぞくと余りいい気持はしない。しかし余りにもいい景色である。何とすき透ったいい流れだろうか。流れに影を浸す両岸の岩壁の節理の何と勿体《もったい》ないほど美わしいものだろうか。

これから先は絶景の連続である。しかし奇岩、削壁《さくへき》の連続である。私は兵隊靴がここを辿るのに不適当なことを知った。ここを辿るのには草鞋《わらじ》の方がいい。いや草鞋でなければ危険である。

大分腹がすいて来た。吊橋を渡って半時間ほど行けばいいところがあると教えられて、そこへ急ぐ。大きな沢があって、大岩累々としている。ここで御弁当をたべる。

ここから道は山の中腹を行き、流れを数十丈の下に俯瞰《ふかん》する。山は頂上より河床まで火山岩の整然たる柱状節理を有し、それが徹底的にこの渓谷を貫ぬく特徴となっている。斯《こ》うした整然たる美わしさは、恐らくどこにも見られないものであろう。而《しか》もこの岩壁が、又、世にも稀な美わしい幽林をもっている。ところどころ黄ばんだ樹木も見られるが、未だ紅葉には早い。春の新緑もよかろうが、秋の紅葉がこの美わしい岩壁とすみ切った流れとで作りなす美わしさは想像に余りある。十月末、早い落葉が岩の襞《ひだ》にかかり、残りの紅葉が岩壁を飾る頃は、この渓谷の美は恐らく天下に冠たるものがあろう。

やがて道は河に下る。左の渓間から大きな沢が這入っている。この支流も本流と等しく火山岩の柱状節理をもっている。草鞋ならば石から石へ飛ぶことも出来るのだが、すべりそうな兵隊靴では遺憾ながら靴のままで流れをじゃぶじゃぶ渡る。

徒渉点は本流のほんの近くである。川床に立って、見廻わすあたりの山の美わしさ、流れの色の深さ、それは山の側面を歩いて眺めていた時よりも遥かに優れている。後ろから来た学生の一人が、若い元気に任せて登山靴のまま岩から岩へ飛ぼうとして流れに滑り落ち、全身ずぶぬれになる。

これから道は再び山の中腹を行くが、上下が甚だしく且つ道が狭く、一歩を誤てば滑り落ちそうなところが無数にある。針金がところどころ岩壁に取りつけてあるが、それが無いところでも危険なところが多い。一歩一歩と危なげな足どりをして側面の岩の出端につかまりつつ進む。幸い向うから来る人とすれ違うことが一度もないのでよかった。

三多古《みたこ》山の右の出張りが流れに迫って多くの難所を形作っている。針金が次から次へと取りつけてある。足を休めて流れを俯瞰し山を仰げば、幽谷は益々、幽に、怪岩削壁はいつになっても尽きそうもない。流れは百態を尽し、時には奔騰《ほんとう》し、時には太古の如くに静まる。

やがて道が低くなる。危険は依然として危険であるが、低いだけに恐怖心が幾らか薄らぐ。斯うしたところを可なり行くと、前面に小出温泉の建物が見えてほっとする。殆んど温泉近くまで斯うした絶景が続いている。

八木沢より小出温泉まで二里と言うが、事実、三里以上はあろう。八木沢から吊橋までは二時間以内で達せられるが、吊橋から小出温泉までは急いでも四時間はかかり、少しくゆっくり行けば五時間はかかるものと見なければならない。湯沢を早朝に出発し、急げば小出温泉を経て、夕方、石打に達することも難くはないが、それは強行に過ぎる。小出温泉に一泊する方がいいように思われる。

古屋に泊る。御湯は二つあって、一つはぬるく、一つは沸したもので熱い。ぬるい方にはいってから熱い方に這入ると、丁度、いい気持である。

ここの御馳走は赤湯のと同じく地方色があっていい。ぜんまい、鯉のあらい、舞茸など中々甘《うま》い。

翌朝、ここを立って石打に向う。宿から大道を村の方へ行けばトンネルがある。それを過ぎ右へ橋を渡り、更に右に折れると再び村に入る。到るところ道ばたに近い墓には香煙濛々として騰《あが》っている。考えると今日は中日である。そこから峠にかかる。道は幾つもあるが、大きな古い道を上へ上へと登って行く。段々、眺望がよくなって来る。朝降った雨が晴れて青空が出始める。

途中に炭焼がまがある。その傍に、丁度、尾崎行雄さんのような顔をした老人が茅の束の上に腰かけて、煙草をふかしている。私もその傍に腰かけて一服やる。この人と話をして見ると中々うるところがある。小出の村の人だそうで石打へ用があると言っている。

この峠は十二峠と言うが、峠の頂上はここを登り切ってから倉下という村に降り、更に八町登ったところにあり、十二大明神を祀ってあるところから来ているそうである。

二人で話しながら二三町行けば、峠の頂上のようなところへ出て、道は下りになり、前面に、丁度、擂鉢《すりばち》のような谷があって、十軒あまりの平和そうな倉下の人家が見える。山に包まれた村を、峠を歩く時に見るのは珍らしくないが、ここの谷間ほどゆったりして、人家の配置のいい、自然とよく調和した綺麗なところも珍らしい。

老人は私に、色々、参考になる話をして呉れる。小出村では、事変〔支那事変＝日中戦争〕以来、節米のために、色々、骨を折った。その為めに今迄食わなかったものを食うようになった。一つはうつぎの葉である。彼はそう言って路傍にあるうつぎの葉を取って見せた。この葉の柔らかそうなのを米と一緒にたいて食べると大変おいしい、それによってこの山村でも米を幾らか節約して残米を県外に送ることが出来るようになった。もう一つこれも此頃は食べるようになったと言って、その草を取って見せたが、私はその名をきくことを忘れた。

こんな話をしながら峠を下り、又、登って倉下の部落に近づくと、道のほとりに大根だの甘藷だのの畑がつづいている。見渡す谷間にはところどころ水田がある。この十軒あまりの部落にはその収穫で充分である計りでなく、幾らか余裕があるのだそうである。

村の入口で昨夜同じ宿で泊ったらしい人達に追いつく。

村を過ぎると道は急に登り始める。路傍に清水が二箇所に流れている。約八町ほどで十二峠の頂上につく。十二明神の祠は左にあり、右には珍らしく茶屋があって、煙草を売っている。前に広場があり、眺望が大きい。ここから石打駅まで一里あるという。

ここからふりかえると、妙高山が雲を突いて聳《そび》えているのが先ず眼につき、遥か左には神楽峰が見える。向って行く方面には上越国境の山々が間近に物凄い障壁をなしている。

私はここでルックを下して寛《くつ》ろぎ、御弁当をひろげた。老人は一足御先にと言って、石打駅の方へ峠を下って行った。

（昭和十五年／『青葉の旅・落葉の旅』所収）

那須より会津へ

那須への旅は今度が初めてだ。那須岳に登ってから三斗小屋《さんどごや》温泉に行き、それから出来得べくんば白河の奥の甲子《かし》温泉へ、そんなことを考えて、誰かいい相棒をと思って誘い出したのが、友人松村君である。

十月十七日の朝七時二十五分発の汽車で上野を出る。自分に取って未知の方面の旅なれば、出発の時からわれながら元気が異っているような気がする。

黒磯駅で下車、乗合に乗ろうとすると、初めの一台が忽《たちま》ち満員、二台目にやっと乗り込む。

町を外れてから、間もなく那珂《なか》川の橋を渡る。河岸の眩ゆいほどの紅葉に彩られた光景もまたたく間に打過ぎ、左に折れて赤松の間の大道を走る。やがて那須山塊が大きくふうわりと前面に現われ、那須高原がのびやかに左右に開いている光景のただ中に乗り入る。

二台目の乗合ではあるが動力はガソリン、一台目の木炭自動車を追い抜いて進む。那須湯本に下車したのが正午頃だった。

直ぐ右手にそば屋がある。もう数人の御客が、そばの出来るのを待っている。すばらしく甘《うま》い。この夏、会津檜枝岐《ひのえまた》でたべた以来甘い。たらふく食ってから店を出ようとすると、珍らしい茸が眼につく。何とかいう木に出るのだそうで、帰りにこちらへ寄ることもあれば買おうと思って出掛ける。

ここの温泉部落は那須でも最も賑やかな、温泉的気分の豊かなところらしく、大道の両側には旅館だの店屋などが賑やかに立ち並び、静かな高原の密集のなかに湯の香が漂っている。

那須岳から三斗小屋温泉までを今日一日の行程と狙っている私達は、真直ぐに傍目もふらず、一途に上へ上へと進んで行く。つき当りの温泉神社を左にして進めば、上の方から三々伍々、降りて来る御客はひきも切らず、中には手に硫黄のかたまりを携えているものもある。

やがて、道はぐるりと右に廻り左に折れて、賽の河原に出る。ここは石のごろごろせる荒涼とした河原、そのつき当りの垣をめぐらした石が有名な殺生石である。

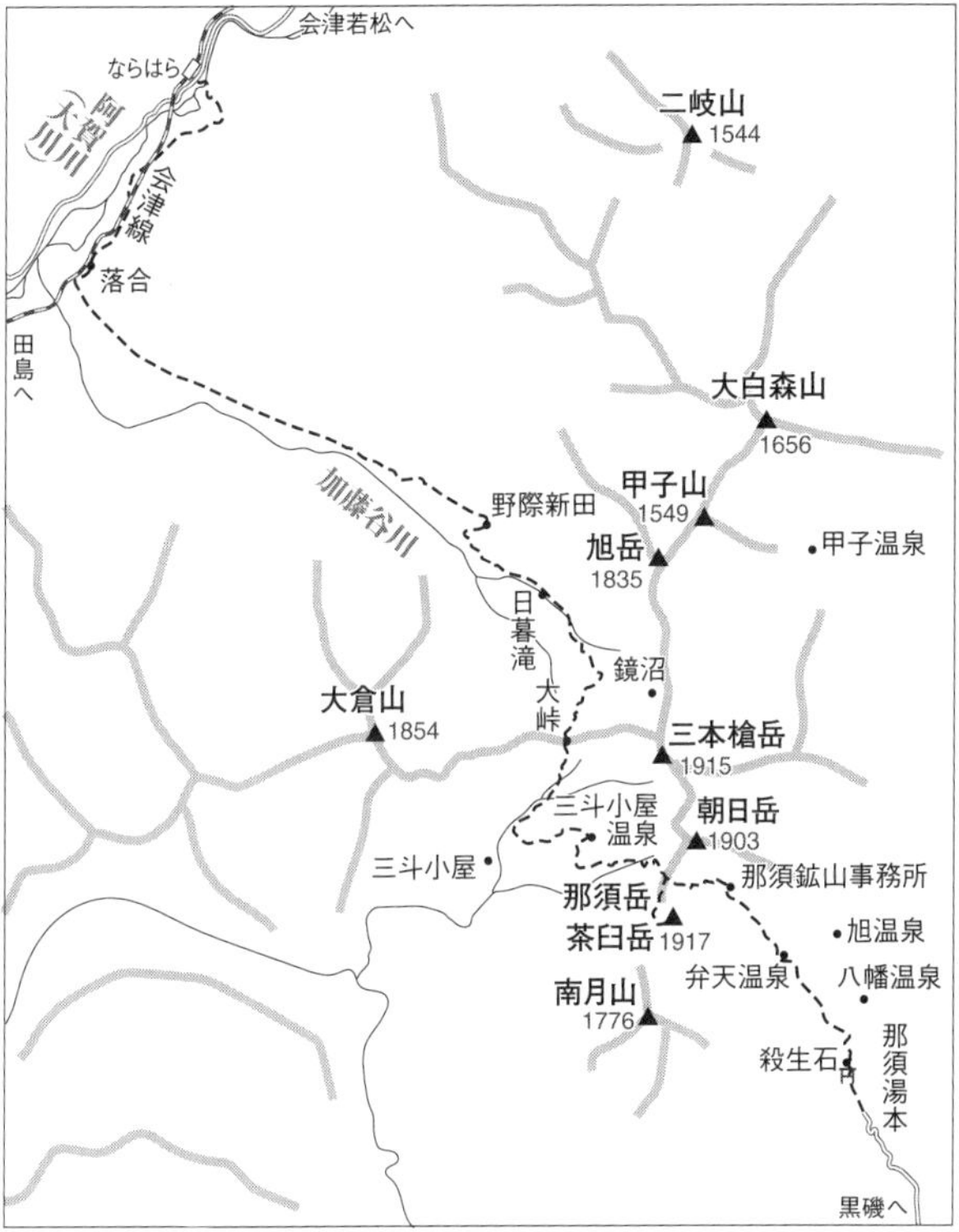

会津若松へ
ならはら
阿賀川
大川
会津線
落合
田島へ
二岐山
1544
大白森山
1656
甲子山
1549
旭岳
1835
甲子温泉
加藤谷川
野際新田
日暮滝
鏡沼
大峠
大倉山
1854
三本槍岳
1915
三斗小屋温泉
朝日岳
1903
三斗小屋
那須鉱山事務所
那須岳
茶臼岳
1917
旭温泉
弁天温泉
八幡温泉
南月山
1776
那須湯本
殺生石
黒磯へ

古来、多くの伝説を生み、奥の細道の旅をした芭蕉の立寄ったのもこれだったと思うと、無量の感慨の湧くことを覚ゆる。

殺生石から右の方へ細い道を流れに沿うて上る。どこまでもそれに沿うて進めば、大道がところどころそれと交叉して走っている。那須岳や朝日岳が前面に近く吃立《きつりつ》して、雄大な裾野が扇面のように大きく開く中を、扇の骨のように渓流が深く大地をえぐり流れている。

上の方から又しても又しても降って来る人達に行き遇う。

大分、高く登った。右の深くえぐれた渓谷を距てて、遥かに高原の一角を占め、雄大なる眺望をほしいままにしている温泉宿らしいものが一軒見える。八幡温泉らしい。

道のほとりに亭《あずまや》があって下に温泉宿が一軒見える。弁天の湯である。全くの谷川にある温泉宿ではあるが、時日に余裕があったら一泊して見たいと誰しも思うであろうほどに、谷間にこぢんまりして、それでいて窮屈な感じを与えない。亭で一服やっていると洋装をした女の御客さん達が上の方からやって来る。すれ違いに出る。

段々、那須岳が近くなって来る。噴煙が湯気のように立ち騰《のぼ》っているのが見える。道のほとりには処々に茶屋があって、果物だのサイダーだのを売っている。正しくのんびりした高原歩きである。

二時半に那須硫黄鉱山事務所につく。路傍に休憩所があって水がある。中に這入って休むと寒いので、日当りのよいところに出る。上から三人の登山者が降りて来る。

又、登り始める。もう三斗小屋温泉への乗越が近くなった。登山者のしんがりらしい男女が四人ほど降りて来る。天気はいい。初めの考えでは時間の都合上、那須岳はことによったら、今日、止めにして明日は甲子温泉へ行けなければ、三斗小屋から三本槍、朝日岳、那須岳に登ってから那須の方に戻ろうと思った案ががらりと変って、今日はどんなことがあっても那須岳に登ろうという考えになる。時刻は未だそんなにも早い。

乗越へ来た。ここが荷置場である。時刻は未だ三時前だ。ここから見ると、今迄見えなかった那須岳の斜面には硫黄の沸騰しているさまが黄色く、あまりにも黄色く美わしく、宛《さなが》ら菜の花のような色をして物凄い煙をあげ、それが西北の風に靡《なび》いている。

二人の登山者がその方面から降りてきて私達をよんでいる。何事かと思って立ちどまる。

「道がありますか、こちらは登れないんです。」

私達は自分の前面にある足跡を見附けて、道はこちらにあることを告げると、彼等はあとへついて来る。道はずっと遠廻りに東から南へと走っている。

やがて南の方へ廻れば、硫黄の香いが鼻をついて、呼吸が苦しく咳が出る。早くそれから逃れようと、気息をはずませながら登る。道は更に南から西へと噴煙を避けつつ進む。

頂上についたのが三時半、那須岳神社がある。眺望は流石によく、遥かに目を遮ぎるものがなく、遠くには会津の山々、日光の山々、近くには朝日岳、三本槍、大倉山が競い立って、ここにもわが足を試むべきものが多々あると感ずる。

荷置場に帰ったのは四時、それから小石のざらざらした峠を下り始める。間もなく渓流が始まる。紅葉は少しく遅いが、山々の斜面に点々として立つ白樺の膚が白く、葉はなごやかな色に染め出され、目ざす彼方の谷の闊葉樹《かつようじゅ》は燃ゆるように赤く、際立って赤いのはななかまどである。折しも夕日が西の方から那須岳の噴煙する斜面にあたって、ばら色に染めると思うと、谷一面が燃ゆるような赤い色に輝《て》り出される。

林間に鉄砲をもって立っている人がいる。きくと東京の人、三斗小屋に湯治に来て五十日にもなるので、徒然なるままに、つぐみを取りに来たが、一羽も取れないという。紅葉は一週間前が全盛で、今少しく衰えたところだそうである。三斗小屋温泉ではどの宿がいいでしょうときけば、私の宿へいらっしゃい、私の宿の方が御湯が熱いと言って私達の先に立つ。

半里ほどで三斗小屋温泉についた。この人の宿は煙草屋旅館で、二軒ある内の新しい宿、旧い歴史をもつ宿にとかく魅力を感ずる私ではあったが、この人に引かれてこの宿に這入る。

帳場に炬燵《こたつ》がある。しばらくそれに這入ってぬくまる。もうここは朝は霜だそうで、流石に夕暮は冷える。

階段を二つ登った六畳の部屋に通される。勿論、電灯はなく、便所へ行くにも、湯殿に這入るにも懐中電灯がなくては動けない。それに階段が中々急である。

ここが三斗小屋温泉と呼ばれるわけははっきりしていないが、牛も三斗の米しか運べない、四斗俵は運べないというところから来ているという説が、一番ひろく伝わっているようである。只今はここには煙草屋と大黒屋との二軒の宿があり、冬になると大黒屋だけ残るのだそうだが、明治初年頃には温泉宿が四軒あって、遊廓もあったと言われている。海抜五千尺に近いこの幽谷がそんなにも賑わったなどとはまるで夢のような話である。

ここが以前から有名な温泉地であり、元禄八年に会津藩主松平正信公が大峠を越えて那須に出る道を作ったと言われるが、それだけこの温泉場が要衝に当っていたらしく、あの戊辰戦争には、会津藩と館林藩や黒羽藩との間に、ここや大峠を中心として戦争があり、その結果、万事に手うすであった会津藩の退却に終ったと言われる。

私達の最初の考えはここで一泊し、出来得べくんば甲子温泉に廻って見たい。それが出来なければ、三本槍や朝日岳に登り、再び那須に戻り、八幡温泉に一泊する積りであり、多分、そういうことになるのではないかと思っていた。ところが帳場での話に、只今はこの辺の地理に明るい主人が生憎と留守で、一寸、甲子温泉への道を委《くわ》しく説明することが出来ない。それに先日も甲子温泉に向った御客が二人も目的地に行かれなくて戻って来た。しかしここから大峠を越えて会津の楢原に向う道ならばよく踏めていて間違うところがない。それに大峠を越えて三里向うの野際《のぎわ》新田まで行けば、そこからはトラックが出て、楢原駅まで運んで呉れる。この道ならば安心だし紅葉も中々よい。こんな話をきいた私達は、今更、那須の方へ戻るよりも、又、甲子温泉へ抜けるよりも、その方が面白いという気持になった。

翌日は朝の五時に目が覚める。未だ暗い中を懐中電灯をもって湯に這入る。もう沢山の人が這入っている。ここの湯がよくきくと言って、入浴者は夜中も絶えずあるらしく、話声や唄の声が夜中にも聞える。

御湯から上っても未だ夜が明けない。部屋には火の気がないので、又床にもぐる。床の中で話をしているうちに夜があける。すばらしいお天気だ。暗につつまれた紅葉が再び暁に目覚めて、紅葉は燃ゆるように赤く、朝日がぱっと斜めに白銀の光をくれないの谷に投ずれば、谷の一角に不可思議な色彩を現ずる。

新らしいところに向うとか、これから難場にかかるとなると、俄かに元気が出て来るのが常であるが、これから余り人の通わぬ会津方面へ抜けると思うと、此頃になく元気が出て来るような気がする。「秋になると熊が時々出る道ですよ」と、誰かが湯殿で言ったのが、一層好奇心をそそって呉れたような気がする。松村君も初めての会津入だけに頻りとはしゃいでいる。朝飯が待遠い。

御飯がすんで、松村君のもって来た竹の御弁当行李に飯を二人分つめて貰い、梅干と漬物とを貰ってルックに入れると、もうこれで熊でも虎でもござれという気持になる。新しくこしらえさした足袋の履き心地がよく、茣蓙《ござ》の着心地も申分がない。宿を出て大黒屋の前を通り、三斗小屋の村への道を少しく行ってから右に折れる。二匹の犬を連れて村へ向う少年がいたが、その一匹が私達と一緒に右に折れて私達の先に立つ。少年がいくらよんでも戻って来ない。御願いですが、途中で追い返して下さいと頼まれる。

笹原の間の石のごろごろした道は決してよくはないが、道ははっきりついている。時々、ふりかえっては三斗小屋の渓谷を見下す。三斗小屋の村は谷間の平たいところに小ぢんまりととぐろをまいているのが遠望される。村から西の方に高原らしいものが和やかに展いて、スキーにはもってこいのように見える。沢を三つばかり過ぎる。何れも那珂川の水源である。ぼつぼつ大峠にかかる。日が照って来たが、空には一点の雲も見えない。

大峠の頂上につく。時刻は未だ九時二十分である。やっと一時間しか歩いていない。ここは戊辰戦争の戦場ときくが、まことにいい広場、三本槍への登山路が右にある。ルックを下して寛ぎつつ涼しい風になぶられる。もう帰ったろうと思った犬が、突然、私達の前に現われる。可哀相だが、頼まれたので追い返そうとすると、しくしく声を立てる。両人とも犬好きなのが分って斷うも一緒について来るのであろうか。

ここから見た三斗小屋の渓谷の彩どりのいいこと、村は遥かの彼方に見えて、あたりは一面の紅葉、和やかな色どり、燃ゆるように赤いもの、黒ずんだ灰色のものさまざまの彩どりが混然として、天地創造のその頃を思わすように大きく、混沌として眼下に展開する。温かい日の光を浴びていると蠅がぶんぶんよって来る。

ここから先は身の丈ほどもある深い熊笹、それを分けると洋服が朝露でびっしょり濡れる。こんなにも多い笹が何かに利用出来そうなものだと松村君が頻りと言う。全く自分が科学者であったら、こんなにも日本の山に多い、そして刈っても直ぐに生えて来る熊笹から何か立派なものをこしらえるがと私も考える。

樹木が深い。落葉が散り敷いているのを、草鞋で踏む気持は何ともいわれないほどいい。こんなところに熊が出そうなものという気がするほどあたりは寂しい。淙々《そうそう》とした流れの音が聞える。静かな林を風が通る音にも似ている。右の深い樹林の真中の葦の間から流れて来る水の音だ。地図にある鏡ノ沼というのはこれだろうか。

道は少しく登りになる。闊葉樹は大きい。露を帯びた朴や橡《とち》の葉がぽたりぽたりと落ちる音が、静かな空気に幽かな波動を与える。

道は下りになる。流れが下に見えるところに可なり大きな瀑布がある。渓流を蔽う紅葉はすばらしくいい。しばらく休憩する。

道は下って沢を渡ってから、又、登る。もう、そろそろ幽谷を離れそうな気色が何となくして来る。果然、林の彼方に大きな河原が見え、向岸に一軒の家がある。河原を渡って家の前に出ると、担々たる大道が始まり、もう野際新田へは半里だという。

ここでふりかえって、越して来た山を仰げば、その紅葉のすばらしいこと、炎々として今にも燃え出しそうに赤い。この河は加藤谷川と言うものらしい。

大道について進めば、やがて会津の大川〔阿賀川〕の渓谷が透か前面に見えて、その向岸の山が紅葉の斜面をぼんやりと彼方に浮立たせる。ここからそこまでは高原状の樹海、どこを見ても樹林ならざるはなく、紅葉ならざるはない。

野際新田は、ほんの数軒からなる小村、この静かな山奥に平和な人間界の一角を形作っている。通りの家の前に茸が乾してある。珍らしいので買って帰ろうと思って、よんでも人気がないのであきらめる。往来に稲がはさに掛けられているのを見ると、こんなところにも米が取れるらしい。

暫く行くと、右の方から来る大道がここで一緒になる。着茣蓙を敷いて二人で御弁当を広げる。右の道からバスケットを背にして降りて来る若者がある。きけば、この奥に硫黄採集場があって、そこから来たという。今日は未だガソリンの配給がないからトラックの出る見込がないと言って呉れる。さては楢原駅へは歩かなければならない。しかし時間は充分にあるし天気がいい。歩くのもよかろうと却って元気づく。

ここから道は坦々として一直線、一里先の人間の姿も見えるほどに真直ぐであるが、歩く人間はこの男以外には見えない。道の両側は涯しもない雑木林、開墾すればいくらでも人間が住めそうだ。

一里ほど進むと、先の男が路傍に休んで、乳のみ児を背負うもんぺいの女を連れた背広の男と話している。私達もそこで休む。野際新田の硫黄採集場は今から五日前に仕事を始めた許りで、その人員募集広告を見て、越後の東蒲原から遥々とこの夫婦者がやって来たのだそうである。私達は、冬、一丈〔三メートル〕近くも雪の積るこの山奥へ乳のみ児を背負う妻をつれてかせぎに来たこの人の幸福を心から祈らざるを得なかった。

楢原はここから未だ三里以上もある。道々、バスケットを担う男と話をする。彼は少年時代に東京で奉公をして三百円の金を作り、学校へ這入ろうと思ったが脚気《かっけ》のため郷里に帰り、それっきり上京することも出来ず、こんなところに雇われているが、今でも勉強する志を捨てる気持にはなれないと言っている。彼は郷里の会津若松に不幸があって帰るところだそうである。

風は穏やかに日は温かい。そろそろ田園的な平和な光景が現われ始める。畠が現われ、人家がぼつぼつ見える。煙草の畠がある。家々の壁には煙草の葉が乾かしてある。落合の部落だ。

もう鉄道線路が見える。大道は右折して線路に沿うて走る。このあたりの家は大きく、土蔵の屋根が茅葺であるのが面白い。名物の会津柿が赤々とうれている。いつの間にか私達の足がはかどって若者と別れて仕舞った。道は坦々としているが、ところどころ高低がある。沿道の木々は紅葉して、山国の村々の秋の彩どりはあくまでなつかしく美わしい。

楢原の駅〔現会津下郷駅〕に入る前に、大川の橋を渡る。上にダムがある為めに水はすっかり減じているが、渓谷はすばらしく雄大で、花崗石の岩石が両岸に屹立《きつりつ》するさま、慥《たし》かに目を奪うに足る。これで流れが豊富であったら、どんなによかろうかと思う。

汽車の出るには一時間あまりある。駅前にはところ狭いほどに木炭が積まれてある。

駅前の茶屋に腰かけて両人でサイダーを飲む。茶屋のお神さんと話しているうちに松村君はついお神さんに外米を食べているかどうかをきく。七分づきは食べているが、外米の味は知らぬという。

「羨しいね、お神さん」と言えば、彼女は、

「東京の人は平常百姓をあまり馬鹿にするもんだから、罰が当ったんだべ。」と中々、舌鋒《ぜっぽう》が鋭い。東京にいるとはいうものの、農村生れの両人は笑いながらもこれには抗議を申込まなければならなかった。しかしお神さんの直言には慥かに一面の真理がある。少なくも東京人はもっと御米を大切にしなければならなかった。

汽車に乗り込んだ頃は、もう真暗である。湯野上について真暗な大道を湯野上温泉へと急ぐ。やがて大川の向岸の温泉宿の電灯が煌々と河面にうつっているのが目に入る。だが向岸へ行くには降って登らなくてはならぬときいて、こちらの清水屋に入る。

二階の静かな部屋に入れられる。昨夜の暗いランプからここへ来ると、矢張、電灯は有難いという気がする。

湯に這入る。相当熱い。湯につかりながら、今日の道中のよかったこと、近来になくいい気持で歩いたことなどを考えると、斯うした徒歩の旅のいいことがしみじみ感ぜられる。

久し振りで三斗小屋温泉でもここでも、純粋の内地米を食べて、今更ながら日本米の甘《うま》さが分るような気がする。食後、別に散歩するところもなく、疲れたからだを床に横える。

明くれば五時に目を覚まして、両人とも湯につかる。汽車には大分時間がある。朝食後、又湯に入る。

湯野上でもう汽車は満員、どこかに座席はないかと見廻わせば、満蒙開拓青少年義勇軍でいっぱいになっている一車がある。そこへ這入って行くと、偶然、補導の一人が松村君の知人、間へ割り込む。田島の奥の村で勤労奉仕をやって来て、これから会津若松で下車してあちこち見物して帰るところだという。話題は米の問題に走り、満洲の米作問題に飛び、満洲の米作の有望なこと、一反歩〔約十アール〕に二石四斗〔六俵＝三百六十キロ〕の米が取れ、それが日本米以上にねばりがあるなどという耳よりな話をきく。

大川の渓谷がところどころすばらしい渓谷美を発揮しているのが汽車の中からも見られる。

会津若松駅について、郡山行に乗り換えるには未だ一時間以上もある。初めてここへ来た松村君はハイヤーをやとうて私にも同乗をすすめる。飯盛山へ大急ぎなドライブをやり戻って汽車を待つ。郡山について東京行の急行に乗り換える、満員。

松村君と二人で隅から隅まで探した挙句にやっと各自こしかけることが出来た。
汽車が白河を過ぎ黒磯に向う。二日前に登った那須岳の噴煙が白く山頂に立っている。それを越えて、遥々、会津に這入ったことを考えると、人間の足はのろいようで案外早いものだという気がする。

（昭和十五年／『青葉の旅・落葉の旅』所収）

晩秋の奥利根渓谷

富士の裾野から越前岳に登ろうか、それとも鬼怒《きぬ》川の渓谷から塩原に越そうかと思っているところへ、閨秀《けいしゅう》画家の野口さんが来られて、奥利根《おくとね》のスケッチを見せて貰ってから、すっかり奥利根を探ろうという気持に変って仕舞った。

友人山下君〔助四郎〕が私の道連れになって呉れたのが、何よりの幸いだった。山下君は植物学専攻の人、私には斯うした方面違いのことをやっている人と歩くのが、色々の点に於て教えられるところ多かった。

十一月末の二日の休みを有効に使うには、夜行で前日に出るのが一番いいということになった。

上野十一時三十分発の上越線夜行は思った程の人ごみでもなかった。いつもなら谷川岳に向う人達の御蔭で、身動きもならぬ窮屈と雑沓とを感ずるのだが、もう上越山脈に雪が来て、いつものように簡単な用意ではいけないと感じたせいか、所謂《いわゆる》登山者と見掛けられる者は、スキーをもった数人の男女と、外にルックにピッケルを携えた数人の男とに過ぎなかった。

私達の前には二人の海軍水兵が坐っている。一週間の休暇を貰って郷里を訪れるのだそうで、何れも越後の人、二年ぶりで帰るというので如何にも嬉しそう。

高崎まではスチームがないので寒くて眠られず、眼をつぶって利根の水源を色々と想像しているうちに、いつの間にか湯檜曽《ゆびそ》についた。

ここの停車場〈旧駅〉を降りるのは、宛《さなが》ら山を下るような気がする。降っても降っても飽き足らぬかのように降る。やがて降りつくと大道である。私達を合せて三組が降りる。一組は二人連れ、もう一組は三人づれ、何れもルックに登山靴を穿いた、見るからにがっちりした身構え、何れも身なりは学生らしく、私達二人は何れも草鞋《わらじ》ばきで六十歳に近い老人、その対照が頗《すこぶ》る面白い。

二組は往来へ出ると躊躇なくすたすた歩いて行くが、私達二人は藤原に向うにはどちらへ行けばいいのか問う人もなく、まごまごしながら暫《しばら》く学生達のあとについて行く。町の左側に戸をあけて飯の支度をしているお神さんがいる。道をきけば、学生達の行った方向を指して、ここを真直ぐ行って、やがて左へ折れるようにと教

えて呉れる。して見ると、あの学生達も同じ方向を狙っているのだと分る。

時刻は未だ五時前である。寒さにふるえつつ学生達のあとを追えば、一刻も眠っていない二人は、宛《さなが》ら酔っているかのように身体が宙にふらつく。

水上から藤原に通ずる大道と一緒になって左に折れ、愈々《いよいよ》、利根の本流に沿うて谷間を進むうちに、三人の組を追い越す。谷が段々迫って来るが、未だあたりは暗で、ところどころ乗合の停留場の立札が幽かに見えるのみである。立岩停留場の附近であとの二人の組をも追い越した頃、夜がほのぼのと明けて、夜後橋《よごばし》について、初めて奥利根の清流を眺めてほっと一息つく。

あたりの紅葉は大部分散って、岩にせかれ山の膚を赤くそめているが、それでも尚お山々の側面には、橅《ぶな》の紅葉がいくらか残って、暮れ行く秋の名残を告げ、足下には利根の清流が、花崗岩の迫った岸の岩角をかみ、岩底を抉《えぐ》り、寒々とした響きをたてて走る。

そろそろ人家が見えて来る。右の方の尾花の間を分けて往来へ何か飛び下るものがある。何かと見れば、先程から遥か後ろに見えた、ゴム靴を履いた二十歳ばかりの娘が、近道をして私達を追い越し、村へと急ぐ姿だった。その果敢な歩きぶりに驚く。彼女が大急ぎで這入って行ったのは藤原製材所、もうそこの仕事が始まったらしく、沢山の人夫が早朝から働いている。

どこかで朝食を食べようとあたりを見ながら行く。右に林檎《りんご》だのサイダーだのを売っている店があって、若い娘が往来を掃いている。いい幸いと這入って火鉢に火を貰い、熱い御茶を飲む。東京から携えて来たパンをたべていると、先程あとにして来た学生らしい二人が、休もうか休むまいかと思案顔に店をのぞきながら、やがてそれなりに進んで行く。

もうさして行く湯ノ小屋温泉は二里あまり、宝川温泉は半里に過ぎないときいて、大分元気づく。して見ると三里以上は歩いたことになる。これからは余り急ぐにも当るまいとスピードをゆるめる。ここは藤原の横山、湯ノ小屋温泉へは河について も行かれるが、今日は上ノ原を越えて行き、明日の帰りには河を下ろうと、右に折れて河から離れる。

道は爪先登りになるが、急というほどではない。家が点々として渓間に散在し、水車がなごやかに廻っている。応永寺を左に見て、やがて山口の部落につく。ここらの山村の茅葺の屋根が、半切妻の恰好をして、檐《ひさし》が地上に低く垂れている姿は、一寸、優美な感じを与える。斯うした形態の屋根は一寸珍らしいように思えるが、積雪の多いせいであろう。

山口の部落を離れると、村はなくなり、道の両側には尾花が軽く風になびき、日がぽかぽか温かい。一休みする。上ノ原の高原は大きくゆったりと前方に側面を見せ、ジグザグに高原によじる道を、馬を曳いて登る人の姿が見える。何となくのんびりした、なごやかな光景である。

高原の登りは暫くにして尽きる。登り尽くした処は、上ノ原の大きな高原の一角である。時刻はやっと九時を一寸過ぎた許りだ。

ここについて驚いたのは前面に上越国境山脈が白雪を頂いて、丁度、信州の大町あたりから、新雪の後立山山脈を見ると同じように雄大に見えることだった。谷川岳が際立って立派に見える。併《しか》しこの高原の風貌も何といいことだろうか。下から側面だけを見ている時には、こんなにもいいとは思わなかった。一条の大道が南北にうねっている原の表面の起伏には趣きがあって、尾花が颯々《さつさつ》として風になびき、それが北方へ涯てしなく続く。

大道を向うから荷物を背負って、てくてく歩いて来る者がある。行商人らしい。日はうすどんよりしているが暖かい。あまりのよさに又一服やる。野口さんから教えられた時、どんなに呑気に歩いても明るいうちには湯ノ小屋につけるときいていたので、このいい景色を心ゆくほど眺めずに行こうなどという気はしない。

ここから通って来た山村の姿を見下すのも興味がある。霜枯れの、ところどころ秋の名残を赤く黄色く残している谷間に点々として散在する家数は、多くもなく少な過ぎることもなく、家々の屋根はここから見ると優美な面白い恰好に見える。半切妻の特別に長い屋根の端が、丁度、女形の鬢《びん》のようで、側面にかかっている玉蜀黍《とうもろこし》は宛《さなが》ら額を飾っている珊瑚《さんご》の玉のよう。山下君に「どうです、そう見えませんか」ときくと、「全くそう見えますね」と相槌を打つ。

ぼつぼつ歩くが、全く早く通って仕舞いたくない気持がする。ところどころ左に里の方へ切れる道があるのに目も呉れず北へ北へと歩く。道の傍らに大山津見命の祠があり、落葉松が和やかに取り囲んでいる。ここでも一服やって、まだ時刻は早いがパンを食べる。

もうここへ来ると、湯ノ小屋の谷が近くに迫って、谷向うの赤茶けた山の側面が長く東西にのびている。

又、歩きかける。原もそろそろ尽きて下りにかかる。前面の湯ノ小屋谷には、このあたり独特の屋根をもつ家が一つ見える。霜どけの為めに道がすべる。あたりに目に立つほど多い寄生木《やどりぎ》が綺麗に紅葉している。

温泉宿はどこかと思いながら降ると、降りつくところに農家が一軒あって、隣りが温泉宿である。あまりにも突然なので驚く。時刻は十一時である。東京を朝立って水上で乗合を利用すれば、日の短かい頃でも楽にここへつける。あんなに寒い思いをして、夜行で来るのではなかったという気がする。

草鞋を解いて先ず囲炉裏《いろり》による。焚火《たきび》が無性になつかしい。六畳の部屋に通される。早速、褞袍《どてら》にきかえて河原にある湯殿へ行く。湯が豊富で這入り心地がいい。いい気持でつかっていると一寸出る気がしない。部屋に帰って眠気がさすままに、床をのべて貰って二人ともぐっすり眠る。夕方になってから目が覚めると隣室の話し声が高い。若い人達が二三人、新らしく到着したらしい。やがてすすけたランプが吊され、蛍火ほどの火が火鉢に這入る。御飯が出る。鮱《いわな》やナメコで純日本米をたべるのが何よりも有難い。炬燵《こたつ》のない暗い部屋では、湯に這入って寝るより外にすることがないような気がする。未だ時刻は早いが、御湯に這入って寝ることにする。

湯殿には私たちの外に、言葉つきから考えてこのあたりの者らしい人が二人這入っている。濛々たる湯気のなかで、破れたガラス戸から吹き込む冷たい風を厭《いと》いながらも、旅らしい世間話をして長湯する。

明くれば、霧が一面に河原をとざしている。七時頃に出発しようと思ったのが八時過ぎになった。縁側にナメコを頻《しき》りと秤《はかり》にかけている商人らしい人がある。ここで買ってやがて缶詰にするのだそうである。

村は七軒からなり、この上流にも部落があるそうである。初雪がもう二三日前にあったとかで、薄い雪が山蔭に見られる。愈々、本降りになると八尺は積るらしい。宿のすぐ近くの湯ノ小屋川に架する吊橋を渡ってトロ道〔トロッコ列車の軌道が敷かれた道〕にかかる。右に登れば至仏山や尾瀬ヶ原に達し、左を行けば宝川温泉に通ずる。私達は左へと急いだ。

よく眠ったので、大分からだが軽くなった。草鞋を履いて落葉を踏み、峰の初雪を仰ぎ、落葉の散り敷いた山側を眺めつつ歩く晩秋の旅は又となくいい。

道のほとりに洞元ノ滝がある。流れが空洞のようなところへ物凄く落ち込んで、滝壺は見えない。この近くで湯ノ小屋川が楢俣《ならまた》川と合する。谷が開いたり狭くなったりする。広いところでは、川べりに尾花が颯々として招き、狭いところでは岩石奇状を呈する。

利根川の本流がやがて楢俣川を合せる。本流を溯《さかのぼ》るところに湯ノ花橋がある。ここから本流は山懐を涯てしなく分ける。その数里上流には湯ノ花温泉があって、このあたりで最も素朴的な温泉宿が一軒ある〔昭和四十二年、奥利根湖の湖底に沈んだ〕。

合流点のあたりの晩秋の美わしさ、それは新緑の頃でも、紅葉の頃でも、これには優るまいと思われる。木々は落葉して山間は朽葉に赤茶け、岩は突兀《とっこつ》としてその美を誇り、流れは澄み切って、カラコロ響きを立てて幽境を走る。河は大きくなるが、谷は依然として深い。道は流れに沿うて南へ南へとぐるぐる走る。

俄然、前面に立派な橋が見える。宝川との合流点である。ここから宝川温泉へは宝川に沿うて右折、七町しかない。

晩秋の美はこの渓谷にも存分に発揮されている。温泉宿は間もなく流れの向岸に現われる。河原に野天風呂があって、五六人の子供が嬉々としてつかっている。湯の出口を一寸嘗《な》めて見る。硫黄と鉄分と塩分の味がする。橋を渡って帳場で煙草でもと思ったがない。絵葉書もない。風呂場は内湯で大きい。建て増しの一棟が出来かかっている。宝川スキー場という立札が流れのほとりにある。

ここで御湯に這入ったら、今日一っぱいには東京に帰れそうにもない。そこそこにして帰る。

宝川温泉から藤原の横山までは半里に近い。丁度ここで一廻りしたわけだ。乗合は出たばかり、次のを待つには大分時間がかかるので、一層のこと水上まで歩こうと、担々とした大道を辿る。昨日、暗の間に通ったところが見られていい。夜後橋のところで、河原に下りて流れを眺めながらパンをかじる。もうそろそろ正午に近い。

ここから立岩の停留場あたりが大倉峡で、断岸に細い道を通じ、流れに吊橋を渡し、亭《あずまや》も作ってある。利根の流れがここで圧搾されて、紺碧の色たとしえなく濃く、両岸の花崗岩は流れの浸蝕をうけてところどころ釜を作っている。頭を蔽う樹林は上へ上へと山の側面を縫うて仰ぐように高く上る。絶景とは斯ういう処を言うのだろう。

秋はおそい。しかし秋は未だこのあたりを去っていない。山の斜面には未だ紅葉のままの橅《ぶな》が三分ほど残って、見るがうちに、はらはら落葉を流れに散らす。山頂に近い白樺の白い幹が目に立つ。

栗沢の部落に来ると、もう大分谷が開けて、やっと奥利根を離れたという感じがする。湯檜曽へ行く大道と別れて水上に向う。途中ところどころに立派な温泉宿がある。バスケットをもった御客達が乗合を待っている姿が見られる。

（昭和十五年／『青葉の旅・落葉の旅』所収）

登山趣味の発展

若い時には随分よく山に登ったが、暑いのに懲り懲りして、此頃は山に登ろうなどとは思わないと言う人に時々遇《あ》うことがある。そういう人にどんな山に登ったかときくと、大抵は三四千尺〔千メートル前後〕の山の名をあげる。人間は誰でも自分の経験したことが最も慥《たし》かだと考える。従って三四千尺の山でも、自分の登ったものとなると、他の山を律する一つの標準となる。こんなことは今日の青年には殆んどありそうにもないが、四十代五十代の人には珍らしいことではない。

初めから山を知らない人の方が却って無造作に山に這入り、或は山を求める。山のない東京の真中の日本橋に生れた人や、横浜の人達によって今日の日本の新しい登山が始められたことも無理はない。なまじい低い山国に生れた人などは却って高山に登ろうとはしない。

私など越中の立山に近く生れながら、朝夕、立山から薬師に通ずる一帯の豪壮な山脈の姿や残雪を眺めながら、十四五歳までの間に一度は立山に登らないと男の資格がないと思われている土地に生れながら、到頭、二十五歳になるまで山らしい山に登らなかった為め、それまで山というものはこんなものと考えたのは、いつも三四千尺程度の山の経験からだった。

特別に身体が虚弱であった為め、登山などは思いもよらぬと自分も考えるし、親達もそう考えたのである。若し私が高等学校時代に林並木先生を知らなかったら、或は大学時代に木暮理太郎君を知らなかったら、今日のように山に登る機会がなく、大体、三四千尺の山をもって一切の山を判断していたかも知れない。

立山や薬師岳に登って、今迄、考えていた山の概念が如何に間違っていたかを知った。百聞一見に如かずという言葉はあるが、百聞は愚か千聞も万聞も一見に如くものではない。それは本質の相違であって、程度のそれではない。

しかし私は登山の初め頃から、高い山の外に深い山のことを想像していた。山を中心にして幾十里も人跡のないようなところを頭に描いた。その点は此頃の山に登り始める人達の考とは大分異っているように思う。それには理由がある。

高等小学校二年になった時、私は病気のために一年間休学したことがある。その間に私は色々の書物によみ耽《ふけ》った。八犬伝、弓張月、その他多くの武勇伝、仇討小説等がそれだった。そうした書物の内に物語られる無人の境地や深山や幽谷などが、妙に私の心を捉えた。

木暮理太郎君に会って初めて山の話をきいた頃には、私はよく深い山の存在について質問したことがある。すると同君は私に木曽の山へでも行けば、深いとこが見られるというようなことを言っていた。

初めて妙高山に登った時にもそうしたものが見られず、立山に登った時にも割合にそういうものがないので、さては日本には深い山がないのかしらんと思っていたが、薬師岳に登って、初めて日本にも斯《こ》ういう深いところがあるのかと感じて頼もしく思った。

飛驒の大多和《おおだわ》から有峰に至る途中で既に深林を見、有峰の孤村から俗に九里八町という薬師岳に至る間にも立山登山道とは比較することの出来ない深いものを見出した。

同じ年の秋に木暮君と一緒に秩父の十文字峠を越え、甲武信《こぶし》岳や金峰山に登った時にも、深いものを見たような気がした。これが二回目の秩父入であったが、意外なものにぶつかって驚いたのである。

前年に秩父の雲取山に登ったが、跳望のよい山と思っただけで、別に深い山の印象が与えられなかった。ただ遠望して見たところ甲武信岳附近には何かしら高い深いものがありそうだという感じがした。甲武信岳に登る時も、三峰を過ぎ栃本から十文字峠にかかるまでは、秩父の深林とはどんなものだろうと木暮君に尋ねながら行ったのを覚えている。

十文字峠をかれこれ二里ほど行って、白妙岩あたりから私は多年秩父について頭に描いていた以上のものにぶつかったような気がした。それから信州の梓山に至るまでは絶えず興奮のしつづけであった。その時から私はすっかり秩父に興味をもち始めた。

斯《こ》うして高いものを求めることと、深いものを求める精神とは私に平行して進んだとはいうものの、高い割合に必らずしも深くない山もあった。そういう場合には矢張、不満を感じた。余り高くないものにも深いものが見出されることもあった。そうした場合には、低い山にも讃美すべき理由を見出した。高いものを求める心は、登山する人間に共通的なものであったが、深いものを求める心は、子供の頃に読んだ書物により培われたロマンティックな精神によるものだった。

そしてこの深いものは、私には主に深林や深林の間を流れる渓谷により代表された。深いことは勿論、無人の境を含まなければならないが、その無人の境は森林や渓谷によって占められたものでなければならなかった。そうした意味で私は深林や渓谷を求めた。

高原や峠を求める気持になったのは後のことである。高原には山を歩く場合に自然的に接する機会はあったが、それを独立のものとして訪れるようになったのは、ずっと後のことである。

峠を求めたのは、私の気持から言えば、最後であった。これも山を歩くためには除外して考えることが出来なかった。しかし後には峠に興味を見出し、それを独立して求めるようになった。私は今迄とは全然異なれるものを体験するようになった。つまり人間世界に接触をもつ山の一角に感興をもつようになったのである。それは純粋な登山精神から言えば、一種の外道的なものかも知れない。しかし登山の綜合的な体験を味わんとするものに取っては、それは除外することの出来ないものである。

斯うして自分の山に対する趣向の変化から見ると、人間の一生はどうなって行くか、将来のことは予見出来るものではないという気がする。北国の平野から立山を遠望しつつもそれに登ろうとしなかった私、十四五歳までに立山に登らなければ男の仲間入りが出来ないように考えられている平原に男と生れて、山に登ろうともせず、山はこんなものと、三四千尺の山によって凡《すべ》ての山の概念を形作ろうとしていた私が、二十五歳になってから熱狂的な山の信者になろうとは夢にも考えられないことだった。そしてその山が峰から深林、渓谷、高原まで発展して行くのはいいとしても、それが峠、街道、山村と拡がって行こうとは神ならぬ身の知りようがなかった。

して見ると、人の運命が分らないと同じように、趣味の変遷も予見出来ないということになる。山に少しく登って山のことなら分り切っていると考えるような人は、多くの場合に於て山の趣味の余り分らぬ人だと見ることが出来る。

如何なる趣味でも、これが最後とか、これで行き詰るとかいうものはない。行き詰るとはそう感ずる人の行き詰りであって、趣味それ自体は人間の進化と共に進むのが本当である。若し個人としてその行き詰ることを感ずるとすれば、その人の行き詰りであり、民族的にそう感ずるとすれば、民族の行き詰りである。

進化する民族は、進化せざる民族が、到底、進化しそうにもないと考えるものを取り上げて、それを予測することの出来ないものにまで進化させる。琴や尺八や三味線のようなものでも、一時は進化の見込みのないように考えられたが、日本の創意ある楽人の手によって進化して来た。

登山は少なくも外形的には行き詰ったかのように見える。然し登山の趣味は行き詰るものではない。何となれば趣味を開拓するものは山それ自身にあらずして登山者その人なのだから。登山者にして熱意を有するならば、その趣味の発展は尽きるものではない。若し峰から渓谷、深林、高原、峠、山村、街道へ発展して来た私の趣味が、今後再び峰や渓谷へと還って、そこに新しいものを見出すことが出来なければ、私自身の趣味の停滞があろう。

嘗《かつ》て先輩木暮君から聞いたことであるが、同君の四十年間以上の登山生活の間に登山熱を失ったことが時々あり、その後それが新しく高潮して来たそうである。恐らくそうした一時の停滞が、次の高潮の契機をなすものであり、この高潮が一つの新らしい発展的な意義をもつものではないかと思われる。発展的な意義をもつとは、趣味内容の拡がりを含むことも慥《たし》かであるが、趣味その物の深まりをも意味する。どの国へ行っても、国土に限りある以上は、新しい発見をする意味の登山はいつかは行き詰らなければならない。しかし登山者の趣味の発展は、登山者の熱意のなくならない限り、尽きるものではない。それは登山者に熱意と創意とのある限り、一国の文化の行き詰らない限り、何かの形に於て発展するであろう。

（昭和十四年／『青葉の旅・落葉の旅』所収）

草鞋の旅

「どこの山へいらっしゃいます？」

「どこかへいらっしゃいましたか？」

休暇や運動週間の初めや終りに、又は、時たまに二日も休みが続く時には、斯《こ》うした質問を知人から私は殆んど御決りにうける。これは別にはっきりした答えを要求するものではない。丁度、時候の挨拶ほどの意味しかもっていない。私が行こうと思っているところを具体的に説明して見ても、それは質問者に何の意味ももっていない。質問者には富士山や立山以外の山の名を知らない人もいる。

私はいつもそうした場合に、場所を言わないで、ただ「ええ、一寸、行って来る積りです」とか、「一寸、行ってきました」と答える。すると「何処へですか？」と改めてきく人はない。

私はそんなにもよく歩く人間と思われている。しかし実際、私は人が思う程に絶えず歩いているわけではない。私も教師という職業をもっている。従って本当に歩けるのは夏休暇だけで、春休暇は忙しくもあり、三月四月の山は平地の冬にも等しく、霜どけがひどく歩くのが余り愉快でない。十月の運動週間は、私のように夜の学校をも教えている人間には、容易に利用出来そうにもない。

冬休みにはスキーをやりに出掛けることもあるが、これは、一寸、歩く旅行とは異うので、本当に歩くのは夏だけ、外に新緑の頃と十月か十一月かに一泊の旅をやる程度のものである。行きたいと思うところが多いだけに、随分、無理をする。自分の年齢を考えて大分慎んではいるものの、矢張り無理の絶え間がない。

若い頃は夏休暇に一週間も二週間も山に出掛けたが、この頃では出掛けても家のことが気になって永く出ていられない。私のように病妻をもっている人間は特にそうである。

しかし永い短いに拘らず、私は度々歩いて見たいと思っている。それは愉快であるばかりでなく、健康にいいと思い、努めて研究して歩くべきだと思っている。

私はここに登山や徒歩の健康にいいことを説こうとは思わない。ただ私はこれまでどうして歩いて来たかを一寸述べて見たいと思う。

心臓に故障があると言われて、学校を一年間休学したのは、高等小学二年になった頃である。その為めに、立山の麓の平野に生れながらそれに登らなかった。中学時代にも高等学校時代にも、殆んどどこへも行かなかった。大学時代に少しく胸を悪くして小田原に転地し、そこを中心として箱根や熱海地方を歩いた以外には殆んど旅をやった覚えはない。

大学を出てから房州の海岸に旅をやり、郷里に帰る途中に中央線に沿う名勝を尋ねて最後に妙高山に登ったのが。私の最初の登山らしい登山であった。これは草鞋《わらじ》や靴による登山でなくて、草履《ぞうり》によるものだった。

大学を出た当分は、日曜日に木暮理太郎君と一緒に東京の郊外を歩いた。草鞋にすっかりなれたのは、この時だった。郷里の小学校時代や中学時代にも草鞋を履いたが、学校を出てからは最もよく草鞋を履き、終日、歩いたので、すっかり草鞋になれて仕舞った。

自分の足が本当に強くなり、山に登っても息切れがしなくなったのは、大学を出てから毎日曜、草鞋で歩き廻った御蔭であると深く信じている。私ばかりではない。当時の登山者は皆そうだった。ただ農家に生れた私は特別に草鞋に慣れて来た。三日間の山道に一足で足りるほどに段々に慣れて来た。

世界戦争が終ってから、日本の登山界も大きな変化を経験した。ゴム靴や地下足袋が大きな流行力をもつようになり、旅先で段々、草鞋が買えなくなった。登山靴が、追々、流行するようになった。私も、到頭、登山靴を履くことに決した。私の登山靴は牛込の神楽坂の津布久でこしらえた最初の登山靴で、何でも大正十年頃のことだったと思う。

登山靴が重くて徒歩の快感をなくすることに気が付いたのは、その後、間もなかった、登山靴を二足はいてから、私は兵隊靴に転向した。

兵隊靴を履いて見ると案外楽なのに感心した。しかし靴の鋲《びょう》の円いのが、岩山を登るのには随分と危なく感ぜられたが、大抵の山には間に合った。

ところが日本で靴では到底、面白い登山の出来ないことが痛切に感ぜられるようになった。というのは、日本で面白い旅をするには渓流を徒渉しなければならない。そうした場合に一々靴を脱ぐのは容易のことではない。そうでなければ靴のままで徒渉しなければならないが、その不愉快は終日つきまとう。いつかも八ヶ岳の白駒ノ池へ信州の佐久方面から歩いて渋鉱泉へ抜けた時、兵隊靴のままで散々徒渉をやり、それかあらぬか、東京へ帰ってから軽い盲腸炎までひき起した。

少なくも私に取って靴がふさわしくないことを特に感じたのは、昨年の五月の旅だった。最初の日に甲州の上野原から坦々たる大道を歩いて鶴峠を越え、多摩川の上流の川野まで歩いた時にはすっかり足を痛めて仕舞った。

小河内鉱泉について靴を脱いで見ると、両足の裏や踵が一面の肉刺《まめ》で手のつけようがなくなっていた。尤《もっと》もこの日は十里以上も歩いたのだったが、斯うも靴に弱いとは思わなかった。草鞋に転向しようと決したのは、この旅を契機としている。

草鞋に慣れると、それを履くほど愉快なことはない。大地を草鞋で踏むことには、本当に自然に還り、自然と合致する感じがある。流れを渡ろうが、どこを歩こうが、草鞋で不都合に考えられるところはない。岩角で指を痛めたり、這松《はいまつ》の切り先で足をいためる恐れがあるという人もあるようだが、それは段々慣れると避けることが出来る。重くて足のむれる不愉快な靴に比べると、草鞋ほど有難いものはない。

しかし、愈々《いよいよ》、草鞋ときめて実行するとなると不安な気持になった。一体、草鞋が果して手に這入るだろうかということだった。それで東京の方々探して中野でやっと五足許《ばか》り買入れた。

昨年の十月に信州の洗馬《せば》から中山道を歩き、権平峠〔権兵衛峠〕を越えた時は、草鞋に還った第一回の旅だった。ところが東京で買って行った草鞋が一向に役に立たないことを発見した。足によくはまらず、履いて一里ほど歩くと切れて仕舞った。幸い洗馬の村で適当な草鞋を見付けて余分に買って置いたので、東京の草鞋が切れたのを幸いそれに履き変えた。すると具合のいいのに驚いた。自分には、矢張り田舎の草鞋でなければならぬという気がした。

今年になってから、二度、草鞋の旅をした。三月に草鞋旅行をやった時、余りに人目につき過ぎて困った。省線の中で私にその草鞋をどうして手に入れましたと大きな声できく人があった。上野駅の待合室では、私の草鞋が乗客の話題になっているのを知った。汽車の中で私の前にいる田舎の紳士らしい人が、「地方へ来て草鞋を履けと説法する人達は多いが、御本人達が本当に草鞋を履く御手本を示して呉れたら、どんなにききめがあるか知れません」と頻りに私をおだてた。

昨年から旅をする度毎に地方で草鞋を五六足買って来たので、この分では遠からず草鞋の小売屋でも開けそうだと思っている。

昔は健脚の人が多かった。それは汽車だの電車だの自動車だのという乗物のなかったせいに外ならない。道も今日とは比較にならぬほど悪かった。しかし斯うした人達がよく歩けたということも、一つは草鞋によく慣れ、草鞋で上手に歩いたということに外ならない。

最もよく歩いた記録をもつ人は越後の寺崎某で、一日(?)に六十幾里を歩いたといわれる。この人のことを私は色々の人から聞いたが、歩き方を、大分、研究した人らしく、その方法を間接にきいたことがある。簡単ではあるが、随分、参考になる。

うしろをふりかえることなく、左右を見ず、大体、眼を前方三尺ほどのところにつけて歩くのが此人の徒歩の原則だそうで、登山する時に山を見上げたり、途中の流れに足を浸したり、出発の元気に任せて近道などを行ってはいけないということも含まれていた。

この歩き方を実行して見ると、慥《たし》かにききめがある。例えば急な坂路を登る時に、前方三尺ほどのところばかり見て進むと、殆んど息切れがしない。いつかも徳本峠《とくごう》でそれをやって見たところ、一度も休むことなく越すことが出来た。私は峠路や登山路の急になって来るところで何時もそれを実行している。

私の郷里にも健脚の男がいて、日の永い頃には一日で金沢までかれこれ二十里を往復したのを覚えている。

彼のいでたちは白の股引《ももひき》に素草鞋《すわらじ》で、小さい竹行李を背負っており、脚絆《きゃはん》の代りに股引の上から足を一二箇所紐で縛っていた。歩き方は細かく小走りで、いつも歩調を変えることなく行くのだそうである。実際に永く歩くとか山を歩くとかいう点からいえば、普通の歩き方は疲れが多く、一種独特な歩き方があるようである。

私の考えによると、登山は素草鞋に脚絆、洋服にルック、それに茣蓙《ござ》が一番いいと思っている。脚絆がないので巻ゲートルを使っているが、本当は余り感心しない。下山の際に困る事が多い。ルックは外国から取り入れたものだが、之には感心している。重い物を背負っても割合に苦しくない点に於て、全く上手にこしらえたものだと感心している。草鞋に脚絆にルックに鉄砲で戦争をやったら、能率があがるだろうと素人風に考える。

私のような汗かきは山旅には本当は洋服は余り感心しない。出来たら和服で歩きたいのだが、和服となると、蟇口《がまぐち》だの、時計だの、スケッチ帳などの入れ場所がない。うっかり肌でも抜ぐと大事の物を落す。せめて昔の道中に使った腹巻でもあればよいと思う。

昔の人達が和服を着て肌をぬぎ、莫蓙を着、風呂敷を傘の先にひっかけて左の肩にし、右手に扇をもちながら歩いたのは、如何にも涼しそうな光景だった。和服にルックも悪くはない。木暮理太郎君も以前にはそういう恰好で歩いていた。可笑《おか》しくはない。われわれのような年頃になると、旅の体裁よりも、旅の内容の面白さを考える。

（昭和十四年／『青葉の旅・落葉の旅』所収）

晩秋の旅日誌

一日目

雨あがりの十月の末つ方、紅葉を追うて出掛ける身軽な一人旅は身も心もすがすがしい。全く一年の間で旅に一番いいのは五月と十月末だ。

昨日までの長雨が止んで、青空は大部分あらわれている。秋風は颯々《さつさつ》と吹いて長い旗のような白雲が山頂にたなびく。何とかして一両日はこの程度の天気を続かせたいものだ。

いつもは夜行で疲れるので、今度こそと思って早朝出発した。甲州路から信州路へと走る汽車の窓から目に映る山々の紅葉を飽かず眺めて来た。

広い信濃の国で、峠から山村、それから街道へとよいコースを取れば幾らでもある。美濃路に近い方面から東へ、それから南へと歩くコースを選んだのは、紅葉の変化を見る上に一通りならず面白いように思われたからだった。自然の美わしさを主にして考えた旅路だ。一里や二里の廻り路位は何でもない。

美濃路に近い信州の停車場で降りて町をあちこち歩いて見た。汽車のため開けて、新しくこしらえられた大道の家並と昔ながらの狭い通りとの配合の不調和なところに、却って面白味が見出せるような気がする。

もう暮れるには間もない。私は一里ほど歩いてから町がかった村の鄙《ひな》びた宿で泊った。こんなところにも美わしい渓流のあるのに驚いた。それが木曽川の支流の又その支流を形作って、いずれは木曽川に落ちて行くのだろう。

宿へ這入ると、行きずりに釣竿を下げてこの渓流へ走った人のあるのを見て、ひょいとすると、川魚が食べられるのではないかと思ったが、果して鮨《いわな》の塩焼が御膳についていた。泊り客は私一人、夜はしんかんとして渓流の音のみが高い。

二日目

夜があけて私は初めて自分のいる場所をはっきりと認識することが出来た。そこは大道を離れてからやっと二三町、これから、愈々《いよいよ》、山を分けようとするところにある。夜露を浴びた紅葉は朝日に映えつつ小さな渓流を蔽い、流れは小さいながらも、ところどころ深潭《しんたん》をなし、大人のからだも没しそうな深さに達している。

しかし山は未だ深いというほどではない。少しく登って峠にかかりそうだと思うと、再び可なり広い谷間に出る。さながら乗越のようなところだ。右にも左にも山が高く聳えているが、美濃から信濃に連なる右の山脈の方が一層高く見える。

山々の斜面は落葉松の和やかな紅葉にぼやけ、さながらおぼろげな夢の世界に続いているかのように見える。ところどころ雑然とした闊葉《かつよう》樹林の紅葉で包まれたところもある。燃ゆるように赤いのはまゆみの紅葉だ

左の山ぎわに山村があって、二三の家が山の斜面の紅葉の間から覗かれる。稲が刈られて、田の中の稲架《はさ》にかかり、夜露にしっとり重たげに垂れている。道のほとりの草は枯れて、見廻わすあたりは蕭条《しょうじょう》として秋が深い。

山に登らんが為めの旅とは異なり、斯《こ》うして歩いて、行きあたりばったり泊る旅ほどのんびりして気持のよいものはない。それは全く紅葉を味う旅にふさわしい。

十五六軒の山家がより合って、仲よく山村を形作っている所がある。赤々とした柿の実に秋の日がさしている。煙草屋の看板が出ている家があって駄菓子も売っている。煙草を一つ買って行く。

道が細くなって、しばらく人家がとぎれる。左には段々畠があって、それがやがて紅葉の斜面につづき、右には渓谷を距てて信濃から美濃へかけての山が高くつづいている。白雲が高嶺にかかって、風を切る燕の羽のように延びている。

少しく下りになった平らに五六軒の部落がある。さっきの部落から半里あまりもあろうか。綺麗な水が冷たい音をたてて右手の森から流れて来る。綺麗な水を見ると、無為にはすまされない私は、それで口をすすぐ。

間もなく峠にかかって登る。椹《さわら》の森々とした幽林が次第に現われる。道は少しばかり登ると早や下りになって、下りは縷々《るる》として尽きない。林の間をかけすの鋭い声がする。右のかなたには伐木の音が幽かに聞える。下るにつれ、渓流の音が樹林の間に淙々《そうそう》として高まって来る。

私は渓流が好きだ。流れの音をきき、流れの姿を見る心持は私にとって格別である。大地から滾々《こんこん》と湧き出る水の何と不可思議な存在であろうか。人類が最初に求めたものの一つはそれだった。そして斯うした純粋な水を豊かにもつわが国の何と幸福なことであろうか。水をじっと見つめると、私はそれが生きているとしか考えられない。

やがて流れが大きくなって、幽谷をすべり、飛瀑をなし、道はそれに沿うて進んで行く。針葉樹林が終りそうになって、ぽつぽつ闊葉樹があらわれて来る。橡《とち》の葉が道を埋めて、草鞋《わらじ》にさわると、さわさわ音をたてて左右に散る。

渓流が深潭《しんたん》をなしているのを上から目覚めるような紅葉が照らしているところがある。桂、橡《とち》、楓などの紅葉だ。だが、あたりには針葉樹が未だ深い。

道が山側を登る頃、すっかり針葉樹林から離れて、闊葉樹林の小ぢんまりした渓谷になる。紅葉の美わしさはこんなところにも意外に発見される。谷は大きいとは言えないが、桂、橡、漆、まゆみなどが、それぞれの特色を発揮して、いずれも暮れて行く秋にその透明な彩どりをつくしている中に、流れは白い泡沫を飛ばしては岩に激し、深潭、時には瑠璃《るり》のような色を湛える。

少しく下り気味になって、木橋があるのを渡って向岸に達すると、大道が左右に走っている。今迄沿うて来た渓流よりも数倍大きな流れを越したのだった。この橋の下手で二つの流れが合流しているが、そこの紅葉の美わしさ！　大きな深潭を中心としてそそり立つ紅葉の山の側面の彩どりの鮮やかさ！　若しこれが多くの人に見られるところにあったら、どんなにか世の人にうたわれることだろうか。大道を右へ折れる。

私はこの大きな流れに沿うて、大道を南へ南へと爪先上りに進んだ。合流点の紅葉が恐らくはこの渓流の最もよいところと速断したのは誤りだった。山は高く、流れは脚下に轟々の音をたてて白く泡立ち、見上げる両側の山の斜面は変幻極りない色彩をもって蔽われていた。それは雑多の闊葉樹がやがて落葉して冬の空寂《くうじゃく》に帰ろうとする間際を、花々しく飾る最後の心やりであるように思われた。

秋の日は暮れかかろうとして、渓谷はかげり、紅葉は蒼然たる暮色の中に異様な色彩をもってほのめいている。それはまさに神秘に近い彩どりだった。

電灯がちらちらして村が近くに見えて来た。とっつきの家で宿をきくと、村には宿は二軒あるが、もう八町ほど歩いて橋を渡った直ぐ右手の米屋という宿をすすめる。

それは町のように賑やかな村だ。教えられた宿では満員と断り、もう一軒の宿へ行くようにすすめる。

すすめられた宿の玄関に這入って頼めば、若いお神さんは困ったという顔附で、「まことに御気の毒さまですが、内ではもう夜具もほどいて仕舞ったし、それに御客さまに差上げるようなものもありませんので、もう一軒の米屋さんへ御出なすって。」

「米屋さんで断られて来たんです。夜具や食べ物は何でもいいんですよ。」

お神さんが少しくもじもじしていると、主人の「泊めておあげよ」という助け舟が出たので、お神さんも折れて、

「どうぞ御上りなすって、何もなくてすみませんが。」

案内された二階には部屋が二つあって、一つには夜具のぬき綿が積み上げてある。飯は大分遅れたが、新らしく焚いたものらしく、その焚き具合といい、御菜の気のきいた作り方といい、何から何まで小綺麗で鄙《ひな》には珍らしい気がした。あとできくとなんでもこの夫婦者は嘗《かつ》て東京の新宿で三四年暮したことがあるということだった。

三日目

今日は少しく曇っているが、降るような気色も見えない。昨夜、この村に這入った時には、暗くて何も見えなかったが、朝になって見ると、世にも珍らしい美わし

い村だった。流れは百態を尽して渓間に跳《おど》り、山の側面は朱に燃え、美わしい優美な婦人達は山の斜面をたぎり落つる水を汲んだり米を研いだりしている。家の構造は古風で、昔ながらの建物は大自然の中に自然に生えたように見える。

私は、ふりかえり、振り返り、この美わしい村に別れを告げて、伊那の平原へ越す峠へ急いだ。

斯うした大自然の中を歩いていると、美わしいものが後から後からと、これでも未だ納得が行かないかと言わんばかりに、引続いて現われることがある。今迄、通ったところもよかったが、これから越す峠も、又、その向うの渓谷も予想以上に綺麗なものだった。峠の途中の森々たる樾《さわら》の間に流れは淙々《そうそう》とした音を立て、ところどころ桂や橡の紅葉が黒木の間に混っている。しかし峠の上ではもう秋が遅い。

峠の頂上から少しく下ると、白樺の林が和やかに紅葉した広場がある。私は腰を下して、これから分け入ろうとする渓谷の紅葉を見下しながら一服すっていると、馬を曳いた六十ほどの老人が後からやって来て、「今日は」と私に声をかける。私も「今日は」と言って会釈する。彼は馬をとめて私の傍へ来て一服やる。何か話したそうである。

「お爺さんどこまで行くかね?」私が言った。

「わしか、わしはこの下の村まで行くが、旦那はどこから来ただ?」

私はわざわざここの景色を見たさに東京から来たことを話すと、彼はけげんな顔をして私を眺めた。

私は渓谷を見下しながら、紅葉の色のいいことを頻《しき》りと讃美すると、彼はやっと私の来た目的が分ったらしく一緒に紅葉の讃美をしたのみか、外にもこのあたりに紅葉のよい谷の沢山あることを話して、その二三の名まであげた。彼は、又、この渓谷の秋もいいが、春のつつじや藤の美わしいことも格別であると言って、私にその頃にも来て見るようすすめた。

斯うして私達はすっかりいい話連れとなって、この美わしい渓谷を一緒に下って行った。


(昭和十四年/『青葉の旅・落葉の旅』所収)

新緑の山を想う

郷里を出て東京に住むようになってから、眼についた最初のものは、東京の郊外のいいことだった。初めは大久保に住み後に牛込に引越した。江戸川のほとりから目白、池袋方面にかけて度々の散策を試みた時、眼に映ずる武蔵野をひろびろと彩どる秋の陸稲、大道に沿う立派な欅の並木など、北国にいて涯てしない水田ばかり見ていた私には珍らしいものだった。

だが段々親しむにつれ、私を最も喜ばせたものは新緑の色だった。しかしそれを感ずるに至ったのは、明治四十一年に学校生活を終え山に登り始めてからで、つまり新緑の美に目覚めるようにさせて呉れたのは、登山であったと言うことが出来る。

北国の春を暫く見ずにいて、それを想いやるごとに、頭に浮ぶ郷里の新緑は、何となく黒ずんだ、明るさに乏しいものであったが、或る年の四月末に郷里の親戚に用があって、話しながら一夜を明かしたことがある。場所は常願寺川から一町ほどのところで、夜明けの四時過ぎには河面になく千鳥の声がほんの近くに聞える位であった。明るくなって出て見ると立山、剣岳、毛勝《けかつ》山、大日岳、薬師岳一帯の山々等が真白に残雪に蔽われ、平地に近いところまでも未だ白くなっているが、野辺は蓮華草や菜の花で美わしく彩どられ、あちこちの農家を取り巻く新緑の若々しい色彩は、目も覚めるように鮮やかだった。その時から私は北国の田園の新緑も武蔵野のそれに劣らずいいと思った。

こうした新緑に目覚めた歴史をふりかえって見ると、奥秩父のそれほど私に大きな影響を与え、私にそれを見る眼を与えて呉れたところはない。想えば秩父の十文字峠の登り口にある栃本の大村さんの部屋から荒川を距てた白岩山の斜面の新緑や橡《とち》の花にしげしげ見入ったことが幾度に及んだことだろうか。ここを出発点とし、ここを終点とした旅のことを考えると想い出は涯てしなく永い。

もう秩父へ這入らなくなってから十数年にもなっている。二三年前、私は正丸《しょうまる》峠や伊豆岳へ一日の行遊を試み、遥かに山又山の秩父を遠望して、その昔、そこへ足を運んだことを次々と想い起した。

人間の嗜好、感情をこしらえる主なものは、その人の過去の経験であるとすれば、私自身の現在をこしらえたものの一つは秩父であったことを想わずにはいられない。その時代のことを考えると、自分の生活の目的は決して山を追うことにあるのではなかったが、山を考うることなしに一日も過したことがないほどに、それに対して熱狂的であったことを想い起し、どうして斯くの如き態度をもっていたのだろうと考える。

しかし人間をして熱狂的にならしめるものには、何かしらそうさせなくてはならぬものがあると考えなければならない。若しそれが対象になくして、私の性格にあったのだとすれば、あながち秩父に対してでなくとも、何物に対してもそれは起り得たと言うことが出来る。恐らく私の場合は私自身の性格にそうならなくてはならぬものがあり、秩父の山々にはそうさせなくてはならぬものがあり、ふたつが相よってそうさせたのであろう。

最初に私が魅力を感じたのは信越国境の山々だった。私は今でもそれに魅力を感じ、何時も夏はそこへ行きたいと思っている。間もなく秩父にも魅力を感ずるようになった、信越国境の山々と秩父、このふたつに対する私の憧憬があのようでなかったら、私の山に対する態度が今のようなものになり得なかったであろう。このふたつが交互に私に働き、今でも私の性格の内に活々《いきいき》として動いている。

若し私の心が信越の山々によってのみ動かされたら、私はただ高きをのみ求める所謂《いわゆる》登山家となっていたであろう。私をして高きを求める登山家の一面をもたしめると共に、それ以外のものともならしめたのは秩父であったと思う。それは所謂登山家としての概念から見れば邪道であるかも知れない。しかし私としてはそれを如何ともしがたい。

登山家の範疇に這入らなければならないという考え方は私にとって何の意味ももたない。私を真に誘引するもののみが私にとって大きな意味をもっている。それが私にとって大きな事実であり、その前に私は如何ともしがたい。

そうした体験をもつ私に取っては、登山家の範疇に這入る這入らないは少しも問題とするに足らない。要するに問題は、アルプス的なものと秩父的なものとの二つが、私を魅したということである。事実を離れた概念は極めて薄弱である。

信越の山々に憧れた私は高い山に登ることを考えた。しかし秩父に於ての私の永い体験は私をして旅に憧れしめた。高い山を追うに至ったことに就いては少しの説明も要しない、だが旅に憧れた動機に至っては説明を要するかも知れない。それは此頃に於て私自身にはっきりして来たように思う。

秩父へ初めて這入ったのは甲武信《こぶし》岳に登らんが為めだった。しかし単に山として の秩父は、余り感興を惹かなかった、そして甲武信岳に登るために通った峠や高山 や渓谷や、或は深林や紅葉のよさに私は魅せられて仕舞った。又、栃本、梓山、川《かわ》 端下《はげ》のような山村の風姿に捉えられた。最初に行ったのは秋であったが、次には春、 夏、特に五月の秩父は忘れられないものとなった。五月の秩父に這入ったのは幾度 であったろうか。

高峰に登るとか、雪渓をよづるとか、渓流を溯《さかの》ぼるとか、そうしたことは主に夏 に於てやった。しかし悠々とした旅らしい気分を味うことは春や秋に於て試みた。 こうした使い分けがそれから絶えず引続いて行われた。

だが、秩父に於て旅の気分が味われたとはいうものの、そんなにも呑気な旅でな かったことは言うまでもない。初めて笛吹川を溯った時の如き、荒川の渓流や瀑布 をからみつつ下った時の如き、大菩薩嶺へ三月末に登った時の如き、十一月に将《しょう》 監《げん》峠から三峰神社へ越えた時の如き、滝川谷へ七月に這入った時の如き、全く苦し い思いをしたことを今も決して忘れてはいない。それにしても、私達が奥秩父へ這入るまでに歩いた途中のことを考えて見ても、栃本や梓山で泊った時のことを考えて見ても、どこか登山というよりも、旅という感じの多かったことを否定することが出来ない。特に五月の新緑の頃の十文字峠越えの如きは全く旅と言って差支ないものだった。そこの新緑の美わしさ、針葉樹の亭々として聳《そび》ゆる整然たる壮美、新緑を彩どるつつじ、藤、しゃくなげ、あしびなどの雑然として入り乱れた美わしさなどに心を惹かれた。樹間から見える信越の山々、八ヶ岳、浅間山などの姿にも心を捉えられた。

又、峠の入口にある梓山や栃本の宿も如何にも旅の宿にふさわしい感じを与うるものであった。新緑の秩父は今迄に最も私の心を惹いたものであった。十文字峠ばかりでなく、将監峠にしても雁坂峠にしても、又、梓山の戦場ヶ原にしても、荒川や笛吹川の渓谷にしても、又、秩父の主要山脈から派出された多くの支脈にしても、私に与えた印象は、その樹林の色彩のすき透った鮮やかな感じであった。伊太利ルネッサンスの画家を論じた或る批評家が、画家ペルジノのことを「彼は伊太利の落日の水平の光と空気の幻像とを魂にしみじみとうけた」と言っているが、秩父の新緑の彩どりをしみじみと魂にうけた私は、春になるとそれと同じものを秩父以外の山国にも追わずにはいられなかった。

秩父の新緑が日本に於て最も優れているというのではない。若しそう見るとすれば、それこそ日本の自然を侮辱したということになるかも知れない。私は日本と言ってもほんの一部しか見ていないのだから。しかし最初に見てよいと思うものを、いつもよいと思うのは人情の然らしめるところ、無理がないと言えよう。

多くの人と一緒に旅をして見ると、彼等は姿や輪郭の美により多く捉えられる。私はそれにも劣らず色彩の美に捉えられる。私が色彩に捉えられ、それに感嘆している時には、多くの人々がそれほどまでに共鳴して呉れないことを見出す。神河内《かみこうち》渓谷のいいのも、勿論、そこの山や渓谷が姿としてもつ美わしさにもよるが、私にはそれ以外に渓流や樹木の色彩の美わしさが大きな力をもっている。それが両《ふた》つよりあって神河内の真髄を形作っている。それを捉えていない神河内の叙述は、私をしていつも物足りなさを感じさせる。こうしたものは多く秩父に於て養われた。

秩父に於て養われた旅を欲する気持は、やがては信越や飛騨の山々に這入る間にも、追々、頭をもたげて来た。私はそれを無意識にそれ等の地方の山々にも携え、途中の山村を見るにつけても、峠を越える際にも、山から山へと途中の旅をするにも、携えて歩いた。

もう秩父へ足を踏み入れなくなってから十数年にもなっている。此頃は昔ほど出掛けられないし、出掛けるにしても、なるべく未知の境地へ行きたいと思う心が先に立つ。しかし斯《か》くも私の魂にしみこんだ奥秩父は、今はどうなっているかと、何時も新緑の季節が来る毎に想い起さずにはいられない。

かくしてどこを歩いても想い出となるものは、秩父の峠や高原や渓谷や山村である。又、そこの深林である。新しい方面に出掛けると先ず頭に浮ぶものは、それと秩父との比較である。次に起るものは、秩父の山々の樹林が今や伐られて、あのすき透るような緑や花の色がなくなっていはしないかの懸念である。

（昭和十五年／『青葉の旅・落葉の旅』所収）

鬼怒川渓谷より箒川渓谷へ

この四月末に約五日の休みが続くことになった。その昔、友人と西那須野の駅から、夜中の二時頃に歩きはじめて塩原を朝になって素通りし、尾頭《おがしら》峠を越えて会津西街道に出て、それから湯西川温泉に行って泊り、翌日は川俣温泉に行こうとして道を間違え、川俣の村にやっと辿りつき、遂に鬼怒川べりに沿うて今市から帰京した三十年前の紅葉の旅を想い起して、新緑の鬼怒川渓谷を見たいという気持になった。私は先ず川治《かわじ》温泉へ行って、そこから会津の田島まで徒歩し、更に大川の渓谷を尋ねるのを第一案とし、川治温泉から湯西川温泉に至って泊り、そこから峠を越えて会津湯ノ花温泉に泊り、更にそこから田島へ行って大川の渓谷を探るのを第二案として出発の用意をした。

ところが、愈々《いよいよ》、出発という朝になって、急に家族に病人があって、入院騒ぎにまでなり、一旦中止ときめたが、幸い何のこともなく直りそうになったので、二日遅れて出発して、一先ず川治温泉に至り、そこからもっと規模を小さくして二泊の旅を試みようということになった。

浅草の雷門の東武鉄道の駅についた時、好日和の日曜とて、多数の乗客が珠数《じゅず》のように一列になって改札を待っていた。

この電車に乗るのは初めてである。それは多く水田の間を走る。菜の花や蓮華草に彩られた田圃に働く人間の姿も春めいて和やかに、近頃、珍らしく冴えた空の色にも、どこかしら乳汁を溶かしたような柔らかさがある。

私の前に立往生している数人の人達の間にこのあたりの地理に委しい人があって、ここが昔追はぎが出たところだとか、あの家は有名な物持ちだとか言っているのが耳に立つ。田舎の物持の屋敷の方が都会の物持のそれよりは奥ゆかしくていい。尤《もっと》も東京の財産家という奴は当《あて》にならない、今財産家だと思っても、二三年経って見ると台なしになっているからネと脇の人が言う。

藤岡あたりから丘になって、左の方に山脈が迫って来る。遥かに雪で白い山が見える。日光方面にしては少しく左によりすぎる。武尊《ほたか》山あたりではないかとも思う。

下今市で下車して間もなく同じフォームで鬼怒川行きの下野電鉄に乗換える。赤《あか》薙《なぎ》山が大きな幅を取って裾野が雄大に開いているのがフォームから見える。その左の残雪真白なのが女峰《にょほう》である。

鬼怒川駅で下車する。これが有名な鬼怒川温泉なのかと温泉部落を下に眺めつつ大道を川治温泉へと歩く。乗合はあるが、三里位は渓谷を味わって歩くのも面白かろうと考える。

桜の花は満開、それの山村を彩どる美わしさは目覚めるよう。萌黄の一色に彩られた山々の斜面に白く見えるのも桜、そして道端に黄色く光るのは山吹の花、それも驚くほど多い。

馬頭尊、馬力尊を祀る石が道のほとりに数多く見られるのは街道のせいであろう。昔ながらの面影をもつ街道の村もぽつぽつ現われる。斯《こ》うしたものを眺めながら、蒼い空、萌黄の山の斜面を仰ぎつつ歩く一人旅はいいと思うのも束の間、トラックや乗合が砂煙を揚げて通るのに、度々、道端に走りよって砂煙の収まるのを待つ。

鬼怒川の渓流は大道に近づいては離れる、いつまでも桜や山吹が多い。右に草鞋《わらじ》の沢山ぶら下っている家がある。こいつは有難いと草鞋ならぬ靴の旅ではあるが、四五足買ってルックに入れる。序《つい》でに店に腰かけお茶を貰ってお弁当をたべる。

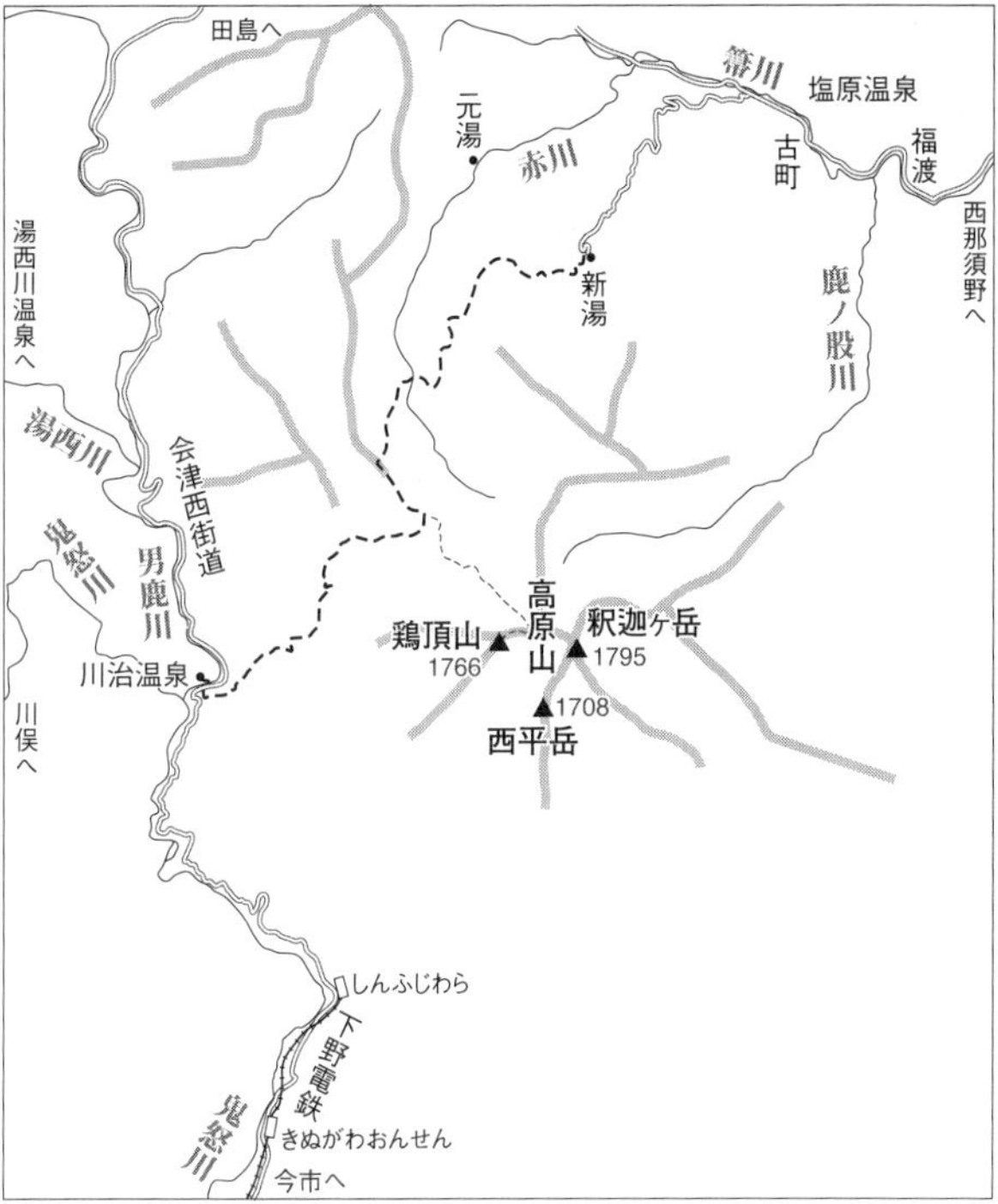
田島へ
元湯
赤川
箒川
塩原温泉
古町
福渡
西那須野へ
新湯
鹿ノ股川
湯西川温泉へ
湯西川
会津西街道
鬼怒川
男鹿川
高原山
鶏頂山
1766
釈迦ヶ岳
1795
1708
西平岳
川治温泉
川俣へ
しんふじわら
下野電鉄
鬼怒川
きぬがわおんせん
今市へ

ここの主人に道をきく。川治温泉は鬼怒川温泉からは三里たっぷりあり、会津の田島へは川治温泉から更に十二里もある。途中の横川に宿はあるが、そこまで川治から七里余り、それには今日は時刻が遅すぎる。湯西川温泉へは川治から五里余りあり、五月になれば牛車は通るが、今はまだ徒歩によらなければならない。そして湯西川から今市へは川俣へ廻るか或は土呂部《どろぶ》を通るかしなければならないが、何れも一日では無理かも知れぬときいて、今夜はどうしても川治泊り、あすは塩原へ廻るのが最も安全と考えるようになった。

こんな立派な大道でも、歩くとなると此頃は中々珍らしい方の人間仲間に属する。大抵の人は乗合を利用する。その方が安くて簡単である。従って乗合が頻繁に通る。それだけ歩く人にはそれがうるさい存在である。そうでさえなければ、この渓谷は慥《たし》かにいい。三十年以前に友人と一緒に通った秋の鬼怒川渓谷もよかったが、今日、鬼怒川温泉から川治温泉まで歩くところも中々いい。渓流が大道に近づくと一服やっては眺める。

色彩がいい。色彩の点では塩原の箒川《ほうき》の渓谷よりも、この方が遥かに複雑である。山桜の多いことも、一寸、珍らしい。八汐《やしお》つつじには遅く、山つつじや藤には早いが、山吹の綺麗さは特別である。渓谷の彩どりがもっと複雑になって、藤やつつじが目を奪うようになるのは五月の半ば頃であろう。

川治についたのは夕暮に近かった。その昔、一軒しかなかった温泉宿も今では五軒になり、外に旅人宿もあり、賑やかな温泉場になっている。

ここで会津に向う街道は鬼怒川の支流男鹿川に沿うて北に走り、鬼怒川の本流は西の方へ複雑怪奇な紆曲《うきよく》をなして、やがては鬼怒沼にまで進んで行く。温泉町を真二つに切る橋の上に立って見上ぐれば、男鹿川の流れは幾多の断崖絶壁の間を多くの深潭激湍《しんたんげきたん》をなして上流につづくのが望見される。会津の田島町や湯ノ花温泉、それらは私に取って多年の待望の土地であるが、到頭、今度も縁がないのであろうか。それは未だ十二里も彼方の如何なる幽境にある土地なのであろうか。

橋の下で釣をやっている若者がある。ここの温泉場の美わしさは、慥かに鬼怒川温泉以上である。単に自然や環境の美わしさから言ったら、ここは慥かに最も優れた温泉場と言いうる。

橋の上にぼんやり立っていると、東山閣の番頭に勧誘される。一番高いところにある温泉宿ときかされて、そこへ行く気になる。

流れを見下す二階の六畳に通された。朝に雪が降ったとかで、寒さは一通りでなく、携えて行ったジャケツを着て丁度である。鬼怒川温泉や途中で満開だった桜の花も、ここでは未だ蕾《つぼみ》のままである。

寝巻に着替えて温泉につかる。ぬるいときいたが、それほどではなく、私には丁度いい。どちらかと言えば永湯が出来て却っていい気持である。

日は寒く暮れて、渓流に映る光も冷たげに、気候は東京より一月ほど遅れている。

明けて川治の宿をあとに塩原に向って出たのが八時だった。村の中程の郵便局のところから左に這入るようにと番頭が細々《こまごま》と教えて呉れる。道は大きくはないが中々いい。初めのほどは下へ降る道の分れもあるが、それには目も呉れず左へ左へと登って行く。道のほとりに畑を打っている男が一人いる。も少し進むと、二人の男が一人のお神さんらしい人と流れをのぞいて立っている。何か居ますかときけば、今しがた大きな山かがしが出たところですと言う。もう蛇もそろそろ穴を出る頃らしい。

林を出はずれてふりかえれば、雪の山がふうわりと大きく裾を開いて立っているのが眼に入る。赤薙山と女峰とが斜めに重なって見えるのである。

道が二つに分れる。左のが近道と書いてあるが、別に大して急ぐ旅でもなければ、楽そうな右を行く。林間に鶯がひっきりなしに鳴いて、未だ充分に若葉しない林が、やっと、うすいおぼろな萌黄に輝いている中を、落葉を踏みつつ進む。やがて林をすっかり抜け切る頃、左に大きな高原的な状景が展開される。段々、沢山の山が見えて来る。赤薙山や女峰の右にもっと白い山が一つ見える。奥白根山だろうか。その右には未だ未だ何か見えそうな気色がする。

遥かの高原の樹海は未だおぼろに白いとはいうものの、じっと見つめるとうすい浅黄の色に輝やいているようにも見える。それは宛《さな》がら夢から覚めて、未だ充分に覚め切らぬ暁のねむりにも似ている。

道は峠のように急になって、それが中々尽きない。段々尾根にとっつきそうに見える。斯うなると早く結論が見たいような気がして、気息をはずませつつ登る。やがて熊笹を分けて一直線に登れば、俄然、大道に出る。それは山側を五六間もあろうと思われる広さをもって、蜿蜒《えんえん》とうずまいているのである。これこそ鬼怒川渓谷から箒川渓谷へと最近にこしらえられた大道である。驚いて立っている内に、背後からトラックが五六人の人間をのせて砂煙をあげて突進して来る。

道は立派であるが、足が痛いほど小石が多い。眺望が大きい。日光白根とおぼしいものの遥か右に真白な寸分の黒さももたない山頂が大きな幅をもって展開される。鶏頂山の鳥居が右にある。これは高原山の一部分で商売繁昌の神を祀れるところ、信者の押かける山だそうである。左には川治温泉へ降る道が別にある。先程の左の近道を登れば、ここへ来るらしい。

もんぺい穿いた若い女連が道のほとりに休んでいる。先程のトラックが一町ほど先でとまって土を道に投げているところを見ると、何れも道普請をやっている連中らしい。新湯までの道をきけば、未だ二里はたっぷりあるという。もうここまで三時間は優に歩いた。

道はどこまでも山側についてうねり、尾根を乗越したりトンネルを通ったりするようなところはない。どこまでも山のうねるまにまに自然的に殆んど高低なしに走っている。沢のあるところには立派な橋が出来て、それぞれ橋の名もついている。三人の学生が向うからやって来る。内二人は角帽を被っている。私に川治温泉への道をきく、私も新湯への道をきく。未だ二里は優にあるという。

道は少しずつ下りになる。半里ほど行った頃、又、三人の人に遇《あ》う。矢張り、川治温泉への道を尋ねる。川治から塩原へ行くにも、その反対を行くにも、これがどこへ通ずるという風な道標は殆んどどこにもない。それが折角、斯うした山道を歩く人間を絶えず不安にさせる。こんな立派な道がありながら、お互いに遇う人毎に道を尋ねなければならぬ理由はそこにある。その癖、川治温泉からも、塩原温泉からも、自分の土地のスキー場やその他自分の土地に関係あるものへの道標は完全すぎるほどよく立っている。

この三人の人達と一緒に道端で一服やる。人間は不思議にも道中をやる時には一人か、さもなければ三人で歩くことを最も多く好むものらしい。朝、川治から山へ仕事に行った人達も三人、さっき遇った学生も三人、この人達も三人、そして私は一人、斯ういうのが世の中か知らんという気がする。暫らく打とけて山の話や温泉の話などをする。

別れてから又悠々とあたりを眺めつつ行く。もう道は廻り廻って箒川の渓谷に這入ったらしい。今迄に見えなかった雪の山が箒川の渓谷の彼方に見える。那須方面である。一人の若者がお客のカバンを背負って上って来る。新湯への距離をきけば、未だ二十町と言われるとはっきりしている。少しく急いで半時間ほど歩いてから、もう新湯へつきそうなものだと思う頃、子供をつれたお神さんらしい女に遇ってきけば、未だ十二三町はありましょうと言う。

それでも道が一廻りうねるところで新湯が突然、前面に現われて嬉しくなる。狭い地域に七軒の温泉宿が犇《ひし》めき合っている。川治からここまで急ぎもしなかったが、大して休みもしなかった。それでも五時間半を費やしたところを見ると、ざっと五里位はあるのではないかと思う。川治温泉では三里半と教えて呉れたが、それは以前の旧道の距離を言ったもので、新道が出来て乗合が通るようになれば、遠くなるのが不思議ではない。以前、新道の出来ぬ前、中ノ湯から阿房峠〔安房峠〕を越えて平湯まで二里であったが、今は倍の距離になったと言われている。

ここから塩原の古町まで二里、そこへは乗合がある。慣れぬ靴で歩いて、大分、足に肉刺《まめ》が出来た。しかし乗合には未だ二時間足らず間がある。ルックを停車場に置いて道の下の共同湯に這入る。これが通称ムジナ湯で通っているもの、異様な色彩をした岩の間から滾々《こんこん》と湧いている。子供を欲する婦人によく効くと言われる。様々の人達が這入って世間話をやっている。塩原の雑沓に堪えかねて、昨日の夕暮ここへ遁げ込んだという人もいる。全くここに一泊して浮世離れした温泉場の高山的な空気を吸って見るのも面白そうである。

停車場に帰って乗合の来るのを待っている間に、四人の人が川治の方からやって来る。四人とは珍らしいと思ったが、三人と一人とが途中で一緒になったのだそうで、三人はここで泊ることに決したらしく、残りの一人は私と一緒に乗合を待つ。彼は私と同じ川治の宿から九時に立って山越して来たのだそうだが、私よりは丁度一時間遅れて到着したところを見ると、大抵の人はここまで五時間余りかかるものと見なければならない。この人は一人旅はとかく宿で断わられる傾向があるとこぼしていたが、私も同感である。草鞋など履いていれば憐かに断わられる。一人のお客に一室を占領されるのは此頃、宿の方で困るらしく、お客から取る金が定まって仕舞った今日では、そうした傾向が露骨になって来たのだろう。

乗合は五時前に出た。温泉につかったのと、いい具合にゆられたお蔭とで少し睡《ねむ》い気持になる。里に近くなるにつれ、桜が満開である。塩原の古町で下車すれば、気候は川治よりは温かく、鬼怒川温泉あたりの気候に近い。上会津屋に入る。

先ず丹前に着換えてお湯に入る。湯の多いのに驚かされる。そして川治よりはずっと暑い。どこの温泉宿も斯うであるところを見ると、塩原の湯の豊富なことが察せられる。

女中に東京で豆腐が食べられなくて困るという話をすると、彼女はそれでは豆腐をうんと差上げましょうといって、夕飯にやっこをこしらえて呉れる。明朝もよかったら豆腐汁をこしらえましょうかと言う。又頼む。若いこの女中の万事気のきいた親切なもてなし振りには感心した。山が大変好きらしい女中である。

縁側の下には箒川が流れて、岸の桜が満開。見やる渓谷が段々にもり上って浅黄の彩どりあざやかに、ところどころ躑躅《つつじ》も見られるが、鬼怒川渓谷のように山桜や山吹の多い光景は見られない。

明くれば二十九日、今日は天長節である。八時の乗合に間に合せようと停留所へ行けば、もうお客が列を作っている。正八時に宮城遥拝式が行われる。初めは箒川の渓流を味わいつつ福渡戸《ふくわた》あたりまで歩いて乗合を捉えようと思ったが、そうするのは損だと宿で教えられて、終点から乗った。

箒川の渓流は以前よりは慥かに水量が減じている。渓流は塩原の入口の下流の方がずっといいようである。古町あたりで満開だった桜の花も、このあたりではすっかり散って新緑が真盛りである。

（昭和十六年／『ふるさとの山々』所収）

田部重治年譜

この年譜は『わが山旅五十年』（桃源社）と、『忘れえぬ山旅』（三笠書房）所収の「田部重治・年譜」（安川茂雄編）、「山岳」第六十八年（日本山岳会）を資料として、伝記事項と、主要な登山と旅（括弧内は同行者）、主な著作を記載した。

一八八四（明治十七）年
八月、富山県山室村（現・富山市）に南日喜平の三男として生まれる。

一八八九（明治二十二）年　五歳

〈大日本帝国憲法発布〉

一八九四（明治二十七）年　十歳
〈日清戦争起こる〉

一八九七（明治三十）年　十三歳
富山中学校に入学。

一九〇二（明治三十五）年　十八歳
九月、第四高等学校入学。

一九〇三（明治三十六）年　十九歳
五月、母みん肺結核で死去。

一九〇四（明治三十七）年　二十歳
〈日露戦争起こる〉

一九〇五（明治三十八）年　二十一歳
許嫁だった田部家次女が肺結核で急逝。九月、東京帝国大学英文科に入学。〈十月、日本山岳会創立〉

一九〇六（明治三十九）年　二十二歳
高須梅渓（文芸評論家）の紹介で木暮理太郎と知り合う。

一九〇八（明治四十一）年　二十四歳
東京帝国大学卒業。十月ごろ、明治大学夜間部英語専修科の教職を得る。八月、妙高山（単独）。十一月、高尾山（木暮）。

一九〇九（明治四十二）年　二十五歳
一月、郁文館中学の英語教師となる。天台宗大学中学部、中央大学夜間部も兼任。この年の冬、辻本満丸を訪ね、その後、小島烏水、高野鷹蔵、辻村伊助、中村清太郎、三枝威之介らと知り合う。五月、景信山―雲取山（木暮）。七月、立山（弟ほか）。八月、薬師岳（弟ほか）。十月、甲武信ヶ岳・金峰山（木暮）。十二月、日本山岳会入会（会員番号二四二）。

一九一〇（明治四十三）年　二十六歳　四月、田部きよと結婚し、田部家に入る。本郷林町に新居を構える。五月、大岳山。七〜八月、薬師岳、奥大日岳、立山（弟ほか）。針ノ木越（宇治長次郎）、白馬岳（丸山広太郎）。八月、毛勝山（弟ほか）。「山岳」第五年三号に「越中毛勝山」を寄稿。

一九一一（明治四十四）年　二十七歳　五月、三頭山（木暮ほか）。七月、烏帽子岳―黒岳―赤牛岳（岩波茂雄、安部能成ほか）。「山岳」第六年一号に「十文字峠を越え信州梓山より甲武信、三寶、金峰の三山に登る記」を寄稿。

一九一二（明治四十五）年　二十八歳　四月、東洋大学教授となる。秋、豊多摩郡西大久保村に転居。十一月、海軍経理学校の英語教師を始める。三月、飛竜山―大菩薩嶺、大黒茂谷で倒れ救助される（中村清太郎）。七月、雁坂峠―甲武信ヶ岳（木暮）。八ヶ岳、御岳（単独）。焼岳、槍ヶ岳（大北）。十一月、唐松尾―雲取山（中村）。

一九一三（大正二）年　二十九歳　五月、金峰山―雁坂峠（木暮、中村）。八月、槍ヶ岳―五色ヶ原（木暮）、劔岳［別山尾根第二踏破・初登高］（木暮、中村、宇治長次郎、佐伯春蔵）。

一九一四（大正三）年　三十歳　〈八月、日本、第一次世界大戦に参戦〉夏、上高地滞在。

一九一五（大正四）年　三十一歳　五月、笛吹川東沢（信州沢）初溯行（木暮、中村）。七月、毛勝山―大窓―小黒部谷―池ノ平―小窓―劔岳―東沢―黒岳―烏帽子岳［劔岳北方稜線初縦走］（木暮、南日実、宇治長次郎、宮本金作）。ペィター『文芸復興』（翻訳・北星堂）刊行。

一九一六（大正五）年　三十二歳　五月、笛吹川釜沢失敗（木暮）。七月、槍ヶ岳（海軍経理学校生徒）。「山岳」第十一年一号に「秩父の旅」、「山岳」第十一年二号に「槍ヶ岳から日本海まで」を寄稿。

一九一七（大正六）年　三十三歳　五月、笛吹川釜沢初溯行（木暮）。七月、小川谷―朝日岳―白馬岳―鹿

島槍ヶ岳―針ノ木峠［八峰キレット初通過］（木暮、森喬、案内は宇治長次郎ほか）

一九一八（大正七）年　三十四歳　〈八月、シベリア出兵〉八月、燕岳―槍ヶ岳（海軍経理学校生徒）。十一月、将監峠―三峰神社（甥、学生ほか）。十二月、柳沢峠―将監峠―滝川―十文字峠（甥の石坂修一）。ペィター『全一生活』（翻訳・不老閣出版）刊行。

一九一九（大正八）年　三十五歳　七月、柳沢峠―将監峠―滝川谷―栃本―十文字峠（石坂）。七月、奥穂高岳を目指すが果たせず焼岳に登る（海軍経理学校生徒）。六月、講演「山は如何に予に影響しつつあるか」（慶応義塾山岳会主催）、『日本アルプスと秩父巡礼』（北星堂）刊行。日本山岳会幹事となる（昭和六年まで）。

一九二〇（大正九）年　三十六歳　四月、富士裾野（木暮、松本）。四月、御前山―数馬（単独）。七月、御岳・乗鞍岳（東洋大学学生）。八月、万座温泉―白根山―渋峠（中西、馬場）。「山岳」第十五年二号に「秩父行」を寄稿。

一九二一（大正十）年　三十七歳　〈九月、槇有恒、アイガー東山稜初登攀〉七月、中房温泉滞在。『混沌より統一へ』（博文館）刊行。

一九二二（大正十一）年　三十八歳　法政大学教授となる。その後スキー山岳部長を務める。

一九二三（大正十二）年　三十九歳　〈九月、関東大震災〉阿佐ヶ谷に転居。〈板倉勝宣、松尾峠で遭難〉

一九二五（大正十四）年　四十一歳　一月、父死去。一月、野沢温泉で初めてスキー。三月、野沢温泉でスキー。七月、奥白根山。十月、野反湖（菅沼達太郎）。

一九二六（大正十五）年　四十二歳　一月、二月、野沢温泉でスキー。七月、白馬岳、笹ヶ峰牧場（大村郡次郎ほか）。十月、信州峠（野沢一ほか）。

一九二七（昭和二）年　四十三歳　〈三月、昭和金融恐慌〉一月、野沢温泉でスキー。五月、柳沢峠、将監峠（菅沼ほか）。七月、鳳凰山―仙丈ヶ岳―甲斐駒ヶ岳（田中菅雄ほか）。

一九二八（昭和三）年　四十四歳　七月、長兄南日亘太郎（富山高校校長）水死。一月、野沢温泉でスキー。八月、白峰三山（石坂、案内は深沢義近）。

一九二九（昭和四）年　四十五歳　〈世界恐慌〉『山と渓谷』（第一書房）刊行。

一九三〇（昭和五）年　四十六歳　一月、次兄田部隆次（英文学者。小泉八雲研究で知られる）の長男正太郎が剱沢小屋で雪崩遭難。七月、木曾駒ヶ岳（単独）。七月、蓼科山（大村）。十月、大菩薩峠。十一月、美ヶ原・霧ヶ峰（角田吉夫ほか）。十二月、秩父・三国峠（大村）。『スキーの山旅』（大村書店）シモンズ『ダンテとプラトーとの愛の理想』（翻訳・人文書房）刊行。

一九三一（昭和六）年　四十七歳　〈九月、満州事変起こる〉一月、鹿沢温泉、鳥居峠、大門峠（松村保）。四月、氷川、神戸岩。四月、丹沢主脈（田村寛貞、菅沼）。四月、神津牧場、荒船山（中西悟堂）。五月、大河原峠、内山峠（大村、中西、松村）。『峠と高原』（大村書店）刊行。日本山岳会評議員となる（昭和二十一年まで）。『ペーター論集』（翻訳・岩波文庫）シモンズ『欧洲文芸復興史』（翻訳・人文書房）刊行。

一九三二（昭和七）年　四十八歳　六月、大門峠（大村）。七月、白駒池―渋鉱泉（大村）。『中世欧州文学史』（第一書房）刊行。

一九三三（昭和八）年　四十九歳　一月、野沢温泉でスキー。二月、霧ヶ峰。五月、大菩薩峠（大村）。七月、烏帽子岳―三俣蓮華岳―双六岳（大村、松村、石坂）。『心の行方を追うて』（第一書房）刊行。

一九三四（昭和九）年　五十歳　五月、富士裾野の井ノ頭（大村ほか）。七月、乗鞍岳（松村ほか）。十月、

菱野鉱泉―小諸峠、鳥居峠。『紀行と随筆』（大村書店）刊行。

一九三五（昭和十）年　五十一歳　一月、野沢温泉でスキー。二月、富士五合目でスキー（大村）。七月、御岳。『山への思慕』（第一書房）刊行。

一九三六（昭和十一）年　五十二歳　七月、苗場山、三国峠。十一月、暮坂峠。〈立教大隊、ナンダ・コート登頂〉『涯てしなき道程』（第一書房）刊行。

一九三七（昭和十二）年　五十三歳　十一月、義母死去。〈七月、日中戦争起こる〉一月、野沢温泉でスキー。五月、保福寺峠。七月、岩菅山。十月、鳥居峠、馬籠。ディ・クインシー『阿片常用者の告白』（翻訳・岩波書店）刊行。

一九三八（昭和十三）年　五十四歳　五月、鶴川―小菅川。七月、神坂峠、恵那山。十月、中山道。『山路の旅』（新潮社）『山に入る心』（新潮社）『ワーズワース詩集』（岩波書店）刊行。

一九三九（昭和十四）年　五十五歳　三月、女街道。五月、安倍峠（東京女子大の教え子）。七月、常念岳―蝶ヶ岳（東京女子大）。八月、八甲田山。十月、磐梯山。『四季の随想』（新潮社）『萌え出ずる心』（第一書房）『山と随想』（新潮社）刊行。

一九四〇（昭和十五）年　五十六歳　八月、夫人死去。七月、尾瀬、会津駒ヶ岳（東京女子大）。九月、清津峡（東京女子大）。十月、那須岳（松村）。十一月、袋田。十一月、奥利根。『渓谷・随想と紀行』（編・三省堂）ワイルド『獄中記』（翻訳・新潮社）テニスン『イーノック・アーデン』（翻訳・新潮社）刊行。

一九四一（昭和十六）年　五十七歳　〈一月、木暮理太郎が日本山岳会会長に就任〉〈十二月、太平洋戦争起こる〉三月、英文学科廃止により法政大学教授を辞職。四月、鬼怒川渓谷、箒川渓谷。八月、伯者大山。十月、安達太良山（松村）。十一月、奈良、高野山、赤目。十二月、名張。『青葉の旅・落葉の旅』『ふるさとの山々』（ともに第一書房）刊行。

一九四二（昭和十七）年　五十八歳　三月、東洋大学の教職を辞任。六月、蔵王。七月、大峰山。七月、会津街道。八月、富士山。八月、土湯峠。十一月、熊野、大台ヶ原。『旅への憧がれ』（新潮社）『詩と断章』（七丈書院）『わが散文詩』（第一書房）『ギャスケル夫人短編集』（改造社）刊行。

一九四三（昭和十八）年　五十九歳　二月、十津川、那智、熊野。三月、紀州街道、鈴鹿峠。三月、信州。四月、山陰、山陽、伊勢。『北アルプス』（共編・六芸社）『旅路』（青木書店）『随想・山茶花』（七丈書院）刊行。

一九四四（昭和十九）年　六十歳　〈五月、木暮理太郎死去〉『山と渓谷　紀行編』『山と渓谷　随筆編』（新潮社）刊行。

一九四五（昭和二十）年　六十一歳　五月、信州追分へ疎開。高原学舎学舎長。〈八月、ポツダム宣言受諾〉

一九四六（昭和二十一）年　六十二歳　四月、東洋大学の教職に復職。『日本の山』（生活社）『山行く心』（養徳社）刊行。

一九四七（昭和二十二）年　六十三歳　『憧れの旅路』（地平社）『高原のあけ暮れ』（東海書房）「文芸の理念」（八雲書房）刊行。

一九四八（昭和二十三）年　六十四歳　秋、孫娘の夫田部弘病死。八月、月山（森寿雄）。『山茶花の咲く頃』（鳳文書林）『山と渓谷　随筆編』（万葉出版社）刊行。

一九四九（昭和二十四）年　六十五歳　八月、八幡平、男鹿半島。『わが散文詩』（白塔書院）刊行。

一九五〇（昭和二十五）年　六十六歳　日本山岳会名誉会員に推される。秋、栃本—中津川—赤岩峠—鬼石。

ワーズワース『ワァヅワース詩集』(翻訳・岩波書店)刊行。

一九五一(昭和二十六)年　六十七歳　秋、乾徳山。

一九五二(昭和二十七)年　六十八歳　十一月、脳血栓を発症。

一九五三(昭和二十八)年　六十九歳　アーヴィング『スケッチ・ブック』(翻訳・角川書店)刊行。

一九五四(昭和二十九)年　七十歳　『憧れの旅路』(元々社)『山はふるさと』(三笠書房)刊行。

一九五五(昭和三十)年　七十一歳　夏、乗鞍岳。『人生の旅』(角川書店)『山をたたえる心』(山と溪谷社)刊行。

一九五六(昭和三十一)年　七十二歳　〈五月、日本山岳会隊マナスル初登頂〉『わが山旅』(朋文堂)『若き日の山旅』(河出書房)刊行。

一九五七(昭和三十二)年　七十三歳　初夏、鳳来寺、岩古谷山麓。八月、白川郷、越中。『旅・人間・自然』(東京ライフ社)刊行。

一九五八(昭和三十三)年　七十四歳　七月、白川郷―天生峠―高山―上高地。七月、草津―万座温泉。

一九五九(昭和三十四)年　七十五歳　七月、御岳(家族旅行)。『忘れえぬ山山』(第二書房)刊行。

一九六二(昭和三十七)年　七十八歳　六月、三峰神社、栃本。

一九六三(昭和三十八)年　七十九歳　十一月、滑川、富山。秩父鉄道が雲取山にレリーフ建設。

一九六四(昭和三十九)年　八十歳　八月、雲取山。雑誌「ハイカー」に連載(一九五九〜六三年)した『わが山旅五十年』(桃源社)刊行。

一九六五(昭和四十)年　八十一歳　『山旅と随想』(世界文庫)『ペィターの作品と思想』(北星堂)刊行。

一九七〇(昭和四十五)年　八十六歳　〈五月、日本山岳会隊エヴェレスト登頂〉

一九七二(昭和四十七)年　八十八歳　九月二十二日、逝去。

『新編　峠と高原』について

田部重治（明治十七〔一八八四〕～昭和四十七〔一九七二〕年）の著書『日本アルプスと秩父巡礼』（大正八年・北星堂）、その増補版である『山と渓谷』（昭和四年・第一書房）は、日本の登山界に大きな影響を与え、現代まで読み継がれてきた名著である。

木暮理太郎らとともに成し遂げた、槍ヶ岳から五色ヶ原への案内人なしでの大縦走（大正二年・この後、剱岳別山尾根初登高）、奥秩父・笛吹川東沢初遡行（大正四年・信州沢／六年・釜ノ沢）、剱岳北方稜線初縦走（大正四年）など、探検的登山時代の掉尾を飾る登山記録は当然ながら、何よりも多くの岳人の心を捉え、文学として評価されたのは、「深林と渓谷」（『日本アルプスと秩父巡礼』）、「山は如何に私に影響しつつあるか」（大正六年八月、慶應義塾山岳会で講演／『山と渓谷』）、「山に入る心」（『山と渓谷』）など、その著作に表われた登山に伴う自らの内面変化の吐露であった。

日本ならではの美わしい深林と渓谷を求め、文学者として自らの心の裡を探り続けた田部重治の山旅は、その後、スキーへ、高原へ、峠へ、街道へ、山村へと、領域を拡大しつつ、西欧的な雪と岩を追求する登山界の中で独自の道を歩み、その自然観照と、自然や文化に対した自己の精神の在り様を探る旅は、数多くの著書に著された。

本書では、田部重治の「山と渓谷の時代」に続く「峠と高原の時代」を概観することを意図し、『峠と高原』（昭和六年・大村書店）から『ふるさとの山々』（昭和十六年・第一書房）まで、四十代から五十代にかけての著書から、今では失われた大正〜昭和初期の山村や自然を描いた峠、高原、街道の紀行を中心に、著者の精神の軌跡を記した随筆を含めた四十四編を、紀行と随筆を区別しない原著の様式に従い、編年で収めた。

田部重治の主な登山記録と伝記的事項、著書は巻末の年譜にまとめた。なお、「山は如何に私に影響しつつあるか」「山に入る心」のほか、本書に収めた文章にたびたび表れる幼少期から登山との出会いまでの時期を回顧した「生い立ちの記」は、ヤマケイ文庫『山と渓谷　田部重治選集』所収。併せてお読みいただきたい。

（編集部）

表記について

一、読者の便を図るため、以下の基準で表記の現代化を図った。
・旧仮名遣いは現代仮名遣いに、常用漢字表に掲げられている漢字は新字体に改める。
・送り仮名は原文通りとし、読みにくい語には振り仮名をつける。原著の振り仮名はそれを尊重する。
・明らかな誤植は訂正する。
二、今日の人権意識に照らして考えた場合、不適切と思われる語句や表現があるが、本著作の時代背景とその文学的価値に鑑み、そのまま掲載した。
三、現在の一般的ではない用語、地名に〔 〕で囲んで編註を付した。

新編 峠と高原

二〇二三年三月一日 初版第一刷発行

著 者 田部重治

発行人 川崎深雪
発行所 株式会社 山と溪谷社
郵便番号 一〇一―〇〇五一
東京都千代田区神田神保町一丁目一〇五番地
https://www.yamakei.co.jp/

■乱丁・落丁、及び内容に関するお問合せ先
山と溪谷社自動応答サービス 電話〇三―六七四四―一九〇〇
受付時間／十一時～十六時（土日、祝日を除く）
メールもご利用ください。
【乱丁・落丁】service@yamakei.co.jp 【内容】info@yamakei.co.jp
■書店・取次様からのご注文先
山と溪谷社受注センター 電話〇四八―四五八―三四五五
ファクス〇四八―四二一―〇五一三
■書店・取次様からのご注文以外のお問合せ先 eigyo@yamakei.co.jp

印刷・製本 大日本印刷株式会社

定価はカバーに表示してあります

Printed in Japan ISBN978-4-635-04960-3